U0330971

Fire in the Ashes

Twenty-five Years among the Poorest Children in America

涅槃还是沉沦

美国贫困儿童教育观察

[美] 乔纳森·科左尔 著

田田 译

华东师范大学出版社

全国百佳图书出版单位

版权声明：

Fire in the Ashes: Twenty - Five Years Among the Poorest Children in America

By Jonathan Kozol

Copyright © 2012 by Jonathan Kozol

上海市版权局著作权合同登记　图字：09 - 2014 - 877 号

目录

Contents

致读者

这些年来，我经常与生活在美国最贫困市区的儿童聊天，还写了几本关于他们和他们家庭的书籍。现在，读者经常会问我是不是还与这些孩子保持联系，还会问我知不知道有多少孩子战胜了阻碍他们前进的障碍，这些孩子是怎么在种种艰难险阻中存活了下来，并且保持着积极向上的精神态度。

与大多数孩子保持联系其实一点也不困难，因为这些孩子长大后，都是我最亲密的朋友。他们会给我打电话，发短信或者发电子邮件。我们有机会的时候总会聚在一起。

在讲述他们分享给我听的童年故事的时候，我重点概括了那些能够影响他们现在生活的童年往事。有时候，他们也会纠正我的错误或者我们初次见面时我写下的错误印象。

为了保护他们的隐私，书中所有的小孩子、成年孩子以及成年人均采用化名，很多孩子的名字还是我之前使用过多次的笔名。有时候，对他们的真实年龄、家庭地址以及生活中的细节也有所隐瞒。与某些话题相关的谈话有时候是揉合在一起的，而且我叙述的故事与时间也是我重新排序的。关于本书写作的方式与事件、对话的编辑都呈现在字里行间。

书中的故事截止于2012年1月。我相信，书中孩子们的生活也继续发生着未知但有趣的变化，但我现在只能写到这里，希望他们的未来一切顺利！

第一辑：过去的阴影

1　旅程开启

对于那些依靠社会慈善或者期待纽约市政府或商界领导重新制定基督教道义的贫困妇女和儿童来说，1985 年的圣诞夜非常难挨。彼时，纽约市涌现出一批富裕甚至是超级富裕的人，他们前所未有地在穷人或者流浪汉面前大胆地展现自己的富足，而数以千计的贫困人员则被赶进了破旧又充斥着毒品的收容所，所谓的收容所，大部分都是位于曼哈顿中心的破旧宾馆，有一些在几十年前还是极为高雅之处。

马提尼克大厦应该是当地最大的收容所之一，它位于梅西百货公司对面，距离著名的第五大道仅一街之遥。大约 1400 名儿童及 400 名家长住在这座宾馆里，虽然这里挤得可怜，而且房间昏暗又肮脏，有一些我拜访过的家庭居住的房间在12 月底冷得如冰窖一般，孩子们在白天只得盖着毯子抱成一团，晚上则戴手套睡觉，但这里好歹也算是能为他们遮风挡雨了。

记得在那些滴水成冰的夜晚，我在第六大道或者百老汇大街的电话亭给法律援助律师史蒂文·班克斯打电话，他无数次救助了住在马提尼克大厦的居民。纽约先锋广场吹过的风寒冷刺骨，人行道冰冻得像镜子一样，可马提尼克那些不得不出门购买牛奶、面包或者药品的孩子或家长把自己裹得严严实实，他们把能找到的旧衣服、外套或者卫衣都找出来穿在身上，脖子上还紧紧围着脖套。

在这里，我认识的许多孩子患有慢性伤风，还有不少孩子被哮喘和支气管炎折磨。有的婴儿得了痢疾，失眠的家长则患有抑郁症，不少妈妈在我面前无助地落泪。

此前，我从未想过在美国会有这样穷困的人群。20 年前，我也曾执教于波士顿的黑人居住区，在那里管理过贫民窟居住者，并且自己也住在附近。当时，许多家庭的屋子里老鼠横行。可马提尼克宾馆出现的疾病、肮脏以及贫困真是见所未见，闻所未闻。

那年冬天，几乎每一个我遇到的马提尼克的孩子都忍受着饥饿的折磨。无数次，当我看到我所拜访家庭的孩子盯着我天天背的牛仔包的时候，我都会停下采访，打开背包把我带的食物分给他们吃，通常是一个苹果，几块曲奇或者一盒葡萄干。有时候，我也会要求看看宾馆提供给他们的小冰箱里面有什么。偶尔，冰箱里会有一个面包或者几片腊肠，甚至是一两块几天前吃剩的比萨。大多数情况下，冰箱里只有一个皱巴巴的水果，几罐苹果酱，一个花生黄油罐头，但有时连这些都没有。

接下来的两年，我一直拜访马提尼克宾馆的住户。当时，一部名为《悲惨世界》的戏剧正在纽约市各大剧院上演。该剧讲述的便是巴黎19世纪贫困儿童的故事。马提尼克的一些比较胆大的孩子会在下午或者晚上走过12或15条街，到剧院或者周围的饭店乞讨。后来，一些无家可归的男女也开始在附近乞讨，一些酒鬼或者精神病患者则会睡在附近大楼的门口，或者直接找个厚纸盒睡在人行马路上。

剧院负责人可不愿意看到这些流浪汉的出现。观众们花钱来欣赏国外儿童的痛苦，他们最不愿意在看完戏走出剧院时看到现实版沿街乞讨的悲惨儿童。

警察和当地商人雇佣的私人保安一定程度上解决了这个问题，他们想出一个赶走剧院附近流浪汉的对策，说得好听一点，叫做"整治"行动。与此同时，在曼哈顿东区，一群商界领导则雇佣了一批流浪汉来驱逐纽约中央公园车站里无家可归的人，这些人为躲避严寒在车站的候车室里已经居住了数年之久。

让无家可归的人撤出曼哈顿市中心的最终方案在几年后才得以实施。在这之前，尽管剧院负责人想尽各种办法，还是会有一些马提尼克的大孩子绕过保安或者警察，从看戏的观众那里讨得几块钱。

马提尼克里年纪小一点的孩子则沿着大厦附近的几条街乞讨。每当红灯亮起汽车减速的时候，他们便冲到马路中间。如果赶上哪位司机的同情心压倒了烦躁的话，他就会将车窗摇下一些，给孩子们扔点钱出来。你要是觉得孩子们晚上还在马路上乱闯的行为应归咎于其父母管教不严的话，那么在了解了这些父母的生活状况有多艰辛以后，你的态度一定会有所缓和，因为他们为人父母的能力已经被残酷的现实消磨得所剩无几。

在马提尼克，意志的崩溃与正确决断能力的丧失随处可见。有的家长刚住进马提尼克就精神崩溃了，有的家长虽然意志比较坚强，但面对马提尼克拥挤的居住条件、糟糕的卫生状况以及弥漫于空气中的不安全感与极度焦虑，他们也不得不低头。海洛因和强效可卡因可以在这里随意买卖，因此，许多人开始沾染毒品。（马提尼克大厦一共有 17 层，因为最上面两层无人居住，第 16 层楼就变成了毒品交易的自由市场。当然，大厦保安知晓这些，只不过睁一只眼闭一只眼罢了。）很多人因为吸毒而染上了艾滋病。不过在 1985 年，这里的居民并不了解什么是艾滋病，他们并不晓得自己患的是什么病。

纽约市社会公益服务体系或者行政机关的工作人员并非不知道这些人的居住情况。只要是能够躲过保安进入大厦的人都会看到走廊里到处堆满了垃圾，孩子们没有其他选择，只能在垃圾中间玩耍，我也是在两名富有同情心的社工的帮助下躲过保安的看守，基本每次都能随意到楼上采访住在那里的家庭。

但对孩子们和他们的家庭来说，最具毁灭性的因素既非身体疾病，或者毒瘾泛滥，也不是广为人知、被文献记述的致癌物（比如敞口容器装着的石棉或者大厦大厅里的石棉包裹的管道等等）。通过两位社工几个月来的大胆揭露，我才发觉马提尼克大厦对那些无家可归不得不留在这里的人来说，不仅仅是个让人绝望、疾病泛滥且危险的地方，更可怕的是，这里的经营者与管理者纵容了这里臭名昭著、直截了当的犯罪行为。社工特别向我介绍了这里的一个年轻人，他脸上总挂着不加掩饰的、猥琐的笑容，据说他是这座大厦其中一名所有者的亲戚，所以他就依仗手中的权力来勾引大厦里的年轻女性与他进行色情交易，以此换取她们需要的婴儿床或者亚麻布等。

"他以此为傲，"一位社工告诉我，"他兴高采烈地将这些事讲给我们听，而且还把细节描述得很清楚……"这位社工告诉我，大厦的保安也经常占年轻妈妈的便宜。其中一位聪明、有见识的妇女就说她曾经拼力抵抗住保安的骚扰，类似事件她在后来也经常遇到，并说与我听。

在这里似乎没有什么秘密可言，因为对于普通的法律法规与管理治理而言，马提尼克大厦自成一个"封闭体系"。倘若有人敢抱怨或者反抗的话，她只会得到保安或者管理员的惩罚，他们会剥夺针对她的基本服务，或者在管理员授意之下报警，指控该妇女品行不端，其实类似的行为在马提尼克大厦太普通常见了，几乎住在这里的每个人为了生存需要都不得不违反一些规定或者设计一些小诡计。

举个例子来说，出于火灾隐患的考虑，马提尼克大厦不允许住户做饭。但是市政分配给各个家庭的生存资金少得可怜，妈妈们根本不可能每天去饭店买饭回来吃，她们不得不偷偷地在大厦里做饭，如果市政检查员来大厦检查的话，她们就把盘子都藏好。大厦的管理人员一边为住户提供垃圾袋，让她们在检查日这天盖好盘子，一边又假装不知道这些事情。如果哪位母亲拒绝满足这些保安的需求，她们就会因为做饭这件事被保安威胁恐吓，从而不得不妥协。

这里的孩子肯定见过自己母亲被羞辱的场景。如果孩子年纪太小，还没上学的话，可能就被撵到走廊里，但大部分母亲都太担心孩子了，不敢让他们离卧室门口太远。即使孩子们没有亲眼看过那些场景，但他们都知道是怎么回事。我经常在想，大厦里这一幕幕是否会让孩子日后觉得那些比自己更有权力的人没有什么最基本的礼貌？日后他们会不会不愿意相信学校里的老师？官方人员在他们眼中是否也存在信任危机？对于母亲们竭尽所能保护自己免受噩梦影响的举动，他们日后会更爱自己的母亲还是会心怀怨恨，认为母亲没有第一时间避免类似事件的发生？

那时候，经常帮助我的一位社工曾毫不留情面地将马提尼克比喻成"纽约市中心摧残贫困儿童精神的集中营"，他性情敏感，本科毕业于耶鲁大学，研究早期儿童开发。当他知道我是犹太人的时候，还专门问过我这一比喻是否冒犯了我。我告诉他不会，因为我也认为这个比喻很恰当。

两年后，我出版了一本关于马提尼克大厦的书，并在《纽约人》杂志上连续刊载了两期，这也吸引了其他媒体的注意。当时主持夜间新闻电视栏目的记者泰德·科佩尔就曾让我带领一队摄制组进入马提尼克大厦，制作完成一期纪录片。社工和大厦里的一些母亲们帮助摄制组和制作人躲过保安进入了大厦。一位母亲将摄像机藏在了婴儿车里，这样可以躲过保安的检查，然后乘坐电梯，将摄像机安全带到了她所居住的楼层。后期，如果其他住户答应接受制作组采访的话，这位母亲也会陪着我们一起完成录制。

就在我们即将结束最后一次采访的时候，被一位顶层的保安盯上了。当时他敲门，我们没开，结果他就报告了经理。萨尔·图切利经理就带着一队保安来与我们对峙，他性情粗暴，脚踝处还别了把枪。他们要求摄影师交出刚才拍摄的材料。遭到拒绝后，他们的态度就跟日常面对住户反抗的时候一样粗暴。我被一掌打倒在一面金属墙上，一位摄影师受了重伤，制作人则是一位非常大胆的女性，她脱下高跟鞋反击。后来，这件事惊动了警察，摄影师才得以带着录像走出大厦。

我当然知道这座大厦不欢迎任何记者，而且带我们进入大厦的社工都冒着极大的危险。直到这次，我才真的见识到为了隐蔽消息，这里的管理有多么的极端和可怕。这也让我更加形象地意识到，政府与马提尼克大厦的所有者签约，其实就是商定以每年八百万的价格支付给大厦来收容这四百多个无家可归的家庭，这其实就是将他们与社会隔绝，以免出现任何麻烦或犯罪行为。

我也可以体会到，每次保安，多数情况下是经理，一大早来砸门催缴房租的时候，住在里面的母亲和孩子们会有多害怕。其实房租是政府每月以支票的形式直接寄给大厦经理的，没有及时收到房租跟住户一点关系都没有。"一大早 6 点整，"一位母亲告诉我说，"他就砸我的门。我打开门看到他站在走廊里，拿枪指着我吼道'房租呢?'"

这就是纽约——这座世界上最富有的城市之一，在 25 年前是如何对待生存于其中的那群最为脆弱的孩子们的。这些大厦在 1988 年与 1989 年间被关闭。关闭的原因并非市政领导动了恻隐之心，而是因为大厦里绝望的住户影响到了城市形象和当时需要参选的领导的前程。大厦里我认识的大多数住户一块儿坐船被送到了纽约市最北端的布朗克斯区，那里极为贫穷，而且是众人皆知的隔离区，其实这些住户中只有两家人是黑人和拉美人。不过这下好了，因为布朗克斯区既没有游客，也没有媒体。那里是城市艾滋病最为高发的地区，吸毒人口最为集中的地区，不少人患有相当严重的精神病，妇女患有糖尿病或者尚未确诊的恶性肿瘤，而且也是全国小儿哮喘发病率最高的地区。

虽然这些不幸的人们已经有"家"可归，但他们居住的环境对身体和心灵仍是一种摧残，不过这可能比他们之前的遭遇好一点。在重新安置无家可归的人最多的地区，只有一所市政出资经营的名为林肯医院的医疗机构，但这个医院不止一次地被取消了医疗许可证，因为医生的失误已经导致至少 12 位病人的死亡，其中还包括两名婴儿。对患有精神疾病的人来说，精神病院不太远，位于安置地六站地铁距离之外的曼哈顿上东区，那里医疗条件好，但特别昂贵，而且也不收治这些人。正在读书的孩子因为一次次重新安置而被迫不断转学，来到这里后发现自己就读的公立学校跟密西西比50到100年前的情况差不多，完全与其他人种族隔离开来。

这就是政府如何重新安置这些人的。我也追随至此，在孩子父母亲的邀请下，经常在周末下午或者假期的晚上来看望这些孩子们，延续了我们在马提尼克大厦就建立起来的友情。我也去过他们的学校，结识他们的老师，还去过他们做礼拜的教堂，了解他们的牧师。我甚至还去过他们的医院，有时是家长请求我去的，以为这样可以帮他们赢得更多的注意。因此，我认识了不少医院里的医生，他们当中的许多人都大公无私、全心奉献，他们在救人治病的过程当中竭尽所能来弥补基本医疗设备的不足。

我就这么断断续续地与他们联系了大概15年。但从2005年开始，我患病多年的父亲突发重症，与我母亲在两年之内相继过世，我花了大概一年的时间才从丧失父母的悲痛中走了出来，因此，我便与一些家庭失去了联系。后来，我又回到了那些地区，试着与曾经熟识的家庭重新建立联系。有些孩子还是少年，但那些我在马提尼克大厦就认识的孩子们都已年过二十。我们促膝长谈，或者散步。有时候，我们会约定在附近的餐厅一起吃晚饭。我回家之后，也会经常与他们保持电话、书信联系，或者在他们有电脑的前提下，通过电子邮件联系。就这样，我们延续了之前的友谊。

这些年间，在这些孩子身上发生过什么？家庭有什么变化？一些家庭过得不错，少数家庭过得相当富裕，但大多数只是存活下来了，或者说只是勉勉强强活了下来，还有一些家庭无法维持生计。下面讲述的就是他们的故事。

2 埃里克与他的妹妹

❶

维姬是我认识的最友好但也是最脆弱的女性之一，她害羞内敛，温和文雅，不过在我拜访马提尼克大厦住户的时候，她仍徘徊在避难所体系内"居无定所"。

从 1984 年至 1989 年底，维姬不停地从一个收容所辗转至另一个收容所。这期间，她停留时间最长的是位于西二十八街的乔治王子大厦，这里距离马提尼克大厦大概有四条马路的间隔。

维姬居住在收容所的时候，患有临床忧郁症和间歇性癫痫。当时，她被收治在罗斯福岛上的一所医院里。她的丈夫在家照顾孩子，但他的身体一直以来也不好，据我所知，他生于佐治亚州，年轻时就得了一种退化性疾病。在维姬出院后不久，他就去世了。

这是维姬一生当中的转折点，此时的她，口袋里没有钱，没有工作，还需要独立抚养两个孩子，因此她只能开始求助于收容机构。跟所有被收容者一样，不停辗转于一个个"短期收容所"。不停地搬家让他们身心疲惫，这种影响显而易见。一个意志坚定的女性在这样的疲累状态下都不能做出正确的思考，更何况像维姬这样脆弱的女性，这只会让她更加犹豫不决。

那段时间的维姬，就如同后来她对我描述的那样，过着僵尸一样的生活，感觉"每天都像在梦游"，直到市政后来为他们在乔治王子大厦找到了"永久安置点"，维姬还游离在这种状态中。

维姬搬进乔治王子大厦的时候，大厦的经理同时也是马提尼克大厦的经理，后来被另外一个曾因违法操作欺诈债主 1 个亿而被捕入狱的人接管。尽管这里在外观方面，至少楼下的大堂比马提尼克大厦好一些，但也因为其他原因而臭名昭著。虽然马提尼克大厦的经理一定程度上也有权过问这里的事宜，但这里日常的管理员则是一名曾因虐待自己女儿而被定罪的男人，据《纽约每日新闻》报道，这个人曾暴打自己的女儿，并把她一个人锁在家里，也不给她饭吃。为了保护女孩日后免遭危险，市政人员已将她送到别的地方保护起来。

专栏作家鲍勃·赫伯特当时还是《每日新闻》①的作家，他曾写道："我们将一个孩子从他身边带走，却又送来上千名孩子让他管理。"当时的乔治王子大厦，有至少1200名儿童。

其他方面的危险也时时围绕着这群孩子。这里一度每周会发生四五次火灾，维姬全家住在这里的时候，大厦里就有一个3岁的小孩被活活烧死。当时官方宣传是有人故意纵火，但住户告诉我其实是一些吸毒人员的粗心大意才导致了火灾。因为价格便宜，大厦里很多人选择吸食强效可卡因，他们在卧室里制作可卡因，这才引发了火灾。

这就是维姬与她的孩子们入住的大厦的环境，她当时身患疾病，焦虑不安。7岁的女儿莉赛特入住以后的情况好过11岁的儿子埃里克。就像大厦里其他进入青春期的孩子那样，埃里克对周围的肮脏事物心知肚明，比如大厦管理员卑鄙无耻的举动，毒品肆无忌惮地被交易，以及其他孩子发明出来的不太合法甚至是违法的窃取行为，当然，少数孩子这样做是为了贴补家用。维姬一家在乔治王子大厦一共住了4年。

1993年，我认识维姬与她的孩子们的时候，他们还住在莫特黑文，那里不仅在当时，直到今天依旧是纽约最贫困的行政区中最贫困的地方。

虽然维姬的家距离圣安大教堂不到两条街，她家附近却是众人皆知的毒品，尤其是海洛因的买卖中心。圣安教堂是一座圣公会教堂，它为附近的孩子们提供庇护。教堂是一座漂亮的石头楼房，钟塔上耸立着白色的塔尖，宽阔的草地位于怡人的山坡之上，年纪小一点的孩子可以在这里玩秋千、滑梯以及喷水器，大一点的孩子则可以在院子里打篮球。

---

① 《每日新闻》，创办于1919年，是美国纽约读者最多的报纸，发行量居美国日报前列。——编者注

20 世纪 90 年代，我经常去圣安大教堂，因为那里为孩子们提供了一个氛围好又能激发孩子创造性的课外活动场所，而且我也能长时间与孩子们交流。有时，我也会帮助他们的老师。很快，我便与其中一些家长还有一些经常来教堂的人熟识了，他们大多为这里的平静感所吸引，认为这里的牧师制造的气氛不那么正式，但很有吸引力。

玛莎·奥弗罗尔是教堂的牧师，她是一位杰出的女性，在圣安教堂致力于帮助这里的儿童。她同样擅长帮助孩子们的父母亲去处理一些法律问题或者官方设置的障碍，这些麻烦都是依靠社会福利生存的人不可避免会遇到的。她本科毕业于拉德克里夫学院，学习经济学，但她也是一名律师，曾拜师于著名诉讼律师路易斯·奈泽，学习使用对抗性和战略性技能。

玛莎还在学习法律的时候，就曾是莫特黑文的一名志愿者和辩护律师，因此，当她决定放弃法律专业而选择牧师这一职业来奉献人生的时候，她已经完全了解那里的人们在面对房东和政府官员时的无助感。她专业技术娴熟，在面对与权威人士的冲突的时候，不屈不挠，非常强硬，然而若是教区的人来找她寻求帮助的时候，她态度热情，性情温和。

维姬与玛莎迅速熟识起来，她和孩子们几乎每个周日都会去教堂做礼拜。工作日的时候，埃里克经常会自己来打篮球，有时他也会带着妹妹一起来。

印象当中，埃里克是一个让人难以捉摸的孩子。尽管经历过了这么多磨难，他依旧招人喜爱，甚至还有点幽默感。如果有比他年纪大的人对他感兴趣，跟他聊天或者交流的话，他发觉自己很难适应。接下来的几年里，我也一直在观察他。我经常发现当大人们问他问题的时候，他的回答闪烁其词，或许这是一种自我保护的表现。虽然这只是个预示，但仅仅这个也可以说明他在担心如果他妈妈认识这些人的话，他说的话可能会让她担心。

维姬很担心她的儿子。用她的话说，她已经察觉到这种趋势，孩子"对我并不是那么坦率"，而且这样的情况早在他们住乔治王子大厦的时候就已存在，在他们搬来布朗克斯区后，这个情况更为明显。她说她不知道埃里克在隐藏什么东西，她只能焦虑地观察他……

1995 年秋季的一天，我在教堂帮助孩子们完成课外活动的时候，维姬走了进来。她径直走向我，弯腰对我轻声说："您好！"她看起来情绪不错，不过让我吃惊的是，几分钟之后，她就用颤抖的声音问我是否有时间跟她一起出去走走。

我们一出教堂的大门，维姬便开始哭泣。她没跟我说为什么，我也没问。那天，她穿了双运动鞋，大口袋运动裤，宽大的毛衣，还戴了一顶大帽子。虽然穿戴整齐，但她看上去蓬头垢面。

我们四下走了走。

有时候，如果有朋友看起来心烦意乱，我都习惯地认为如果我问的问题正确到位的话，那一定能找到心烦的原因。但后来当我发觉我的问题不存在任何简单答案的时候，我备感尴尬。虽然我事先提醒自己这一点，但大概是由于我的性格或者专业等原因，我总陷入这样一个困局，认为多多交流就能找到答案。其实，漫无目的的四处走走有时会让人豁然开朗。

维姬从未明确告诉我那天下午她为什么哭泣，但我知道一定与她的孩子们有关系。当时埃里克已经16岁了，在学校的表现却不好。他所在的高中，虽然仍被称为"学校"，但已经取消了所有能够激发学生学业的课程，取而代之的是一些实际的、终端的指导，这样的学校其实在布朗克斯区或者其他城市贫民区很常见。如同大多数从收容所里出来的孩子一样，埃里克已经许多年未接受过正式教育了，他的各项技能都比较差，因此，他在学校的出勤也相当随意。

在这方面，维姬也帮不上埃里克，因为她本身也没接受太多教育。在维姬5岁的时候，她的妈妈就去世了，不知道出于什么原因，她没有在父亲身边长大，而是被送给一位监护人看管，不过这位监护人也放弃了对她应尽的监护义务。初中的时候，她就辍学了，不过维姬说，这在她土生土长的佐治亚州乡村倒是很常见。接下来的四年里，她开始工作，"打扫房间，或者替白人洗衣服"，再后来儿子出生，结婚，她丈夫又将她带到了纽约，她就再不想上学这回事了。尽管她书写能力还不错（在读小学的时候，她学会了一种斜体印刷技术），她也不知道埃里克在他所谓的"学校"应该学点什么。

莉赛特当时读7年级，虽然她是个好学生，不过还是被分配到了排名垫底的学校，这所学校为学生提供"医疗方面的工作"，不过所学的课程基本都是让学生日后在敬老院找一份低收入的工作罢了，而且这里的学生基本没有机会继续读高中或者日后读大学。

政府为他们提供的房子共有三间小屋子，他们住四楼，整个大楼里没有电梯，没有门铃，也没有对讲机。去拜访维姬的话，我得站在马路边对着楼上大喊他们的名字，维姬或者埃里克，有时是莉赛特，会从窗户探出头来，把楼下大门的钥匙扔给我。

维姬与孩子们依靠社会福利津贴生活，包括粮票和其他福利，大概每年累积起来有7000美元（据玛莎说，这一数字还未达到该地区一个家庭的平均收入，如果想要生存的话，大概需要8000美元。）维姬不得不想办法贴补家用。每周里有两天早上她得5点起床，去一个住宅项目的食品储存室排队，领取一张写有数字的小票确定自己的顺序，有时需要等一个半小时，有时时间更长，她就先回家再回来，确保领到一袋食物。

搬到布朗克斯区后，维姬做过的工作就是去曼哈顿的家庭收拾家务，她说她喜欢做这件事，而且这也算是她来纽约居住申领社会福利应尽的义务。"雅各布太太住在第二大街，另一位太太——我想想，住在十四大街，好像在格林威治村附近。"她们都是上了年纪的太太，其中一位还是从国外回来的。"她们对我都很好"，她说，不过不知道出于什么原因，这种极力倡导的"工作经验项目"只持续了六个月，没有成为维姬永久的工作。

维姬对我很坦白，她认为自己现在经受的苦难都是自作自受。当她无家可归的时候，她与一个看似和善的男人走得很近。这个人刚开始对维姬很好，但由于情绪波动异常，他很快便开始虐待维姬。维姬有了自己的公寓之后，便开始采取一系列自我保护措施，但她的男朋友总会在抑郁或者饥饿的时候来这儿找她。当他出现在门口的时候，维姬说她缺少将他拒之门外的勇气。于是，他不止一次地狠狠地打她。

我问维姬是否祈祷。

"我确实祈祷，但都是在心中，"她说，"我在内心祷告。"

她的谈话弥漫着忧伤，但她努力寻找快乐。每每出现能带给她短暂的满足感的愿望或者回忆的时候，她都会紧张一笑。她说："我祷告能实现13年来的愿望。"

我问她那是什么愿望。

"重新开始织衣服。"她答道。

她的眼中闪现一抹微笑。"以前，如果没有烦心事，我能在三周内织出一件毛衣。从夏天到圣诞节这几个月里，我一共织了六件毛衣……如果你看到我重新开始织毛衣了，那就说明我觉得很幸福。"

在布鲁克大街拐角处，维姬站在地铁站的电梯口旁，她盯着一位穿着长衫，卖菊花和玫瑰的妇女，眼神飘忽不定，失魂落魄。她将手伸向玫瑰，但好像又不敢去触碰那些花朵。

"喜欢吗？"

"一支玫瑰。"她说。

玫瑰花瓣上闪着亮晶晶的水滴。我们走向圣安教堂的时候，她一直将这朵玫瑰捧在胸前。路过转弯处的时候，她左右看了看，然后放心地说："你看！"她向马路对面挥手。

莉赛特和一群伙伴从对面走来。她看到妈妈的时候就跑向她的怀中。莉赛特从背包中拿出一叠纸，她说这是在学校完成的读书报告，被老师评为 A$^+$。维姬看了看这份报告，然后亲吻了莉赛特的脸颊，随后，她把公寓钥匙给了莉赛特，还给了她两块钱让她去买东西。

"一份 A$^+$ 的报告在她的学校不算什么，"莉赛特走后，维姬告诉我。"她的老师都很喜欢她，而且也尽心教她，但我总觉得他们无法真正开发莉赛特的潜力……"

"看，这就是现在我能给予莉赛特的一切。虽然我不接受这一现实，但却无能为力，因为我不知道我是否还有其他选择。"好在几分钟以后，她就恢复了快乐的本性。"看到了吗？"她说，"我看到她回来了，安全地在家里，而且我们还有东西吃，这对现在的我来说就是幸福，对吧！"

她的情绪变化就是这么快，时而悲伤，时而欣喜，时而一阵欢腾，接着，她会突然崩溃，就是这么快速地陷入一片绝望的黑暗中。好在她也会努力调整自己，试图寻得欢乐，就好比一个人到处寻找一件放到抽屉里可又不能立马找到的物件一样。在欢乐与悲伤的临界点，她就会报以不安的微笑。

1996 年 11 月，一位在蒙大拿州的小镇医生威廉·爱德华给我打电话，说他所在教堂的不少人都读过我写的关于布朗克斯区儿童的《惊讶的魅力》这本书。他们召开集会，决定在当地为愿意离开纽约寻求更好机遇的家庭提供一片天空。

刚开始，我不知道我该如何回应这一想法。我从未接过任何陌生人打来的类似电话，而且尽管没有去过蒙大拿，但那里与纽约一定大不相同，我无法想象在那里开始全新的生活会是什么样子。

不过威廉医生的解释却清楚又简单：这是一座温馨的小镇，这里有好的学校，教堂教会已经找到一栋房子，把它翻新了一遍，刚开始的时候，教会会出房租，也会暂时提供食物。威廉医生自己是一名家庭医生，子孙满堂。我告诉他我会将这一信息传达给奥弗罗尔牧师，如果圣安教堂里哪个家庭对此感兴趣的话，她会给威廉医生回话。

我每年都会对贫困区的牧师、教师以及其他人传达一些适度的提议与意见，但我从来不确定他们是否会去实现。有的人会接纳我的意见。基督教堂和犹太教堂总会问我布拉克斯区的学校或者教堂的名字，他们会经常邮寄一些电脑、书籍或者其他教学材料过来。远在缅因州和宾夕法尼亚州的宗教集会就曾邀请圣安教堂的孩子们去那里做客，有时还会延长拜访时间。但是如果将全家迁移到两千英里之外蒙大拿州的一个无名小镇却是与以往大不同的情况了。

当然，我迟迟没有回复爱德华医生的邀请，还有另外一个原因。在许多像南布朗克斯贫民区这样的地方，有一种可怕的言论。这一言论的力量强大到可以阻止任何企图跨越种族边界的行为，还会指责这样做的人带有"攻击性"或者"专断性"。在这样的区域，人们经常听到当地的政治掮客鼓吹去"维护"一个种族隔离的群体。首先，别用任何词语描绘这一群体，接着，让它慢慢延续下来，随后，人们在尽力提升这一群体，提高它的名声。选择离开这一群体的人都会被认为是背叛的人，帮助他们离开的人也会被认为是叛徒。

有时候，这样的意识形态与言论将一个问题本身就复杂化和神经质化了，这严重影响了可能与该问题有关的人的任何决定。几天以来，我都一直跟自己做斗争，是否应该拒绝爱德华医生的邀请，甚至一度差点将医生的名字与号码扔掉。但最后，我不再犹豫不决了，我将这些信息尽数给了玛莎。又过了一段时间，我都差点忘了这件事……

一个月后，大概12月中旬，维姬又来到了教堂，她看起来相当凄惨：又被打了，眼睛乌青，还不停担心不去上学的儿子，担心福利、门诊、房租以及食物。

就在她跟牧师交谈的时候，办公室的电话响起。"是蒙大拿的医生打来的。"玛莎告诉我。我不确定当天玛莎是否跟医生通过话，或者他的电话在那时响起真的纯属巧合。

"我们又开了一次会，"爱德华医生说，"那个邀约还算数。"

玛莎告诉他："稍等。"她转向维姬，告诉维姬她或许愿意与电话那头的人谈一谈。

"当时我必须离开办公室，去楼下看看孩子们的课外活动，"玛莎说，"当我回来的时候，维姬与医生还在通话。维姬放下电话后，我问她怎么想的。她握着我的手，这对她来说一定像做梦一样。我告诉她一定要花时间仔细考虑考虑这个问题，也应该与孩子们商量一下。我还把爱德华医生的电话号码给了她，这样她随时可以与医生取得联系，同时，我也提醒她应该再多问问细节问题。"

"大概只过了两周，莉赛特走进我的办公室说：'你猜猜，发生了什么？我们要搬去蒙大拿啦！'"

一周之后，我来到维姬的家。虽然我不想让她和孩子们扫兴，但我仍然坚持把我从接到电话后的一些想法都告诉她。显然，她并不担心这些。比如，我告诉她那个小镇可能会有特别多的黑人，她说她都知道了。

"你也不担心离开这里所有的朋友，离开这里熟悉的一切吗？"

"我想离开。"她说。

她的客厅已经堆满了从教堂拿回来的包装箱。

"你确定能搞定这一切吗？"

"不试过怎么会知道呢。"她回答道。

又过了一周……

"还有大概两个小时，维姬、埃里克和莉赛特一家就会到达蒙大拿的新家啦，"玛莎打电话告诉我说，"爱德华医生今天打电话来询问他们行程的时候，激动得都有点哽咽了。整个教会好像一起给他们租了一个房子，还买了些家具，尽量做得完善一些，以便维姬一家能够住得舒舒服服的。但我认为对他们一家来说，并不会一直这样一帆风顺……

"维姬昨晚一宿未睡。我送了她一个天平，这样她就可以把需要快递的包裹称一下重。她还说她想弄弄头发，不过实在没有时间，因为两个孩子太激动了，他们一点忙都帮不上。

"我觉得这件事对于维姬来说，是一种'无限制的'幸福，我从来没见她如此高兴过。她又念叨着要开始织衣服，写信，而且她说她想要个花园。等到 3 月份的时候，她就 48 岁了。

"爱德华医生的一位邻居用他飞行常客计划的里程为维姬一家换取机票，但因为中间出了点小故障，只兑换到两张，我又为莉赛特买了张机票。前台的工作人员竟然将这张票升级为头等舱机票！

"我们在机场吃的午餐，他们下午两点的飞机，现在大概在芝加哥转机吧。"

一个月以后，有人在我的电话留言机上留言："乔纳森，是我，维姬！对了，对了！告诉你呀，我已经到蒙大拿了。"

她还给我留了她的电话号码。我一接到留言便给她回话了。

"乔纳森！"这是我第一次听到她这么兴奋的声音，完全不加掩饰。

"你吃过麋鹿吗？"

"没有，"我说，"你正在吃麋鹿啊？"

"对呀！"她说。

"你在哪儿弄的啊？"

"商店。"

"什么味道啊？"

"像牛排。把这肉烤一下，好吃极了。"

"孩子们怎么样啦？"

"他们上学去了。"

"遇到什么问题了吗？"

"没呢，"她说，"暂时没有。"

"学校里有其他黑人的小孩吗？"

"没有，"她说，"就他们俩。"

"这会给他们两个带来麻烦吗？"

"应该不会，"她回答说，"因为他们知道我不在意这个。"

唯一一件让她烦心的事情就是步行去商店。"这里的人们开车都特别快，而且马路上根本就没有交通信号灯，下一条街也没有，你敢相信吗？再穿过一条街也没有信号灯。事实上，整个小镇里都没有信号灯。

"哦，对了，住在我旁边叫戴安的女孩，看到我买太多东西的话，会用她的车把我从 IGA 超市捎回家。

"我告诉你哦，这里的人都特别友善！

"有一位女士带了些牛奶到我家，还问我说：'我没有恶意，不过你对我们有成见吗？'我说没有，因为我不是那样的人。她看了看我，然后我们两个都笑了。知道吗？因为你可能会从另外一个角度来思考这个问题……

"好像这里的人都想知道我是怎么到这里来的。其实我也想知道！爱德华医生就告诉我说他们想找一家人来这里居住。这原本还是他们脑海中的一个想法而已。"

"你那里的教堂什么样啊？"

"有很多树木。"

"叫什么名字啊？"

"三一教堂。"

"隶属哪个教派？"

"基督教。"

"现在透过窗户你能看到什么？"

"大山。"她回答道。"这里周围全是山。"

"下雪吗？"

"就山上会下雪。"

"好看吗？"

"漂亮极了！"

"你到达蒙大拿的那天，下飞机以后怎么样？爱德华医生去接你了吗？"

"是的，他在等我们。不止他去了，似乎整座小镇的居民都去了，可能还不止这些人呢。然后，爱德华医生就带我们来到这间屋子。他说：'这就是你们的家了。'接着还带我们参观教堂。他说：'这里是你们要来的教堂。'后来商店便开始向我们派发食品。一共四家商店呢！每家商店都为我们提供价值一百美元的食品杂货!

"乔纳森啊,虽然这里的冬天很寒冷,但是这里居民的善心温暖无比啊。"

维姬说,她刚到那里的头几天,每天都告诉自己这一切都是真的。"到这里的第一夜,爱德华医生与他的爱人离开后,我对孩子们说'都别管我。让我在这椅子上坐着静一静'。我告诉他们别看电视了。看不看都一样,这里就三个电视台,其中一个到晚上六点的时候就没有节目了。"

"房子什么样子呢?"

"啊,对哈!我现在在客厅呢。客厅就几乎相当于我过去住的房子的两倍大了。我还有两个沙发,其中一个是沙发床。那边是餐厅和厨房,有点小,但是很方便。我有一台洗碗机和一台烘干机,架子上还摆了一台微波炉。房子有三个卧室,我睡其中一间。另外两间在走廊那边。我想要的似乎都得到满足了呢。"

"孩子们都能去哪儿玩呢?"

"学校、麦当劳、汉堡王、超市、牧场、教堂……"

"他们还去牧场啊?"

"我和莉赛特三天前去的。"

"你们怎么去的啊?"

"克丽丝来接的我们。"

"克丽丝是谁?"

"我的一个朋友。"

"已经认识很多朋友了?"

"对呀!"

我听到电话那头有人在叫她。

"稍等……"

莉赛特拿过电话跟我聊天。

我问她学校里是否一切都好。

"我的学校很好!"

"大概有多大呢?"

"有 15 名学生。"

"整个学校啊?"

"不，我们班级。"

"他们对你好吗？"

"挺好的。"她说。

"你觉得挺好吗？在那里幸福吗？"

"我都不愿意去别的地方住呢。"

4月份的时候，维姬给我寄来了一大信封的照片，里面有山、他们居住的牧场似的房子，还有一个大约一层楼高的木头搭的教堂，看起来就像个小木屋。还有一张照片，在最底下有一排大约六七个小木屋，木屋上面，大约占了照片十分之九的空间，是一大片蓝天，白色和灰色的云朵从远处的山脉处飘过来。还有一棵树，枝干细长，仿佛能够伸向云朵中。树的下面是一辆客货两用车。维姬在这张照片背面写道："沿着道路看过去，蓝天无边无际。"

隔了一天的晚上，我给她打电话。她说她在教堂的时间越来越长。

"星期天的时候，"她说，"我把我的名字也写进了接待委员会。"

"什么是接待委员会？"

"哦，仪式过后，我们都会到里面一起吃饭。教堂里的成员会轮着为大家做饭。我想为大家烤一个柠檬蛋糕，这个我很擅长。所以我就把名字写到了下个周日。"

"莉赛特怎么样了？"

"还不错。成绩得了个 B，但她的老师说她是能够得 A 的。她还需要写论文。每天晚上都写作业，老师留了很多作业，这对她来说还不太适应。"

我问起埃里克怎么样的时候，她的回答更加含糊不清。

"他就不那么顺利了。在纽约住的时候落下了太多课程，学校里的人都有点拿他没有办法，校长说他们会努力让埃里克赶上来。现在，爱德华医生正跟他谈话呢。"

"你听起来还不错。"

"我觉得挺好的，"她说，"但我总害怕以后会有什么不好的事情发生……"

几个月以后，大概在 6 月初的时候。

"我找到了一份工作。"

"做什么的？"

"在超市烤蛋糕，炸甜甜圈。"

"工资怎么样？"

"六块两毛五。"她还在汉堡王找到一份兼职工作，她说"还是超市的工资高一些"。

维姬说他们到这个小镇之后的一段时间里，爱德华医生还给孩子们一些零花钱，"这样他们就可以跟其他朋友一起去玩"。但现在不用了，埃里克在超市工作，"放学后工作几小时"，莉赛特也开始帮助照顾邻居们的小孩。"她在超市里把写有自己联系信息的卡片挂起来，这样有需要的人就会给她打电话，基本上他们都是周末找她。妈妈们都说莉赛特还挺不错的，她能给孩子们喂饭、洗澡、讲故事、哄睡觉、唱歌。如果工作得太晚，妈妈们就会开车把莉赛特送回来。"

我们 7 月份再次通话的时候，维姬说她依旧在超市打工。"现在每周工作 30 小时了。房租是 45 美金，教堂帮忙交 25 美金，我自己交余下的部分。下个月开始，我就会赚到 55 美金了，也可能更多。只要我能工作满 30 小时，我就能搞定这些。"

维姬说她加入了一个讨论小组，里面的成员都是有着跟她类似经历的女性，有些有酗酒的问题，大多数成员都遭遇过家庭暴力。"我们去教堂集会，每个周二的晚上，一共 15 名女性。有的人跟我一样，是单身妈妈。一开始，我都害怕说话，但现在好了，我一开口都有点停不下来了呢。"

我们再次通话的时候，维姬说莉赛特最近"做了不该做的事"，因此"惹了点麻烦"，倒不是很严重，但足以让维姬担忧一阵子了。原来是莉赛特学校里的一个朋友要教莉赛特开车。维姬说："这里的小孩子啊，刚能踩到刹车踏板，就开始学开车了。"

"那驾驶的法定年龄是多大呢？"我问。

"我觉得应该是 16 岁吧。不过……这里的情况不同。他们都这么开的。"

维姬说，教莉赛特开车的女生有一天撞到了另一辆车。两个孩子都被叫去了法庭。"法官只是训斥了她们，让她们交罚款。她们还得负责给对方修车。虽然她用自己做保姆的钱来偿还，但大概还欠对方 15 美金吧。"

我问她爱德华医生最近是否还经常来看他们。

"是的！他每周都会来几次呢。上周，我们全家得了流感，医生还来给我们开药、打针了。"

她说爱德华医生还开车带他们到郊外去玩，去参观牛牧场和野生动物保护区。"他永远这样，还特别喜欢开车。我们这周还带着孩子们去了一座废弃的矿井。"

"什么矿井啊？"

"金矿。"

"爱德华医生多大年纪呢？"

"70？或者60吧？我猜的话大概65……他的孙女跟莉赛特一样大。他一共有两个孙女。"

"他长什么样子呢？"

"很高大，很健康，喜欢跟孩子们一起户外活动，但他已经满头白发。"

"他有宗教信仰吗？"

"当然啦，要我说的话，他一定是一个极为虔诚的信徒。他从来没说过他信仰什么，但我知道他一定很虔诚。"

"那你怎么知道的呢？"

"从一个人的行为举止就能判断出来。"

8月初的时候，玛莎提醒我别忘了给维姬转账，因为我们答应她给她寄点钱，以便给孩子们买秋季校服。我自己建立了一个小型的私人基金会，如果哪些家庭遇到了小麻烦，我就可以通过这个账户来帮助他们。情况紧急的时候，几百美金的帮助就会让某个贫困家庭按时缴纳房租，以免被驱逐出门。但大多数布朗克斯区的家庭都没有银行账户，我也习惯了电汇给他们一些基金。我问维姬是通过西联汇款给她还是将钱转给爱德华医生，日后医生兑现了再给她。

她说我现在不用给她汇钱了，但我一再坚持说这是我们的约定时，她说那就把钱直接寄到她家就可以了。

"那你怎么兑现呢？"

"我现在还不缺钱，我会把它存到银行里。"

"你开通银行账户了？"

"活期的。"

"什么时候开通的呀？"

"乔纳森，我来这儿之前从来没有过什么银行账户，真的，这是第一次……"夏末的时候，维姬打电话说莉赛特出事了。

"她和朋友们到爱德华医生认识的一家牧场去玩。他们跟着小马一起跑，但莉赛特没有看路，跌进一个填满水的洞里。她的脚踝受伤了，现在拄着拐杖走路呢，从一个屋子跳到另一个屋子。她回去上学了我才能安心。

"对了，我跟你说过没？埃里克有女朋友了。其实他来到这里之后，有过许多个女朋友。他对每个女孩都不太专一，换女朋友的频率太快了。我们才来这里8个月吧，我觉得他几乎每个月就会换一个女朋友……

"啊，对了！周日晚上，爱德华医生邀请我们去他家里吃晚餐。他同时还邀请了另一个镇子的一名高中校长，其实是个黑人学校的校长。他说他要多跟埃里克交流交流，埃里克需要特别努力学习才能赶上班里的其他同学。"

她听起来很坚强，而且很有活力。她说自己工作特别努力，"差不多40小时了现在"。她每天安排得满满的，打工、教堂礼拜、送孩子们去学校，还要打扫他们的房间（埃里克的屋子简直就是一团糟，他把东西都扔到地板上），维姬根本没有时间去想过去的事情。

"你想念纽约吗？"

"不，"她说。"我不想，但我想我的朋友。"

"我在想啊，以后我觉得在这里住习惯一些了，我就回圣安一趟。或许我不会提前告诉他们呢，直接走进去跟大家说'是我，我回来了！'要是回去的话，我不坐飞机了，这次坐汽车，这样可以看看外面是什么样子呢。

"对了！我忘了告诉你我找到我的织针了。记得戴安吗？她带我去博兹曼买到了一些蓝色的毛线，很漂亮。我正按照其他朋友给我的样式织毛衣呢。"

"你正织什么呢？"

"给莉赛特织件毛衣。已经织完一只袖子了，现在正在织另一只。这个款式不是很难，如果有时间的话，圣诞节前我能织好几件呢。"

她有点羞涩地问："乔纳森啊？"

"干吗？"我说。

"如果我给你织毛衣的话，你会穿吗？"

"你没开玩笑吧？"

"这就对了！"

③

平安夜。

维姬打电话告诉我说她又换了一份工作。"我现在在一户老年人家做饮食助手。这是我的第三份工作，希望能做到最后。

"我周一开始上班，从头学习怎么去做。周二，我和别人双班倒。早上6点半开始，到下午两点钟。等到四点钟的时候再回去，直到晚上十点半下班。我喜欢老人！他们有的已经残疾了，有的丧失了记忆。我休息的时候，总是喜欢坐着跟他们聊天……

"莉赛特呀？她在溜冰场了，那里叫溜冰宫殿。戴安呀？戴安很喜欢莉赛特，她还送了双溜冰鞋给莉赛特作为礼物呢。

"教堂送给我们一棵圣诞树，教会的朋友们还来我家帮我一起装饰这棵树呢。对了！其实是帮莉赛特呢，我都49岁了呢！"

她说爱德华医生仍旧开车带他们出去玩。"蒙大拿有一个叫大木材的小镇，那里天色朦胧，靠近印第安保护区……我喜欢跟爱德华医生出去玩，莉赛特也是。我告诉他，对我来说，他就像父亲一样，我从上了初中就没看过我父亲了。

"他现在去比林斯看一个病人了。全蒙大拿都有他的病人……

"我告没告诉过你我们家客厅里有柴火炉子？真的！天冷的时候，我们就烧些木柴来取暖，这儿的天然气价格实在太高了。我的朋友尤兰达现在给我们捎木柴来，因为她妈妈有台卡车，而且她家就住在街的那边。我们把木柴都堆放在走廊里，这样能够干得快一些。"

莉赛特现在14岁了，在学校表现一如既往的好。爱德华医生的两个孙女是她的好朋友。不过春天的时候，爱德华医生跟我说这三个女孩惹了点麻烦。"她们因为在商店里偷东西而被扣留了，"他说，"不过诚实地说，我没有像批评我的两个孙女那样严厉地批评莉赛特。"这都是他大孙女的主意，她才是"教唆犯"，他说："她们被罚去做公益服务。莉赛特会在一个动物保留区做公益。

"我相信她会走出这个阴影的。她那么可爱、热情又喜欢热闹！她容易跟人亲近，有机会的话，我跟妻子总带她出去吃饭。法庭听证结束后的一周，我们就带她出去了。我妻子可喜欢莉赛特了，她经常和我们拥抱。"

但另一方面，他越来越担心埃里克。"我告诉他莉赛特的事情的时候，他的表现太冷淡了。引用他自己的话：'我为什么要关心这件事？'我在他身上花的时间远远多于花在莉赛特身上的。他的学习成绩特别差。我的一个朋友安排我每周带埃里克去一次博兹曼学习阅读，这样，我们也有机会谈心，一定程度上，他和我还是比较交心的。

"我告诉他我计划在夏天的时候去西雅图旅行，如果他能一起去，我会很高兴。我们沿途扎寨露宿，或者在哥伦比亚河边露营，我说我们还可以玩皮划艇，不过他都没回应。"

夏天的时候，莉赛特又惹了点小麻烦，"不严重，"爱德华医生说，"我把这事告诉她的校长了，我们一起想出了一个主意。"

"我们为她找了一个'相当优秀的活动'，专门针对她这个年纪——去黄石……大概三个月。心理辅导、领导才能、学习路径标识、学习野外保护。没有人会纵容他们。只有当一名学生有了紧迫感的时候他才会发挥身上坚强的品质。"

他说，希望在莉赛特陷入更大危机之前把她"解救"出来，他和莉赛特的老师、校长都坚信莉赛特是个有天赋的孩子，以后读高中的时候也会成绩优异，能升入大学，只是她需要学习如何自我控制，还有"自我认识"。他说莉赛特接受了这个主意。"事实上，她一想到能够去野外，就变得很兴奋了。"

事实证明，这是个好主意。大约 6 周后，我就收到了莉赛特从黄石写给我的信。

> 亲爱的乔纳森，
>
> 你好！我是莉赛特！我现在住在树林里，已经来这里 3 个月了，清理路径等……真酷！对吗？

这封信很短，她也没有透露更多的细节。"我希望你一切顺利，"她在结尾处用她整齐、娟秀的字迹写道，"有机会回信。爱你的莉赛特。"

两周后，我又从爱德华医生那里收到了让人激动的消息。"大消息：莉赛特在黄石表现得特别好。"他和维姬，以及他的妻子在孩子们进入黄石两个月后被允许去探望一次，真是"棒极了"。"你要是能去的话，我愿意给你 100 块钱"。

那天通话结束的时候，医生说："我们围成圆圈坐好，莉赛特和其他孩子们谈论什么事情对他们最为重要。很多孩子和指导老师都哭了,他们拥抱在一起。一个月以后,莉赛特回到了家里。给你寄几张我觉得你会喜欢的照片吧。"

一张照片上,莉赛特与其他几个孩子一起跑步穿过了小树丛。树叶又大又密,几乎把树枝都压到了地面上。另一张是莉赛特的特写照片,她穿着类似军装的衣服,带着一顶遮着额头的毛线帽子,笑得有点淘气,但非常灿烂。爱德华医生在这张照片背后写道:"他们回来的时候,莉赛特跟我说:'我像只小脏鸟呢。'他们就在丛林里的湖水或者小溪里洗脸洗衣服,水都是凉的,还没有肥皂!但她特别快乐!"

莉赛特返回学校后的状况也非常好。"她真的特别出众,"爱德华医生告诉我,"拿荣誉、考试得 A,而且她所在的学校是这个地区最好的学校之一。大家都很喜欢她,她现在是拉拉队队长,她还参加了合唱团。不过在男朋友的问题上,她还是很谨慎⋯⋯"

她哥哥的消息就不那么让人振奋了。"让人惋惜的是,埃里克上周已经辍学回家了,学校不肯再接受他,因为他只对体育感兴趣,其他考试都不及格,但学校愿意继续为他提供其他方面的帮助,他的老师也不希望他中途辍学。不过实际上,他一点不想再努力了。

"他已经辍学一次了。现在他都 18 岁了,既没有学历,又没有工作。他也不怎么在家里住,好像他总跟不同的女孩混在一起,直到人家厌倦了他,离开他。这时,他才会回来跟维姬挤在一起住,不过过段日子他就又离开了。

"我也试图跟他交流,但他都不直视我的眼睛。他说他挺想当兵的,但部队不接收他,因为他没有文凭。我的一个朋友在另一地区当校长(这就是维姬说的黑人校长),他也几次跟埃里克交谈,但他说埃里克对他完全'自我封闭',几乎没有应答。

"这下维姬忙翻了天。每次埃里克一回家,就会召集一大群朋友来过夜。坦率地说,这些可不是我希望他认识的朋友。维姬每晚都忙到很晚才回家,她对埃里克无力约束。她回家之后,这群男孩子对待她也相当粗鲁。"

那一年的秋季和冬季也没能传来关于埃里克的好消息。就在维姬搬到蒙大拿居住的第三年的时候,她又开始心情抑郁,就跟当初在纽约一样。"她太担心埃里克了,"爱德华医生说,"我给她开了一些缓解的药物,好像有点好转。她工作做得相当好，她说她特别喜欢这份工作。我也希望她能一直做下去……"

6个月后，即1999年6月，他给我写了封喜忧参半的信："这一片黑暗当中，莉赛特仍是冉冉升起的希望之星。埃里克则是个我行我素的危险人物。他的女朋友怀孕了，这个女孩是他最近的女朋友，他们住在一起大概半年了，白人，长得很漂亮，来自一个非常正派的基督教家庭，父亲是一位卡车司机。女孩的父亲知道这个消息后近乎疯狂，他可是这一地区有名的暴脾气。这下埃里克麻烦了，我曾经警告过他的。我也跟女孩的父亲聊过天。"

两个月后。"警察对埃里克下了拘捕令，因为他跟他那个爱惹麻烦的朋友一起抢劫。据我所知，他们两个经常这样。不过让人惊叹的是，虽然经历了这大风波，但他的女朋友依然对他不离不弃。我觉得这件事简直是'台风效应'，太轰动了。但让我奇怪的是，女孩的父亲竟然没有揍他。"

医生猜测，女孩的父亲对埃里克一直抱有种族偏见，再加上他辍学、失业，又搞大了女孩的肚子，因此医生推断，女孩的父亲觉得"埃里克就是现实生活中能够证明种族噩梦的最好例子——一个极没有责任心又相当危险的黑人"。当然了，即使是最没有偏见的父亲，恐怕也无法容忍哪个男孩对自己的女儿做了这样的事情吧。这位父亲能看到的只是，原本花样年华、正在读大学的女孩，怀上了埃里克的孩子，而且埃里克明显没有做好当父亲的准备，根本不可靠。当他听说埃里克被捕入狱的消息，只能更为担忧。

这段时间里，维姬依旧跟我联系，但不论是书信，还是电话，她都不再像以前那样坦诚、直率。只有几次，她提到过埃里克的近况，跟医生说得差不多，但含糊其辞，而且往往都是事发很久后才提起。

"埃里克啊？"她说，"他最近总跟他女朋友在一起，不过他也经常回来住。我总不能赶他出去吧。"维姬说，她忘不掉过去无家可归的经历对埃里克造成了多大的伤害。在住进收容所之前，"我们住在一个朋友家里，但如果我们去得晚了，人家就会锁门，我们只好在走廊里睡。当时莉赛特还是个婴儿，是埃里克去怀特堡乞讨一些食物回来吃。因此，我不停地问自己：这一切是否都怪我呢？可是埃里克下一次惹的麻烦只会更大……"

她一直没有告诉我埃里克辍学了，也没有提起他的女朋友怀孕了，更没有说他被捕了。关于爱德华医生给她的药，她只字未提。她只说："最近我一直在为儿子祈祷，希望神灵能够帮助我。"

我们再次通话的时候，维姬说她真的回了一次纽约，不过没有勇气走进圣安大教堂，只在纽约短暂停留便回去了。她不在的这段时间，莉赛特住在爱德华医生家里，而埃里克正好在跟女朋友冷战，他便趁着维姬不在家，又跑回家里住。因为没有钥匙，他和他的狐朋狗友破门而入。"我告诉过埃里克我不希望他回来住。这下可好，家里一团糟，电话费高得吓人，他还拿走了我放在家里的钱。"

"他现在在哪儿？"

"又去他女朋友那里了，但还是会回来。如果我不在家，他就爬窗进来。"

她说埃里克的女朋友在她被埃里克抢钱后也来到了她家。"是啊！她知道这都是他干的，因此她来找我，跟我道歉，还陪我聊天。埃里克当时跟朋友出去鬼混了。她真是个好女孩。我知道她喜欢我，我也非常喜欢她。她说埃里克不应该那么对待她，不仅朝她大吼大叫，还动手打她。"

维姬说，这更加让她悲痛了。这么虐待信任他、爱他的女孩"真的让我彻底失望"。

这之后，维姬很久没有再打电话来。她的电话因为经常被埃里克打到欠费而停机。她给我写过几封信，只在一封信中更加坦诚地提起过埃里克最近惹的麻烦。"因为偷汽油，被判了三星期。虽然是为了给女朋友的车加油，不过也是他自己随心所欲地开，带着那些朋友到处兜风。"维姬说，埃里克的女朋友从来不敢对他说个"不"字。

维姬还说，埃里克每次回家都破门而入，还带来一群野蛮的朋友，这让周围的邻居也怨声载道，她的房东已经警告过她了。让我欣慰的是，维姬又肯信任我了，但她告诉我消息总比爱德华医生晚一些，这又让我忧心忡忡。

维姬的语气在信的结尾处稍微轻快一些。"莉赛特仍然跟我去教堂。教堂的成员们轮流在周日来接我们，我也努力往好的方面去想。"

维姬说了，她会往好的方面去想。人们常说要往好的方面想，不过这句话充分说明其已经陷入悲惨的境况，而且对该状况毫无改变或者控制的能力。尽管维姬已经相当努力，她的邻居们总去帮助她，爱德华医生也从未停止对她和孩子们的关爱与照顾，维姬还是难逃过去的阴影。

最终，埃里克毫无约束的行为彻底将维姬击垮。2000年4月的一天，埃里克再次带着一群朋友闯入维姬的家，当时维姬在上班，莉塞特也在学校忙到很晚，爱德华医生说"音乐开得震天响，声音太吵"，周围邻居就报警了。这下，维姬被赶出了这个房子。

虽然教会的成员又帮助维姬找到了新住所，但她又一次陷入萎靡不振的状态之中。她之前一直小心翼翼避免过度饮酒，比如每晚回到家中喝点啤酒，周末跟朋友聚会的时候才喝点度数高的酒，但是现在她越来越频繁地在白天喝酒，这样可以摆脱那些她挥之不去的不祥预感。

爱德华医生写信告诉我："维姬在敬老院一直做得非常好，最近还涨了不少工资，但是她突然间就辞职了。原因很简单，她早上起不来床，而且还不敢面对每天会有的压力。对她来说，酒精和抗抑郁药物变成了致命性的东西。如果她允许的话，我又得从头开始干预她的这种生活状态了。"

5月的随访记录中，爱德华医生看起来信心多了一些，但很谨慎。"维姬参与了一个十二步骤的项目。这个项目是由博兹曼的一位年轻医生开发的，不幸的是，这位医生在培训过程中对杜冷丁产生了依赖，但是他对于像维姬这样的病人非常好，也非常敏感。我的许多病人都被他医治好了，但对于维姬来说，我只能说我暗自祈祷。她的酒瘾太大了，我不确定她是否能戒掉。"我问起维姬靠什么为生，医生说现在维姬依靠社会福利生活，如果情况好转的话，她可以找份兼职工作。

这之后大概有7个月了，维姬才给我打来电话。她搬新家之后，电话就一直被切断。她说："我又有新电话了。"她的声音听起来很愉快、兴奋，这让我很惊讶，也很困惑。

"啊，对了！知道发生什么了吗？我乘车去佐治亚州了，看到了我的爸爸！他74岁了。从我14岁以后，我们就没见过面。圣诞节就是他的生日，我给他织了一件毛衣，跟你的款式一样，不过是绿色的。

"知道吗？我爸爸是个音乐家呢！真的！他在福音唱诗班。我走的那天，他们正好在排练。我说'爸爸，你要去排练了，能带我一起去吗？'他听了很高兴！"

对于爱德华医生告诉我的困境，维姬只字未提。既没说她辞去了养老院的工作，或者她加入的十二步骤项目，也没说她最近为了摆脱抑郁而做出的种种努力。这次，她也没提埃里克。去年我就发觉我们之间存在的分离感现在再次出现，这让我极为焦虑不安。

在爱德华医生后来的信件中，关于埃里克的消息越来越让人沮丧。"我一次次地试着坐下与埃里克谈心，但他根本不感兴趣，既不想听，也不想跟我说话。"他说埃里克的女朋友已经跟他分手了。医生也有理由认为埃里克和他那些朋友"深深迷上了毒品和偷来的药物"。他还告诉我，埃里克一个人住在公寓里，显然，他需要付房租，但不知道他怎么会有钱交房租。

2001年夏季的时候，爱德华医生告诉我说，维姬不再参加十二步骤项目了。他说她又搬家了。不过我后来发现，这之后维姬又搬了一次家。"上周，我还去她家坐了一会儿。她最近酒喝得很多，已经不能直接回答我的问题了。她整天就坐在家里，好像等着坏消息发生一样。"

又过了6周。

"乔纳森，"维姬在我的电话留言机上留言。"我告诉你一个可怕的消息：我儿子两天前死了，他被一枪打爆了头。这个周日，他就要满22岁了。"维姬给我留下了她的电话号码。我再打过去的时候，她听起来迷离又心碎。"我都不知道该怎么说了，我儿子是自己要了自己的命……"

"他死的那天早上，我还给他打过电话。他说今天会跟朋友一起打牌玩。"突然间，维姬说，埃里克听起来很害怕。"'妈妈，我感觉非常不好，你帮帮我吧'，我说'好的，你现在就来吧'"。

"几分钟后，他就到了。他是自己先到的，接着他那些朋友也来了。我不知道他会带朋友一起回来，我还以为他们一会儿会离开，这样我就能跟埃里克单独在一起了。他们去了另一个房间，有一阵子很安静，但突然间我就听到了枪响，就隔着墙。我跑进去，看到地板上有一支猎枪。埃里克浑身是血，他的头上一直往外淌血……

"后来警察就来了。警察上楼后，试图唤醒埃里克。他们把埃里克抬上担架，接着把他抬到楼下，送去医院了，还不让我跟着去。15分钟后，另一位警察用他的车把我带去医院，还说会陪着我。后来医生出来了，这位警察上前去跟医生说了几句话，他回来坐到我旁边，握着我的手，告诉我说我儿子已经死了。

"警察问我是否想联系谁，我告诉他联系爱德华医生。但医生已经听说了，他来了，然后把我带回我家。他的妻子和教堂的朋友们轮流陪着我，不让我独自一人在家。他们离开后，莉赛特回来了。后来爱德华医生的妻子还跟莉赛特出去说了会儿话。"

我问维姬，跟埃里克走得近的或者还很关心他的人，是否有人知道埃里克那天情绪低落。

"没有，没人知道，他没有告诉过任何人。我跟莉赛特说我常常祈祷，希望她有什么事情能告诉我，尤其是当她不高兴的时候。'不要一个人憋着，'我说，'因为我太知道这是什么滋味了。我爱你，我不能再没有你了……'"

爱德华医生如同失去自己儿子一般悲恸。他一直深深谴责自己没能找到穿透埃里克自闭心墙的方式。"几个月之前，我就不停地问自己，"医生说，"埃里克经历的这些是否都是因为我，是不是我的一些举动导致了今天这一切的发生。我试着不去想这些，但却不停地这么问自己。恐怕还需要很长时间我才能不这么想吧。"

"有些人认为这是他杀。你知道，当时有几个朋友也在埃里克的屋子里，不过没人解释过枪声响起的时候到底发生了什么。警察很仔细地盘问过所有男孩，看起来所有证据都证明埃里克是自杀。"

爱德华医生不止一次地质疑自己的责任。"从维姬第一次向我敞开心扉开始，我就意识到日后一定会有麻烦。她来这儿一段时间以后，她向我吐露的事情越来越多，也告诉过我他们以前住在纽约的时候，孩子们经历的许多故事。我以前一直认为换到不同的地方居住，遇到不同的人，会让他们忘记过去的一切，看来是我低估这一情况了。"

埃里克去世后的几周里，我的脑海中都一直回放埃里克生前给维姬打的最后一通电话。"妈妈，我感觉非常不好，你帮帮我吧。"维姬回答说："现在就来吧。"尽管埃里克给人以粗暴与冷冰冰的感觉，但这一刻他就是一个害怕的孩子。要是埃里克一个人回来，告诉维姬发生了什么的话，维姬会不会将他拥入怀中给他需要的安全感呢？在埃里克最需要关爱的时候，维姬会不会及时给予她自己都没有感受过的母亲的那份爱？

埃里克去世后，爱德华医生和那些与维姬关系亲近的教会会员们竭尽所能帮助维姬和莉赛特重新振作起来，至少让她们看上去比较稳定。莉赛特很快找回了立足点。她已经高三了，成绩优异，打算读大学。爱德华医生说莉赛特"成熟，能力也强"，而且与一个大学生相爱，对方年龄比她大一点，"叫托马斯，是一位认真、正派的小伙子，非常喜欢莉赛特"。他们已经住在一起了，不过医生特别解释说他们两人"依据习俗已经结婚了"，这在"蒙大拿具有约束力"。

几天后，医生告诉我莉赛特怀孕了，但他保证这不会影响到莉赛特高中毕业，也不会阻止她继续求学。"我们昨晚还跟莉赛特一起吃晚饭，她说她不会再回到纽约。她考虑去亚特兰大附近读大学。她与托马斯在做选择的时候看起来很有远见。这对小夫妻看起来很可靠、很坚强。"

不过维姬还是继续悲伤。"有一天晚上我去了维姬家。她说她在喝酒，不过不用说我也看得出来。维姬现在走到房子的前门都费劲。听说她又找到了一份新工作，不过现在看来，她很难胜任。"

这之后，我很少与维姬联系了。她的声音细弱，发音模糊，而且愿意透露给我的那点信息也极为含混。之后不久，我就再没收到过维姬的留言。不知道她是不是又搬家了，她最新的电话也被停机了。

在医生写给我的最后几封信里，他写道："我再没有见过维姬，这让我很伤心，但她似乎不再需要我的陪伴了。我努力与她保持联系，我的妻子和我还一次次地开车去找她，不过我们都不知道她后来搬去了哪里，我给她的留言也从来没得到过回复。"

埃里克去世8个月后，我收到了莉赛特写来的一封信，从信中可以看出她成熟了，而且做事深思熟虑。"我哥哥入土为安后，妈妈却一直在挣扎。爱德华医生说他已经告诉过你妈妈在喝酒。我哥哥的死让她很崩溃。我爱她，但我必须用自己的力量去拯救我自己。

"托马斯和我每天努力工作，以便清缴各种账单，抚养我们的女儿。我们5月15日在一个教堂举行了婚礼。下周我就毕业了，接着我们会搬到南方，因为9月份的时候我就开始读大学了。"

莉赛特说他们的计划有了点变动，现在打算搬到默特尔比奇附近的小镇居住，因为托马斯的亲戚住在那里。她丈夫现在已经申请转学，跟莉赛特读同一所大学。

他们大概在给我写完这封信后不久就搬家了，我不确定他们是否收到了我的回信。爱德华医生现在也七十多岁了，由于体力跟不上，他也很快就退休了。大概又过了一年，医生告诉我说他与维姬、莉赛特彻底失去了联系。我与维姬、莉赛特也好多年没有联系。

2009年，我收到了莉赛特从南卡罗莱纳州打来的电话。她的声音一如既往，还是那样愉悦、甜美，就像十几岁的样子，惹人怜爱。莉赛特现在26岁，已经是4个孩子的母亲了。为了能照顾到4个孩子，她目前已经准备结业，去做一名律师助理了。托马斯也即将在牙科学方向取得毕业证书。

莉赛特说，维姬在生前的最后几年饱受胰腺癌的病痛折磨。"蒙大拿的社工给我们打电话说妈妈可能活不了太久了，我们便把她接来跟我们一起住。来到这里后，她开始接受化疗。我们带她去查尔斯顿的一家医院接受治疗，刚开始恢复得还不错，但后来她就不吃饭了。她在这儿坚持了11个月。离开的时候，我的孩子们都围绕着她。我们将她埋葬在了我丈夫家的墓地。"

莉赛特最后说："我会将我的一生都奉献给我的孩子们，我必须这么做，我就是这么生存下来的。我现在更坚强了，我觉得我一直比自己想象的更坚强。

"您再见到玛莎的时候，请代我问候她。以后要是到默特尔比奇附近的话，我们欢迎您来我家做客，我们为您准备了一个房间。如果您愿意的话，我带您去我妈妈的墓地看看，我知道她对您来说很重要。

"就写到这吧，我得忙了！请为我祈祷吧！"

3 皮特罗和他的孩子们

❶

80 年代末和 90 年代初期间，我遇到了很多家长，但唯有皮特罗·洛卡特罗和维姬最为特别。他们在很多方面都不一样，比如家庭背景、家庭成员、个性和性格，更不用说他们最显著的特征——种族和性别。我能观察到的唯一的共同点就是他们在纽约市最黑暗的时期沦为流浪汉，住进收容所的时候，他们都极为脆弱。

皮特罗原本是曼哈顿区一栋大厦的门卫和维修工人，但是，有一天，他的妻子被人勒死在康尼岛的海滩上，据说这个男人还只是她与皮特罗结婚后一直保持婚外情的男人之一。显然，这个男人是个瘾君子，因为知晓皮特罗的妻子还有其他情人而一怒之下杀死了她。皮特罗一直以来特别依赖自己的妻子，我猜也是出于这个原因，他强迫自己原谅了妻子的不忠贞。妻子死后，皮特罗的世界也坍塌了。这件事过去了很久，但皮特罗每天只是行尸走肉一般过日子。

皮特罗与妻子一共育有 3 个孩子。皮特罗的父亲已经去世，母亲六十多岁，现在也不得不搬过来帮着皮特罗一起照顾孩子，不至于让孩子们流浪街头。但皮特罗既无法完成任何全职工作，连兼职工作都做得断断续续，因此他交不起房租，全家被赶了出来。皮特罗不得不向市政负责安置流浪人员的部门寻求帮助，他被安置在了马提尼克大厦那昏暗、狭窄的房间里，我这才有机会认识他。

1985 年圣诞节前的某一天，经常帮我混入马提尼克大厦的社工介绍我认识了皮特罗。当时，我们都在社工的办公室里。社工说他必须告诉皮特罗，我是一名作家，想采访一些大厦里的住户。起初，皮特罗看起来有些犹豫，不过后来他问我是否愿意跟他上楼去看看他的屋子。他告诉我房间号，我说我晚上会再回来的。

当晚，我终于躲过保安的看守，爬楼梯来到了皮特罗他们居住的房间，当时他的孩子们都躺下了。克里斯托弗10岁，埃莉5岁，米兰达4岁。两个女孩都睡着了，克里斯托弗却还没睡。他穿戴整齐，肩膀上搭了个毯子，坐在上中下三层床的最顶层。克里斯托弗个子很高，看我来了很警觉、很紧张。他面容憔悴，皮肤惨白。皮特罗也是，他身高1.8米，自从住进马提尼克大厦的两年来，他从165斤瘦到了120斤，现在看起来骨瘦如柴。

他和孩子们都叫他的妈妈"奶奶"，不过我去的时候，奶奶不在家。前一天晚上，奶奶摔进了楼梯井，被送到了医院。皮特罗说，奶奶需要在医院做全面检查，确保没有受重伤。

我刚进屋子的时候，还以为他们没有开取暖设备。不过经皮特罗指点，我才看到，床对面的窗户上，有一个窗格已经破损了，虽然他在上面贴了一层垃圾袋，但还是会有冷空气钻进来。

那天晚上，还有以后我去他家的那些晚上，克里斯托弗都很少跟我说话。不过显而易见的是，他跟我那年冬天遇到的许多孩子一样，极度饥饿，大概只想知道我身上带没带吃的。每次见到克里斯托弗饥饿难耐的样子，我都会给他10到20块钱，让他出去买点食物储藏起来。有时候，如果我确定我能够逃得过保安的注意，我就会自己去买些牛奶、麦片或者其他东西带进来。这时，克里斯托弗会从床上爬下来，一声不响地吃麦片。他已经明确表态说不想多跟我说话，我感觉他不是很信任我。

跟其他男孩一样，克里斯托弗下午还有晚上都会去第六大街，或者百老汇大街，或者纽约先锋广场对面，或者梅西百货大楼前面的人行马路上乞讨。皮特罗不希望儿子去行乞，但他说："他都这么大了，我也不能把他像关在笼子里那样锁在自己的房间里，这对他来说跟坐牢差不多。他的朋友都这么在大街上乞讨，他想跟他们在一起。"

克里斯托弗看起来很擅长从游客或者通勤者那里讨得一些钱，他偶尔会拿点钱回家，或者给两个妹妹买些礼物。但皮特罗说大多数情况下，他都花钱吃饭了，或者买些便宜又华而不实的装饰品（比如假的金项链等）。他的朋友们都喜欢这些装饰品，不过那些男孩子的年纪都比克里斯托弗大。

皮特罗经常担心像克里斯托弗这样的孩子会招惹警察的注意，不过类似的孩子太多了，皮特罗的担心有点杞人忧天。然而，皮特罗确实有担忧的理由，因为克里斯托弗长得很帅气。他有着一头蓬乱的浅金色头发，淡蓝色的眼睛以及棱角分明的下巴，皮特罗担心这些会让克里斯托弗成为某些人的目标，尤其是他遇到的一些年长的男人。

过了一年，马提尼克大厦来了一些组织孩子们做游戏的社团，其中一个社团的领导者便买礼物送给克里斯托弗。"飞盘类的会发光的东西，"皮特罗说，"刚开始都买些便宜的礼物。"后来，他送了克里斯托弗一件价钱昂贵的大衣，再后来，在皮特罗不知情的情况下，带克里斯托弗去了长岛附近的一栋郊区别墅度周末。

周日晚上，克里斯托弗回家了，不过他对奶奶和爸爸的询问遮遮掩掩。不过我注意到，在以后的几个月里，克里斯托弗与爸爸说话的时候，语气略带轻蔑，仿佛皮特罗无力购买这些别人送他的东西，因此就失去了实施家长权威的权利，在他眼中也失去了父亲的地位。

与此同时，他的两个妹妹却还是一如既往的天真，信任父亲。两个女孩都很瘦，跟克里斯托弗一样，面无血色。她们喜爱玩耍，和我也很亲近，每次我去的时候，都跟我和奶奶愉快地聊天。对皮特罗，她们也不会像克里斯托弗那样显露一丝敌意。现在克里斯托弗已经接近 11 岁了，他晚上几乎都不在家。有时候，我跟皮特罗聊天至深夜，我离开时，克里斯托弗都没回来。

对这一阶段发生的事情，我还没有意识到应当对克里斯托弗和两个妹妹的行为加以区分，尤其是他们对待父亲与奶奶的态度及信任。当时我还不认识维姬、埃里克或者莉赛特。我是很长时间以后，才在圣安大教堂认识他们的。虽然我意识到了两个男孩在行为方面的相似，但我没有倾向于将他们归于某一类的典型。我看到他们的时候总会想起我见过的这群孩子们及其家庭：不同的家庭，不一样的孩子，唯一一样的是，他们都经历了一段极度贫困的时光，都在类似马提尼克大厦这样不健康的地方度过了一段时光。这样的遭遇对他们是否产生持久或者伤害性的影响，或者其他的经历是否会伤害到不同年龄、不同性情的孩子，这些我都无从知晓。

❷

我在马提尼克大厦采访了皮特罗一家三年。之后，他们也被迁至布朗克斯区的东利蒙特地区，仅就贫困度与毒品横行程度来说，这里比圣安附近能好一些。

1990 年的一个温暖、阳光明媚的秋季午后，我第一次去他们新家拜访。当时，皮特罗在当地的一家杂货店帮忙打包装。他每天下午都会来赚一点钱，当然，跟其他布朗克斯区的穷人一样，他没有上报这一行为，因为他害怕政府会因此取消发给他的粮票和其他福利。克里斯托弗没在家，埃莉也出门拜访朋友了，只有奶奶和米兰达在家照看一个 5 岁的小男孩，当然，男孩的妈妈就住在附近。

这个孩子叫布鲁诺，眼睛周围有白色的疤痕，这是被一场家庭火灾烧伤的。在布朗克斯区，大楼内发生火灾随处可见。那时，报纸上关于火灾的标题几乎随时都有：《火灾烧死两个布朗克斯小孩》《公寓火灾烧死被困其中的儿童》《公寓火灾烧死布朗克斯男孩》等。对于只留下两道伤疤的布鲁诺来说，实属幸运。

米兰达坐在沙发上，怀里抱着一只大黑猫，这只是他们在门口的平台上捡到的三只流浪猫中的一只。布鲁诺则坐在地上跟一只大白鸭子一起玩，这可不是玩具鸭子，而是只真鸭子，看到我进去了还对着我"嘎嘎嘎"叫。米兰达说黑猫从来不追着鸭子玩，因为鸭子的嘎嘎叫声让黑猫害怕。她告诉我，鸭子是住在楼下的男人送给她的，米兰达给它起了个名字，叫奥斯卡。

皮特罗还有一个小时才能下班回来，因此，我答应米兰达带她和布鲁诺到附近的公园去玩。我们走在马路上，我一左一右两只手牵着他们，不过布鲁诺一踏上东利蒙特大街就飞快地拽着我们俩跑起来。我们穿过了一条堆满了垃圾的马路，上面满是没有门的电冰箱、被撕碎的沙发、一片一片的油地毯以及大堆大堆的绿色袋子包好的垃圾。不过，公园里的花都盛开了，郁金香、风信子、水仙，还有白色和黄色的雏菊。孩子们都跪在草坪上，米兰达也逐个念着花的名字，只有风信子她不认识，因为她从来没听说过这种花。

在一个食品摊前，我们买了一盒爆米花，预备着在回家的路上吃。我们选择了一条没走过的路，竟然遇到了一块被电线围起来的空地，里面也开着一片片的花。两个孩子试图从电线围栏的空隙处摘几朵花，不过都没有成功。最后，布鲁诺采到了一朵蒲公英，他说要带回家送给他的妈妈。

我们到家的时候，皮特罗已经下班回来了。我们说话的时候，皮特罗抱起最小的一只猫，放在膝盖上。米兰达和布鲁诺带着鸭子去卧室玩，因为她爸爸要跟我讨论他遇到的麻烦。他说福利救济站的工作人员说他们太奢侈了，竟然养了这么多猫。

"'你们自己的食品都不够吃，'她说，'所以才分给你们食品救济券。你觉得自己的粮票应该是给猫领粮食吃的吗？'"

皮特罗说，工作站的人员来家访的时候，他们把鸭子藏在卧室里的一个箱子里。"万一奥斯卡跑出来到客厅了怎么办？"

"我知道啊，"他说，"我们在公寓里养鸭子，这看起来很疯狂，但孩子们很喜欢它。周遭环境太压抑了，他们拥有的东西也太少了，我就是希望养这只鸭子能够让他们记得自己是小孩子……

"我们给猫喂点牛奶，还给鸭子买了点麦片吃。不过这才花了三块钱，而且还够吃两个月呢。我们又没有电视机，养些动物能够分散孩子们的注意力。"

一个月后，皮特罗打电话告诉我："工作站的社工突然来家里拜访，她看到鸭子了。奥斯卡径直跑上前来，朝她嘎嘎叫。"

"她怎么说？"

"她说我们应该找口锅，把鸭子放进去煮。"

"孩子们在场吗？"

"是的，"他说，"她就在孩子面前说的这句话。她说如果我们想养猫的话，她不会打报告，但奥斯卡不能再留在家里了。"

皮特罗说，社工走后，两个女孩子都哭了。

"从某个角度来说，我觉得她的做法是可以理解的。她认为我们没什么钱，而且我们还从她那里要东西，比如食品救济券和房租。因此我猜测，她一定在想：'没有这些动物，他们照样可以活。'对呀，但我的孩子们却不行。养小动物玩是件小事，但却是一件'额外'的小事。我猜他们一定认为这太过分了。什么是过分呢？很难回答这个问题吧。什么是足够了？孩子们需要衣服，需要食物，需要一个为他们遮风挡雨的屋檐。你觉得他们需要一只宠物吗？"

我问皮特罗打算怎么处理奥斯卡。

"它还住在家里，具体的驱逐令还没到呢！"

皮特罗居住在马提尼克大厦的时候，被逮捕过一次。他在一家伍尔沃斯商店偷了个复活节礼篮，因此他不得不出庭。但法官好像理解皮特罗的境况，他只是给了皮特罗一个象征性的惩戒，类似于几个月的禁足，或许也只是给了个口头警告。在我看来，他的这个罪过实在太微不足道了。他特别喜欢自己的孩子们，因此愿意竭尽所能来弥补因贫困或者住在马提尼克而留在孩子脑海中的记忆。其实整个事件，既不是一个复活节礼篮，三只猫咪，也不是一只鸭子的问题，这是真正的犯罪，而只有深受其害的人才需要为此付出代价。这让我们再说回克里斯托弗。

这就是孩子们的童年，陪伴他们的有嘎嘎叫的鸭子，还有皮特罗与那位比较正直的社工之间的小斗争（我觉得他一定程度上还挺乐在其中的），虽然社工也只是执行自己接到的命令，但也有不尽如人意之处。我每次去皮特罗家的时候，克里斯托弗都不在家。他现在快 15 岁了，皮特罗说他一点都管不住克里斯托弗。他说，克里斯托弗只信任奶奶。不过在我看来，奶奶与克里斯托弗的联系却不是很积极健康。每次我问奶奶，克里斯托弗晚上去哪儿了，或者她是否知道克里斯托弗最近在做什么的时候，她都会为孙子编织各种各样的借口。我觉得奶奶对克里斯托弗的这种盲目信任让人不安、困惑。

米兰达后来告诉我说，自打他们重新搬到这里居住，克里斯托弗基本就辍学了，而且所有接收克里斯托弗的公立学校也只是做做样子，草草地找他一下罢了。

相对于克里斯托弗的同龄人来说，他的学业水平已经比别人低了好几个年级，因为在无家可归的年月里，克里斯托弗没有学校可去。虽然政府最后为马提尼克大厦里的孩子指定了公立学校去读书，但很多孩子从来没去过学校，要么由于官方管理混乱，要么由于学校没有联系到家长等原因，孩子们比规定入学的时间都迟到很久。政府通常在过了 4 个月或者更久的时间才发觉有些孩子没有去上学，而是依旧每天坐在大厦的房间里。

等到皮特罗一家搬离马提尼克大厦的时候，克里斯托弗的叛逆态度和对大人权威的蔑视极大地挑战了所有中学旷课调查员的耐心，即使是那些真心想帮助他的调查员，也失去了耐心。恐怕不仅仅是学校，还包括所有宽泛的教育机构，对于克里斯托弗这样的孩子，都需要教育人员极大的同情与关注，但即便如此，让这样的愤怒青年"浪子回头"的几率恐怕也是小而又小。

克里斯托弗 15 岁生日的时候，他已经因为偷车、拆车而被判两次少年拘留了。从这以后，他在法庭上就不停地进进出出，3 年之后，他开始在里克斯岛上的监狱服刑。

克里斯托弗第一次被判入狱的时候，米兰达差不多 12 岁了。她和妹妹从住布朗克斯区的时候就一直在天主教学校读书。我的读者们帮我创建了一个小型基金会，我便用里面的钱间接地为她们交学费。我的助手通常把钱直接转交给皮特罗，因为我觉得让皮特罗自己决定怎么去花这笔钱，这样对孩子们更好。

孩子们每天都打扮得干净整齐地去学校。如果皮特罗没有钱去洗衣店洗衣服的话，他或者奶奶就会在家为孩子们洗衣服。我知道皮特罗给孩子们买不起他比较喜欢的那些衣服，但他买回来的衣服都很体面，既不会有超短裙，也不会有袒胸露肩的上衣，虽然很多这个年龄段的女孩都穿这样的衣服。

"我们认识的其他青春期的女孩子都跟男孩子同居了，"十几年后，当米兰达跟我回忆起童年的时候，她这么说，"不少女孩都怀孕了，不到 15 岁就已经生孩子了，但埃莉和我没有像她们那样。我都读初中了，还在家跟布娃娃一起玩。爸爸和奶奶也不让我们在外过夜。如果我们晚上出门的话，他们 8 点钟就会给我们打电话。而且我们的邻居好像也知道家长很保护我们，知道我们很亲密。"

那些跟皮特罗一家很熟悉的朋友当然也知道克里斯托弗身上发生了什么事，他们也会看到他的粗鲁举止，不过他们都不让皮特罗察觉是自己的失职才导致克里斯托弗的失足。他们知道皮特罗一直心怀内疚，这点通过他写给我的信也能看出。他们尽量不让事态发展得更严重。

皮特罗希望里克斯岛的经历能够多少提醒克里斯托弗远离危险的活动，他希望这样可以惩罚到克里斯托弗。但克里斯托弗随后的表现却更加有恃无恐。看起来，监狱生活非但没能让他更加冷静，倒是让他更大胆、更无情。

克里斯托弗的罪行的高潮发生在他 20 岁生日之前。1995 年的一天，他与另外 3 个年轻人一起在布朗克斯区的地铁站抢劫了一个陌生男孩，随后还将男孩扔入了地铁轨道内。要不是路人跳入路基奋力救出那个男孩，他可能就会被进站的车轧死了。克里斯托弗被判故意杀人未遂，被送往"上州"服役 7 年。据我所知，人们委婉地称呼关押长期徒刑的犯人的监狱为"上州"。

这个关押克里斯托弗最长时间的监狱距离纽约市大约 7 小时车程。女孩们跟着奶奶、爸爸每个月去探望克里斯托弗一次，他们周六早上两点钟从布朗克斯区出发，来回坐汽车需要 14 小时，大概周日晚上 10 点才能回到家中。"他的态度让我实在捉摸不透，"米兰达说，"他的表现根本就不像是在服刑。对他来说，就好像'没什么大不了的'，好像他从来没有想过他为什么在那里。"

我许多年跟克里斯托弗都没有任何联系，但他现在开始给我写信。根据信上的邮戳来看，他现在在奥尔登小镇，我查了查地图，这里差不多位于布法罗和阿提卡中间，而阿提卡的监狱在 30 年前因为犯人暴动引发的大屠杀而臭名昭著。就跟纽约的大型州级监狱一样，这两个监狱都位于白人区，当地的居民与政治家都极为重视，虽然关押的犯人大部分都是黑人或者西班牙裔，但他们还是给犯人提供工作。而正是这些来自布朗克斯区和其他贫困、种族隔离区的成千上万的犯人完成的工作为上州的白人社区的经济生活提供了保障。而长有蓝眼睛、苍白皮肤和浅金色头发的克里斯托弗自然而然吸引了不少犯人，他们愿意追随他。

克里斯托弗的来信刚开始语气礼貌、友好，比如他问候我，希望我"身体无比康健"，而且还向我的科研助手传达问候，其实我的助手根本不认识他，只是出于某些原因替皮特罗向他转达过一次消息罢了。我也希望自己能够相信克里斯托弗来信中的和善语气是发自肺腑的，但是自打我在马提尼克认识他以来，他就用不信任的目光怒视着我，之后我们都未曾说过一句完整的话，这让我感觉他语气中的真诚没有什么说服力。说起皮特罗，克里斯托弗依旧语气生硬，倒是提起奶奶的时候，他说是奶奶一直照顾他。

之后不久，克里斯托弗便让我给他寄点钱花，后来还有两次请求我能够看在他努力改造的分上重新组织一次听证会来减轻对他现有的刑罚，这显然超出了我的能力范围。不过我看在皮特罗为他求情的分上同意为他争取一次。我写了封信，信中暗示说克里斯托弗目前的遭遇，还有以前住在马提尼克大厦时的小罪行都是被比他年纪大的男孩子教唆的。我还引用了纽约前州长马力欧·库默的话，他视察马提尼克大厦的时候曾将它比作"狄更斯小说中的场景"。

虽然我很努力，但我知道我的信毫无说服力，因为我自己也是极不情愿写的这封信。不管是从克里斯托弗写给我的信件中，还是通过皮特罗和米兰达转述的去监狱中的探访经历，我都看不出克里斯托弗对他所犯的罪行有一丁点的忏悔之意。

一年以后，克里斯托弗感谢我写的这封信，但又提出了新的要求。这次，他也没有流露出任何悔恨或者对自己所做事情应付出的责任感。这个时候，他依然轻视自己的父亲，可是皮特罗是这个世界上唯一一个坚持不懈帮助他的人，比如说皮特罗会给他汇款，这样他可以买过冬的衣服。

"这个监狱真的太粗暴了，"他在写给我的第二封信中提起，"总有人用刀划伤人，或者捅伤人。我想出去了。"他还寄给我一张近照，他已经剃了光头，看起来很强壮。

他告诉我说跟他一起被拘禁的人都称他是"白人男孩"，希望这样会让我觉得他身处危险的环境当中。不过我担心的是，如果克里斯托弗在价值观和性格方面没有明显改变的话，将他释放出来依然存在危险。尽管他给我的来信施加了一些压力，但我这一次没有回复他。

与此同时，在东特利蒙大街，皮特罗一直以来为了给孩子们提供稳定生活的努力因为意外地被驱逐出房子而终止。像所有无家可归的人一样，自打搬出了马提尼克大厦，皮特罗就一直依靠联邦住房津贴生活。不知道具体什么原因，说起来无非是住房系统随心所欲、反复无常又缺乏合理性的运作方式，导致皮特罗的住房津贴被取消。结果，他的房东除了小部分由住户自己支付的房租能够收上来以外，再一无所获，才将他们赶了出去。

被赶出去的时候，米兰达17岁，她的姐姐18岁。突然之间，他们离开马提尼克大厦后居住了十几年的房子以及营造出来的连贯性与安全感被剥夺，而且这又是皮特罗无法理解、无法控制的。

"爸爸和奶奶搬到别人家的一间小屋子里了，不过就在这附近。"米兰达说。她和姐姐住到了附近的朋友家。不过埃莉19岁的时候就结婚了，那时她已经怀孕了。她的夫家对她很好，后来他们小两口攒够了房租，才搬出去单住。

这个时候的米兰达，年纪小、害羞又内向，但她不得不面对现实，尤其是经济方面的问题，用她自己的话说，突然之间"一切只能靠自己"。她不得不找份工作，租个能付得起房租的房子，而为了赚钱，她高三就辍学了。

米兰达换了不少工作，她也一点点适应了，也振作起来。自打找到第一份工作后，她又接连换了不少工作，不过这些工作的工资都很少，但起码能让她积累一些自力更生的经验。她最早期的一份工作，还是在纽约市的工作福利制度之下签订的，她说"这是一份短期工作，就是在公园做清扫，拿着耙子耙树叶或者其他杂物，但只做了6个月"。之后，她又找到了一些更长久的工作。

"有一份工作是在洋基体育场里做柜台工作。"她说。后来换到"麦迪逊附近的第八十二号街的一家面包店"，她在那里算是兼职，用她的话说是"随叫随到"型的，但是他们"经常找她去上班"。辞去面包店的工作后，米兰达又开始在东特利蒙大街的人行路上给有需要的妇女编辫子。"我就在外面摆张椅子，如果下午生意好的话，3个客人我就能赚100块钱"。

她说她也"学习过家庭护理"，之后就找到一份长期稳定的工作，帮忙照顾病人，陪伴他们。她说她很喜欢这份工作。"几乎都是上年纪的女性需要我去照顾。她们让我想起奶奶"。

克里斯托弗还在监狱里服刑，奶奶和皮特罗住在租来的房子里，米兰达也快20岁了，她在处理与男人关系的时候一向很谨慎。不过后来因为一不小心，"跟一个我认识很久的男人过了夜，你也能猜到发生了什么。这是我的第一次。嘿，我就怀孕了……"

怀孕后，米兰达依然坚持照顾一位妇女，那人"住在里弗代尔"，一个相当有钱的白人社区。不过随着月份的增大，米兰达开始头晕眼花，虚弱疲累。她说，有一天晚上，她直接晕倒在妇人家的客厅里。妇人答应她可以接着来工作，"但是，两个星期后，我又晕倒了"。送到医院后，医生确诊米兰达为脱水和焦虑过度的表现，并告诉她，余下的孕期，她都不适合继续工作了。

不过，这次，福利体系倒是照顾到了米兰达。因为即将成为妈妈，福利体系给予米兰达房租补助，还提供给她其他福利，包括粮票，这样她就可以照顾自己的宝宝了。儿子出生之后，米兰达在圣安附近租了一间小公寓。又过了一年，她找了一份兼职工作。每天下午出去工作的时候，她的邻居会帮助照看孩子。

这个时候，克里斯托弗差不多在监狱里服满了刑，只提前一年被假释回家。他回到了南布朗克斯区。

"克里斯托弗出狱的时候，"米兰达说，"我是他唯一一个有地方住、可以投靠的亲戚。他是我哥哥。当时我整天忙着宝宝和工作的事情，我实在不知道应该怎么办，他又没有其他地方去，他说我是他的'保障'。但你也看到我家真的太小了。"她带我看她的卧室，还有一个更小的屋子，仅够放进一张婴儿床，而客厅也很小，除了我们坐的沙发，没有其他家具了，"但我还是收留他……"

"我让他睡卧室，我睡沙发，因为他那么高。我帮他洗衣服，做饭。他说他'试着走上正轨'，但他每晚都很晚才回来。有时候，他早上才回家。"

米兰达说克里斯托弗出狱还不到一年就因为违反假释条件而被再次送回监狱，我一点都不惊奇。"他一共回去过两次，每次大概都是 6 个月。第二次发生在 2004 年，也可能是 2005 年。"他出狱后，就住在米兰达这里。"他也找到过一些工作，虽然他很健谈，但却做不长久。他上班总迟到，周围同事最后都受不了了。"即使他找到了工作，"但总感觉他有心事，却不愿意跟我说……"

"终于，"米兰达说，"克里斯托弗在曼哈顿的一家叫二分点的健身沙龙找到了一份相当好的工作。他总跟我讲他能赚多少钱，能遇到什么样的人。他在监狱就练得身体强壮。"他告诉米兰达，他在监狱经常练习举重或者其他健身项目。"他身材非常好看……不过即使他赚钱了，他也一点不帮我买吃的。他把钱都花在自己身上。他买昂贵的衣服穿，他还从朋友那里买了一辆二手的红色广本汽车，但是我让他开车捎我去上班或者帮我交房租的话，他就冲我发脾气，他觉得那都是我的事情。

"我已经超负荷工作了，每天赶着去上班，照顾宝宝，还得填写各种各样的表格确保房租补助不被取消，还有其他各种各样的表格。另外，我还得去看看爸爸，确保他跟奶奶一切都好。可是克里斯托弗回家之后，就只会躺在那里……我才 24 岁，他都 30 了，还一点不帮我。"

米兰达说，克里斯托弗后来辞掉了在二分点的工作。"我知道他在外面做些违法的事情，因为他手头有很多钱，这比在二分点的工资多多了。"

"我最后告诉他他得离开我家了。"因为无力收留他，米兰达的话语中带着些许惋惜。不过我猜测，她这么说也是希望通过自己的有效性与亲近性，能够对克里斯托弗那种喜欢惹祸上身的强制性倾向产生反作用力。不过她说："我没有别的选择了，我怕崩溃了。我身上的压力太大了。"

这期间，皮特罗也一直给我写信，他跟奶奶挤在一个屋子里，每次都写很长很长的信给我。通常，皮特罗的信会密密麻麻写在一张纸上。如果不够的话，他还会再找张纸，或者就直接写在信封背面或者他可能找到的其他小纸片上。

让皮特罗一直很欣慰的是，米兰达每隔几天便会来探望他和奶奶，还会告诉他埃莉与丈夫一家过得很好，而且当他看到米兰达带着小外孙来的时候，会感到极为幸福。

皮特罗现在最担心的是奶奶了，她85岁了，开始显露出阿兹海默综合症的症状。有一天晚上，皮特罗进屋的时候发现奶奶不在家，他出门找了好几条街才看到奶奶坐在街边，看起来迷失又害怕。他意识到或许应该尽快将奶奶送去养老院。不过，自从妻子去世后，皮特罗就一直跟奶奶住在一起，我觉得他会有恐惧感，可能就像小孩子那样害怕，因为妈妈的存在才让他有一丝延续感与安全感。

几个月后，他来信说："我最害怕的时刻还是到了，我现在才知道离开她有多困难。不过时日不同了，这样对她是最好的。我知道在那里，她会得到正规的饮食，健康的三餐，那里的护理人员也会确保她按时吃药。"

他回想起住在马提尼克大厦的那个下午，奶奶邀请我去家里过感恩节。"我母亲使用轻便电炉便能为我们做出一顿感恩节大餐，这点她自己也很骄傲。我知道你会记得这一天的，因为你在一本书中也提到过。"他还说起大厦的一个保安起初不让我进大厦，他让我在大堂等了一个小时，也不告诉皮特罗他们我来了。"好在奶奶没有让饭凉下来，她很开心。谢天谢地，我们还有这些回忆！"

一年以后，他写道："就像你现在看到的，我又有纸写信了。"他说他去看过他妈妈了，接着，他又提起我们刚见面的情形，这些话他是第一次说。"说实在话，我刚开始不相信你。圣诞节的时候，大厦总会来很多人——他们总是自我感觉良好。对他们来说，这里就是一部恐怖片——《活死人之地》……"他说因为我后来总回去看他们，他才开始相信我。"我很高兴你又回来了，因为这样你才了解我们，尤其是女孩子们。"他说这一点"让我很感激"。

他还回忆起我们俩成为朋友后，因为纽约队和波士顿队的棒球比赛而引发的相互善意的逗趣。他是洋基队的球迷。当他知道我基本上都住在波士顿的时候，只要波士顿队来纽约打比赛，他就向我表示同情。信中，他还继续打趣我。虽然这只是小事情，但比起整封信中其他他让人崩溃的信息，这也让人振奋。

他有三封信是关于克里斯托弗的。第一封信写于克里斯托弗出狱不久的时候，那时他还没有违反假释的规定，皮特罗这时的语气很乐观。"我儿子一周前刚刚找到一份工作。乔纳森，他做得很好，我觉得找到工作后他也会更相信自己……还有好消息。他比以前更有责任感了。"

第二封信："我今天见到儿子了，米兰达带他来的。他说他想申请读大学。"我不想打击皮特罗，但我怀疑克里斯托弗跟其他没怎么接受过教育的贫困人群一样，分不清楚不同高等教育的区别，他们觉得所有跟找工作有关的教育机构都可以被称作"大学"。而且我也怀疑，克里斯托弗缺失了这么多年的基本教育，恐怕他也缺乏入读大学的必要基本条件。

但信中有两句话让我觉得很可信。"克里斯托弗跟我说'你看起来很好，爸爸'，"皮特罗说，"他还拥抱了我，乔纳森！他说他想常常见到我。"

然而，这一刻带给皮特罗的欣慰只是昙花一现。在随后的一封信里，皮特罗就显得垂头丧气的，因为父子两人刚刚结束一场冲突，起因就是克里斯托弗从奶奶那里偷窃东西。

我也说过，奶奶对克里斯托弗一直存在盲区，认为他一切都很好，再加上奶奶患有老年痴呆症，更丧失了对克里斯托道德可信度的判断。我也说不清楚是哪一天的事情，奶奶竟然让克里斯托弗来掌管自己财物方面的事宜，她有一笔遗孀抚恤金，这么多年来，奶奶一直用这笔钱来补贴皮特罗和三个孩子——是三个孩子，而非克里斯托弗一人。

现在看来，这几年来，奶奶的这笔抚恤金里积攒了不少钱，不过她自己却不知道。米兰达说，克里斯托弗"认为他有权利将这笔钱收入自己口袋里"，不与妹妹们分享。"爸爸不同意。他认为奶奶活着的时候一定还有需要花钱的日子"，而且不论如何，奶奶死后的财产都应该被平分。

皮特罗的来信没有详细地讲这件事，他只是说："我对儿子很失望。他想把所有人的钱财都占为己有。我跟他说我不允许这样的事情发生，他就变得非常粗鲁。我说：'我是你爸爸，你是我儿子，你得听我的。'"但是，克里斯托弗突然间变得很冷淡。"我儿子转身就走了。"

但是米兰达说的情况却比这糟糕许多。"爸爸说他不应该霸占所有的钱，我哥哥真的狠狠推了爸爸一下。'我自己说了算。'他说。他真的是个恶魔。"

大约是在 2005 年冬天开始的时候，奶奶住进养老院已经一年了，皮特罗的来信中开始不断提及自己的胳膊和腿越来越无力，他说，大夫诊断认为是骨骼结构虚弱无力的表现，这给他的生活带来很大困难。

是什么原因导致的虚弱无力我一直不清楚，即使是现在，我也不知道。可能他对我有所隐瞒，也有可能是因为皮特罗不明白医生给他的解释或者其他的诊断可能性。他说他已经无力维持现有的工作。除了在超市帮助老年人打包装并将购买的商品帮他们送回家之外，皮特罗还找了一份兼职工作，帮助一个卖家具和干货的人搬东西。他每天付给皮特罗40美金，皮特罗负责把这些沉重的家具搬到人行路上展示，傍晚商店关门的时候再把它们搬回来。

"乔纳森啊，"皮特罗说，"我才55岁，可腿脚就已经不听使唤了。"

大概又过了一年，他的身子愈发虚弱，因此不得不将两份工作都辞去了。在写给我的最后几封信中，他暗示自己的健康状况每况愈下。他还说他又搬家了，可能就是为什么总是不能按时收到我写给他的信的原因。

"乔纳森啊，我的朋友，"他说，"我一天里收到了两封你的来信，我也有好多话想跟你说。我身体虚弱，但好在我还能写字，还能给你写信……

"现在对我来说，异常难耐。除了意志，剩下的都不听使唤。我知道上帝让这些事发生在我身上一定是有原因的，因此为了我的孩子们，我也不能妥协。我需要经常去医院复查，我也尽量争取每次都去，但我还是觉得我手无缚鸡之力。"

这一次，在说起身子虚弱无力的时候，皮特罗提起这是"上帝的意图"，之后的一封信里，他说这就是上帝的"计划"，他没有其他选择，只能接受。

自从我认识他以来，皮特罗很少跟我说起宗教方面的事情。但米兰达跟我说皮特罗12岁之前每个周日都会跟着奶奶去教堂做礼拜。看起来，身体的虚弱让他再次信仰宗教。他也再次说起他有多么依赖母亲，也非常想念母亲。现在，他的脑海里只有上帝和奶奶。

在他还能够提起笔写的最后几封信中，他说他已经"期待祝福了……我的两个女儿都已经长大成人。住马提尼克大厦的时候，我都不敢想会有今天。那时，我都不敢去想以后的事情。所以，这是我要感谢的事情。埃莉和米兰达都当妈妈了，乔纳森啊，米兰达对我太好了，体贴又耐心，她真是我的天使。我知道她内心强大，一直在努力，但是上帝知道她也痛苦过。现在不说这些了……

"希望我的字迹不会特别潦草。原谅我吧，没有纸了。

"再见，我的朋友，下次再聊。皮特罗。"

这封信之后不久，皮特罗就被米兰达送到了一个"康复中心"，但后来米兰达说，那里其实就是一个收治患有慢性疾病的病人的收容所。她告诉我说皮特罗已经开始坐轮椅了。如果偶尔哪个开车的朋友愿意帮忙的话，她就会把皮特罗接到自己家一起吃晚饭，埃莉也会带着孩子们一起来。我发觉米兰达没说克里斯托弗有没有去，我也没有问她。

那年冬天，皮特罗得了中风。尽管他部分康复，但米兰达说，医生已经告诉她这次中风对皮特罗的心脏和肺功能损伤严重，恐怕皮特罗所剩时日已经不多。

米兰达还说："他来回往医院跑。几星期前，他最后一次去了医院，之后就去世了。去世之前，他还向我要支烟抽。我告诉他这里不允许抽烟，他还骂我。我跟他说我身上也没有烟。后来，我说：'好吧，爸爸，我出去给你买烟。'他又骂了我几句，但还挺有意思的……两天后，他就死了。我6个月之前就已经签了放弃治疗的协议。"

皮特罗死后不久，奶奶也去世了。尽管他生前不断祈祷，但也没有与儿子和解。米兰达说，尽管皮特罗一生坎坷，但这件事对他来说最为痛心。

不过，克里斯托弗长期以来带给皮特罗的痛苦与埃里克的不辞而别带给维姬的悲痛却不一样。另外，米兰达与哥哥一直处于一种扭曲的关系之中，只要可能，她就收留克里斯托弗，莉赛特与她哥哥就不是这样，起码莉赛特不像米兰达那样，受到哥哥经济方面的剥削。不过，他们还是有相似之处的。我一直避免将某个孩子归入一个类型，但我还是会注意到他们在某些方面真的很像，比如妹妹的生存方式与耐力、哥哥的冷酷态度以及兄妹之间越来越疏远的关系。

我认识很多男孩都像克里斯托弗或者埃里克那样，在收容所就被引诱养成了见利忘义、与人疏远、爱撒谎、推托责任等坏习惯，而且之后居住的贫民区依旧是公共机构部门关注最少的地方。克里斯托弗的故事深深印在我的脑海中，因为他的整个成长经历我一直在关注。我见过他饥饿的眼神，他狼吞虎咽吃下麦片与牛奶的样子，以及他冲到百老汇大街中间，希望路过的司机能减速摇下车窗扔几块钱给他的情景。我知道他一定在马提尼克大厦的走廊和楼梯见过买卖毒品的场景，他大概也看过这些人注射毒品的样子。我忘不掉这些。

三年后的一个下午，我正拜访米兰达的时候，克里斯托弗给她打来电话。米兰达告诉他我也在，他跟我问了声好。电话那头，他听起来很兴奋，还说有机会要跟我一起谈谈。看在米兰达的份上，我答应了，还给了他我的电话号码。他说他没有固定的电话号码，但以后会让米兰达捎信给我。

我问他最近在做什么，他说"都非常好"，但当我再次追问的时候，他说他"要迟到了"，马上挂了电话，也没告诉我更多的信息。

挂了电话以后，我倒是对他兴奋的声音印象深刻，这恐怕也太兴奋了吧。米兰达早就告诉过我自从他辞去在二分点的工作以后，他又继续从事毒品交易。不过米兰达说克里斯托弗早就不在马路边卖毒品了，他做"更高级的交易"。不管"更高级"指的是什么，我更担心他了，就像10年前他写信请我帮助他让假释委员会为他减刑那样。我虽然口头答应了，但并没有很积极地去行动，因为我不知道他被释放后会做什么。他曾经杀人未遂，那会不会再尝试第二次？

克里斯托弗现在虽然身处危险区域，但周围还是有人愿意帮助他的。有一个之前跟关押犯人有合作的慈善机构不仅经常联系克里斯托弗，还为他提供了一份兼职工作，米兰达说克里斯托弗还真做了一段时间。该机构的一个外展服务人员还为他找了个居住的地方，米兰达说"在赛普拉斯大街附近，布鲁克纳大街旁边"。"现在，克里斯托弗已经有自己的卧室了。"

米兰达说这位服务人员大概还不知道克里斯托弗在贩卖毒品。不过考虑到这个慈善机构总是雇佣一些服过刑的男女，也知道他们本身犯有重大问题，并且了解这些孩子的经历，所以这位服务人员大概认为克里斯托弗一定不会再回头过那样的生活，他为克里斯托弗提供一间住处大概就是希望能够保护他。

"就在那天早上，"米兰达说，"我跟人在医院有约，刚回到家里，电话就响了。打电话的人就是跟克里斯托弗一起居住的男人。我两天前刚跟克里斯托弗通过电话。他还欠我40块钱，我知道他有钱，但还是老样子，就是不还我钱。

"我特别生气！我跟他说我也缺钱花，我钱包里就剩两块钱了。如果再不还钱的话，我就杀了他。

"第二天吗？他没打电话来，也没来我家看我，我都联系不到他。我不得不向朋友借点钱去买牛奶、三明治肉和一罐通心粉……

"周四的时候，那位服务人员又给我打电话，我还在生克里斯托弗的气呢。那位服务人员说：'我得跟你谈谈了。'我说：'怎么？他又被锁在门外了？'他说：'不是这件事。'我还在想：他这次又干什么了？这么多年，克里斯托弗总是这样。不管他做了多么愚蠢的事情，我都不会意外。

"他说，'我去你那里，见面谈吧'。

"他真来了。这次，我有点害怕了。他坐下了，我还站着。看起来他都不敢看我。

"然后他说，'今天早上有人打电话找他，他当时还在卧室里，我便进去叫他。我跟他说有人打电话找他，但他没有回应，我便碰了碰他的胳膊……'"

米兰达说："我哥哥死了。"

"是的，"他说。"他尸体都已经僵冷，早就没有了呼吸。"

"带我去吧，我想见见他。"

他便将米兰达带去了那间屋子。"哥哥躺在床上，还穿着短裤和 T 恤。他晚上总穿这套衣服睡觉，就像睡衣一样。"米兰达没说现场有没有皮下注射器。"但一定是因为这个，哥哥就是这么死的。他一直过量服用海洛因，可能就是这个原因，"她说，"那些坏人给他的……"米兰达觉得克里斯托弗的死并非故意。

克里斯托弗是个白人男孩，他住在纽约。埃里克是个黑人男孩，住在蒙大拿。一个死于皮下注射，一个死于枪下。这就是他们的区别。

现在，每次说起克里斯托弗，米兰达都情绪复杂。

"知道吗？"她有一天晚上告诉我。"他是在小时候学坏的。对我和埃莉来说，即使住在马提尼克大厦，我们都没觉得生活很艰难，因为我们有奶奶和爸爸照顾着，我们根本不会冲到马路中间去。另外，我们还觉得'哥哥做这些都是为了我们'。他那时候时不时会给我们买些小礼物，不是很贵重的东西。他没必要这么做，但这对我们来说却很有意义。他是我们的哥哥，就好比说'他会照顾我们的……'"

米兰达说克里斯托弗"在马提尼克大厦的时候结交的那些朋友，肖恩和昆跟他年龄相仿，塞贡多那些男孩年龄大一点。他经常跟他们一起在街上混。他回来的时候可能会吵醒我，有时我会听到爸爸在训斥他"。

她还回忆说，她和埃莉总想知道那个周末克里斯托弗被谁带出去玩了。我问米兰达看到有人送礼物给克里斯托弗的时候，会不会觉得很嫉妒。"不会，"她说，"我那时太小了，还不知道嫉妒。我那时只会不停地发问，那个带我哥哥去过周末的人是谁呢？之后还发生了什么？"

她说，后来，住在布朗克斯区的时候，"克里斯托弗经常玩消失"。但她说，起初她并不担心。"我觉得不管发生了什么，'哦，那就是他必须做的'，我甚至都不去想他做了什么。"

米兰达说，直到克里斯托弗被拘留在里克斯岛的时候，她才意识到"一定是哪里不对""我哥哥脑子里一定一团糟"。但即使这样，在克里斯托弗出狱后暂住在她家中时，米兰达意识到他变得有多强硬，她仍然一如既往地忠于他、爱他，"我知道他不是天使，我也不会假装他是天使""不管他做了什么，我都爱他，因为他是我的哥哥"。她说："这就是我为什么无法将他赶出门外……"

现在，米兰达也过着较为孤独的生活，她住在圣安大教堂附近，那里会有朋友在她被思念淹没的时候为她加油打气。克里斯托弗死后，我比以前见到米兰达的次数更多了，大概比之前的 10 年多 12 至 15 倍。她儿子在学校表现很好。米兰达会为儿子读书，教他数学，她也会去学校参加家长会。他有一个鱼缸，还养了两笼子小动物。儿子上学的时候，米兰达也会出去工作。今年冬天的圣诞节之前，她都在面包店打工，这样就可以为儿子买一台电脑。

"我今年 29 岁了，"11 月我去看她的时候，她这么对我说，"我不想再找男朋友了。我现在唯一接触的男性就是去学校见到的男孩子们。你也知道，没有任何浪漫可言……"

每当说起父亲与哥哥的时候，米兰达的眼睛里都会含满泪水。她行为举止端庄，相当看重自尊，当她高兴的时候，时不时地还会跟我讲讲工作上遇到的开心事。因此，我也看到了当初帮助皮特罗度过那段艰苦岁月的乐观本性。米兰达还是那么瘦，在马提尼克大厦认识她的时候，她才 4 岁，仿佛一直长不胖。她头发长了，皮肤苍白，这倒让她看起来很飘逸。圣安教堂里一位上了年纪的妇女跟她说她其实很漂亮，可米兰达却不相信。

4 西尔维奥：无人可敌

❶

维姬和皮特罗在进入收容所的时候就已经是极度脆弱，之后的经历也让他们彻底崩溃。但也有一些人让我印象深刻，他们入住收容所几年来仿佛就是坚不可摧的。

阿瑞拉·帕特森便是其中的一位。她镇定自若，冷静明智。她有两个儿子，一个大概 6 岁，另一个 9 岁。他们原来的房子因为开水房爆炸而被夷为平地。虽然阿瑞拉还有两位姐妹，但她们都各自有自己的家庭，无法接纳阿瑞拉一家。她的母亲是个酒鬼，也根本帮不上她。

像其他无家可归的人一样，阿瑞拉也不得不求助于市政的福利体系和收容系统，她必须得应付一系列繁琐的规章制度，这些规章制度在我看来就是为了尽量能够打击像阿瑞拉这样寻求庇护的人的信心。

管理这些流浪人员的核心机构叫做紧急事件援助部门，当时有两个类似的部门。起初，无家可归的人可以被收容在这里，他们睡在地板上、椅子或者桌子上，等到他们具备申请进入其他大厦的资格的时候，才会从这里搬走。

这些人都知道，其实紧急事件援助部门是个非常可怕的地方。不管是谁，即使是即将临盆的妇女，在生产前都必须住在这里。有的甚至都生完孩子了，也留在这里。这里一般不允许有人来拜访，这个规定比其他任何一栋大厦都严格。在那位法律援助律师斯蒂芬·班克斯的帮助下，这两个部门我都成功进去了，有一次他就带着我径直从入口进入。一旦我成功进入其中，就没人再来管我了。我每次都在里面停留到深夜，看着妈妈们将大衣或者其他衣服铺在地板或者桌子上，让孩子们睡在上面。我也会跟妈妈们聊天，因为她们住在这里太焦虑或者太害怕了，都不敢睡觉。

律师说，政府之所以会将刚刚失去住所的人暂时安置在不安全的地方，一个理由便是要"检测"并识别这些家庭是否真的需要政府提供的庇护。如果有人在最终住所确定下来之前离开了援助部门，那就说明他们并非"真的流离失所"，以后也无需额外的帮助。

经历了这里的生活之后，恐怕没有人会拒绝任何可以搬离这里的机会，不管搬到哪里，只要能够有自己的一间屋子和让孩子们睡觉的床就行了。阿瑞拉也因此开始了不断地从一个庇护所搬到另一个庇护所的漫长过程。她说："有一些庇护所还不错。比如一个叫旅行屋的地方，政府在那里安置了一些流浪人员，但那里还挺像样的，不过我们在那里只住了三周。还有一个不那么得体的地方，那里的许多屋子都租给妓女住，不过还有不少屋子，有时还是一整个楼层都会划分给无家可归的人和他们的孩子们。"

她在马提尼克大厦居住的时间最长。时至今日，她都能记起认识的一个"9岁的小女孩"，女孩的妈妈刚到这里不久，还不知道大厦里有多危险。她让女孩自己去走廊里扔垃圾，每层楼都设置有大垃圾桶，"女孩就在垃圾桶边被人强奸了"，阿瑞拉告诉我。

"还有一位年轻妈妈，带着两个宝宝住在我旁边的屋子里，大家都叫她'小饼干'。她很年轻，又害羞，还很害怕住在这个大厦里……后来，她开始跟保安一起睡觉，因为他们答应要保护她。"

阿瑞拉说马提尼克大厦简直就是"一个污秽场所，是让孩子们居住的最差的地方了"。现在，有人问她马提尼克大厦"会不会让人遭受精神创伤"，她说："不，用'精神创伤'来形容马提尼克大厦都太友好太有教养了，那里简直就是场噩梦，活脱脱的人间地狱。"

我也记得她对大厦的详细记忆：大堂后面立着一排付费电话机；登记入口处被围上了一排胶合板，这大概是为了保护大厦里的住户吧；只有部分电梯可以正常工作，大厦里的妈妈和孩子们都排着队等待坐电梯，因此爬楼梯经常比坐电梯更快。

然而，对这些住户来说，想要离开这样的庇护体系，找到真正的住房，就得签订协议从而获得租房援助，这一过程也是一场噩梦。

"'你来的时间不对，下周二再来''你填的表格不对，这个不是我们需要的，你得填另一种表格"，可有的时候，这份错误的表格就是他们发给你的。'去这儿办理'，他新指给你的地点大概在 40 条街开外。等你排完长长的队伍，轮到你的时候，又告诉你必须到刚才来的地方去取一个表格。'你填写的不正确，这里得让你的福利工作人员签字……'"

但阿瑞拉竟然都完成了！不但比其他人都有效率，而且还很冷静、沉着。大概也是出于这个原因，工作人员对待她比对待其他无家可归的人更为尊敬。

"我总是打扮得很得体！我与他们说话的时候也很礼貌。我觉得这样的话，他们会觉得我'更优雅一些'，不仅因为我的外表，更因为我接受过更多的教育吧。"她比其他人读过更多的书，不仅读完了高中，还读过中专。除此之外，即使她自己已经无家可归，她仍然在一个慈善组织做义工，帮助大厦里的家长和孩子们准备午餐，或许这在安置无家可归人口的工作人员眼中也是阿瑞拉的一大优点。

不管怎样，工作人员总算为阿瑞拉一家找到了一处公寓，就在维姬和她的孩子们居住的莫特黑文附近。公寓名为迪亚哥 - 比克曼大厦，修建于 20 世纪 70 年代初，看起来还比较新，但周围 20 条街的范围内，全都是令人压抑的、破旧的建筑。迪亚哥 - 比克曼大厦跟马提尼克大厦最为相像之处就是毒品交易泛滥，而且丝毫不加掩饰。

政府虽然补贴迪亚哥 - 比克曼建筑群一部分资金，但这里还是为私人公司所拥有。它包含了大概 40 栋大厦，阿瑞拉估计，大概会有 4000 名孩子和家长住在这里。人们通常会听到关于大厦违背法律的报道，政府检察人员批评这里"构成对健康和安全的直接威胁"，其中"主要的、能够危及生命的"问题就是随处可见的卫生设备的危险，比如这里的地下室积满了污水，橱柜里的老鼠上蹿下跳，有时会从棚顶的裂缝掉到楼下一层。

不过阿瑞拉说，这里最为糟糕的问题之一就是大厦不能够为住户提供带锁的安全、坚固的大门，这样就可以将外来者拒之门外。大厦甚至都不维修那些已经被蓄意破坏的门或者锁，能够随意进出大概就让迪亚哥 - 比克曼大厦成为完美的毒品交易场所。

"毒品交易人员简直可以随时随地出入大厦，走廊、楼梯井、楼上的通道等等，都可以成为交易地点。他们甚至会选择去那些害怕他们、不敢将他们赶出门外的住户家里进行交易……"

大厦的所有者是一个在纽约州之外、以波士顿为基地的公司。这个公司主要的投资者正好住在 30 年前我父母居住的城郊地区（我还记得当我发现是他的时候的那种窘迫感），名叫杰拉德·舒斯特。这位商人在马萨诸塞州名声很臭，虽然他也经营波士顿黑人区的贫民窟，但疏于管理且又巧取豪夺，另外，他管理的一系列养老院都存在危害工人利益的问题，但他在马萨诸塞州的种种作为都无法与其在纽约的做法相比。

我后来在布朗克斯区认识的不少孩子都是舒斯特先生的房客，在他经营的大厦里度过了相当长的时间。建筑群里，我最熟悉的一栋大楼是一个名叫博纳多的小男孩居住的大楼。男孩因为从楼上踏入空的电梯井而摔死，我去他家里采访过几次。那里的电梯门坏了，有时候电梯还没来，门也会打开。虽然住户抱怨过许多次，但公司就是不给维修。博纳多摔下四层楼的高度后，尸体就停留在电梯箱的顶部，直到他的血渗透下来滴到其他乘客身上的时候，人们才发现了他。

这之后，为了维护自己的形象，舒斯特先生开始为举足轻重的民主党领导人捐款，比如理查德·盖法特、克里斯托弗·杜德、约翰·克里以及巴洛克·奥巴马等，或者代表他们的利益为政党募集捐款。具有讽刺意味的是，他支持的这些政客正是想维护被舒斯特先生践踏、摧残的那批人的利益。波士顿的媒体还称这位恶劣房东为"慈善家"。

阿瑞拉很幸运，她居住的大楼不属于舒斯特先生管理的建筑群，但由于周遭都是他管理的大楼，所以很难能逃脱四处弥漫的危险气息。"确实有一些人在迪亚哥－比克曼建筑群里生活得还算稳定，"阿瑞拉说，"他们保持积极向上的精神，细心装饰自己的公寓，为孩子们营造一种安全感，同时保护他们远离危险的境地。我觉得这对于来自庇护所的家庭来说真是太难了。这周围到处是不可靠、不稳定的人，到处是被压抑着愤怒的孩子，住在这里，不可能不受到任何影响。"

不管怎么说，这就是阿瑞拉对自己居住环境的描述，她即将在这里着手安置自己的新家。

❷

阿瑞拉住进这里不久，便找了一份能够养家糊口的工作。由于年轻的时候，她做过办公室和销售、市场方面的入门级工作，因此她很快便在一家儿童连锁商店找到了一份销售的工作，后来还在两家大型的服装连锁商店负责销售规划，最后还升至管理岗的职位。她最喜欢的一份工作就是在一家海军商店的工作，起初是做销售工作，后来晋升为办公室工作，并且直接与公司的老总打交道。

我们 1993 年认识的时候，她年薪大概是 16000 美元。虽然这相对于那些居住在纽约的人来说已经是很低的工资了，但在当时，对于平均年薪只有 8000 美元的莫特黑文地区的住户来说，这已经是他们收入的二倍了。她跟我开玩笑说，跟周围的邻居们相比，这 16000 美元的年收入让她觉得自己俨然是"中产阶级"了。

自从阿瑞拉开始工作以来，扣除衣食住行以及房租等各方面必需的费用外，她把剩下的钱都花在了孩子身上，以此弥补之前无家可归的艰苦岁月带给孩子们的创伤。他们搬到迪亚哥－比克曼的时候，大儿子西尔维奥 12 岁，小儿子阿曼多也快 9 岁了。

"周末的时候，我把两个孩子打扮得干干净净，带他们去曼哈顿玩。我们去博物馆，或者去音乐大厅，我也带他们去饭店。有一家叫鸽子的印记的饭店还挺好，不贵，大概在第三大街附近……

"我这么做就是想让他们见识见识我小时候没有见过的世界，而且我也想让他们知道，只要他们能够完成学业，别中途辍学，甚至如我所愿，将来能读大学的话，他们也可以拥有这里的生活。我想让两个孩子明白，即使现在周遭的环境很差，他们也应当'出淤泥而不染'。"

起初，阿瑞拉希望这么做能够改变孩子们对未来的期望，但她不久就发现，虽然她完全按照教育专家的推荐，带孩子们去市中心体验生活，不过这样的生活既不连贯，也远离他们的日常生活，因此根本无法抵消周围环境中暴力的趋向与无节制的毒品交易的影响。

对西尔维奥来说，因为他比弟弟年长了几岁，因此他对像马提尼克大厦这样污秽、肮脏的地方更为敏感，他能够观察到在这个"污秽场所"里各种行为模式与防御政策都会被瓦解。正因如此，阿瑞拉发现很难消除这个环境留在西尔维奥脑海里的印记，并且这直接影响到他日后的思维模式。

"虽然我们现在的情形比以前稳定得多，但他还是无法重新让自己安定下来。"她说。

"我现在开始全职工作了。我的老板已经搬到新泽西了，因为他在布朗克斯区被抢劫了好多次。我每天不得不在上下班的路上花费很多时间。我先乘坐6号线到中央车站，然后坐车到时代广场，这之后还得在港务局乘坐新泽西专线，下车之后再坐公交才能到公司。这样下来，大概从家里到公司就得需要一个半小时。

"晚上回来的时候，花费的时间就更长了，因为过了一定的时间，有一路公交就停运了。我回家特别晚，根本没法在西尔维奥放学回来后看管他。我都不在家……

"他交了一大群朋友。他现在还在小学读五年级，因为之前住庇护所的时候，他落下的课程太多了。他的老师经常抱怨他不规矩的行为。在学校，西尔维奥不断制造麻烦，比如弄坏了出口标志、摔门、在厕所抽烟等。

"他上中学后，就有了性体验。他很帅，看着也很成熟，因此，不少女生被他吸引。他还学会了偷窃，刚开始只偷一些小东西，后来是一些比较昂贵的东西。他会送女生一些礼物，不过之后他就会从女孩子家里偷东西，然后一走了之。他总觉得自己可以随心所欲，而且无人可敌。"

阿瑞拉问我记不记得一部《疤面煞星》的老电影，其中阿尔·帕西诺饰演了一位古巴的难民，最后成为了迈阿密很有权势的毒贩子。"西尔维奥很喜欢这个电影，里面各种昂贵的名牌车，奢华的名牌衣服，钱！还有珠宝！还有街上的诱惑力与让人振奋的事情，以及权力！"

这之后不久，阿瑞拉就告诉我说："他也开始偷我的东西了，就在卧室外面，我把钱都藏在书桌里，如果他缺钱的话，我就会给他。"虽然她说她痛恨那些会打孩子们的家长，但"我担心自己也会打孩子，而且我会下手很重，因为不管我怎么劝他，也不管我劝了他多少次，我还是控制不住他。

"那一天，我刚发了工资，他便拿走了我所有的钱。对窃贼来说，只要知道放钱的地方，他们就一定会出手……我那天情绪失控，狠狠揍了他一顿。"

最后，阿瑞拉跟附近的家长一样，当他们发觉自己无法控制孩子的时候，便签署了一份 PINS（person in need of supervision）申请书，即需要监督的人，这样，他就被送往一个可以保护他的团体之家。阿瑞拉觉得，这可以使西尔维奥远离那些由自己的鲁莽行为带来的麻烦。

"家庭日的时候，我去团体之家看他，结果他正对着工作人员大吼：'去死！你也去死！'工作人员不得不限制他的行为。他们有一次跟我说'他很幸运，因为今天是家庭日'，否则他们会更严格地管教他。"

不到两个月的时间，西尔维奥就央求阿瑞拉接他回家。"妈妈，"他说，"带我离开这儿吧。再住下去的话，我就不活了。"阿瑞拉没理会他。又过了一个月，团体之家的工作人员也无法管教西尔维奥了——"他越来越目中无人了"。这次，阿瑞拉投降了，她把西尔维奥接回了家中。

"当时正好是 8 月份，离他 14 岁生日只有两周。学校开学的时候，我就去找学校的指导老师沟通了。晚上回家后，我也跟西尔维奥交流，每天晚上都是！这次，我不会再手下留情了，我对他非常严厉。"这样过了一段时日，她相信西尔维奥已经平静下来了。

"好了，到了 10 月份，他便不再去学校了，而且又开始偷东西。有一天晚上，他偷走了我的寻呼机。那时，我还没有手机，因此工作上的事情都会通过寻呼机来联系我。而且我不在家的时候，他弟弟有事情也会通过寻呼机来联系我……

"那天晚上，他开车跟一群比他大的男孩子一起玩。其中一个人从他手里夺走了寻呼机。他说：'还我。'他告诉人家那个寻呼机不是他的，是他妈妈的。但那个男孩不想给他。西尔维奥便出手去抢寻呼机。"阿瑞拉说，在那个时候，"这可不是个好主意"。抢寻呼机的那个男孩手里正好拿了一把小刀。"西尔维奥再次出手抢的时候，他便拿着小刀朝西尔维奥挥舞，结果将西尔维奥的脸给划开了。"

阿瑞拉不知道西尔维奥是怎样下车的。她说："事发地点离我家挺远的。当我给他开门的时候，他双手捂着脸。等他拿开手的时候，我看到他满脸都是血。最后，医院的大夫缝了 67 针，才将他的脸给缝上。"

我跟阿瑞拉说这样或许会吓到西尔维奥，以后他就会更小心了。不过她说这对西尔维奥来说根本不算什么。"对他来说，脸上的这道刀疤就好像是勋章一样。我们去我姐姐家过万圣节的时候，他告诉我姐姐'看呐，我是疤面煞星'。"

这之后，阿瑞拉说："我又把他送回了团体之家，不过他们还是无力约束他。只要有机会，他都会跑出来。那里不像监狱，既没有大门，也没有锁。如果你行为粗暴或者伤及其他人的话，保安能做的事就是将你关一会儿禁闭。他们将你摔倒在地上，把你的两只胳膊按到身后。不过晚上的时候，你就能逃出来了。他也总能找到那些狐朋狗友。

"有一天晚上，他又跑出来了，这次他回家了。我跟他聊了聊。我告诉他明天一早我就会带他到新的学校去登记上学，他没有提出任何异议。那天晚上，他很安静，对我也异乎寻常地说了更多的话。他答应我会试着改变自己。我给他做了顿大餐，都是他最喜欢吃的东西，牛排、米饭和木豆。我们吃饭的时候也在聊天，他看起来很高兴。那天晚上，我真是满怀希望。"

之后不久，阿瑞拉就告诉我："那一晚对我来说，只是最后的挣扎。"母子之间那些让人安慰的对话只不过都是暴风雨之前的平静罢了。"两天之后的晚上，大概10点半了，他说他得出门，去街角的商店买点东西。我说'不行，这个时间了，不准出门'，不过等我去卧室的时候，他就出去了。"

后来，那天晚上跟西尔维奥在一起玩的一个男孩说，当时西尔维奥确实去商店买香烟了。不过这之后，他没有直接回家，而是跟朋友一起去了布鲁克大街的车站，在那里与另一群朋友汇合后，便搭乘6号线去了曼哈顿。这之后，他们再次乘坐6号线，原路返回。

"不过，这一次，他们确实是往布朗克斯区方向走，只不过没有在布鲁克站下车，他们一直往前，路过了布鲁克站、赛普拉斯站、圣玛丽站，还一直不下车……

"他们乘坐的是那种老式火车，"阿瑞拉向我描述接下来发生的事情的时候这么说，"连接车厢之间的接头类似金属格子，所以有的孩子便可以沿着这个爬到车顶上。不少孩子爬到车顶后便平躺在上面，等着火车穿过隧道，他们管这个叫'冲浪运动'，这真是疯狂又极为危险的游戏。

"但西尔维奥就是天不怕地不怕的。一共上去了四个孩子，两个躺着，两个坐着，其中就有西尔维奥。这就像是在玩胆小鬼游戏，谁敢接受最刺激的挑战？

谁才是最勇敢的？

"一个孩子脸朝前坐在车顶的前面，另一个孩子，也就是西尔维奥，则是脸朝后坐在车顶后面。

"火车经过两站之间，会穿越两栋桥洞：惠特洛克桥和爱德桥。前者比后者高一些。穿过第一个桥的时候，西尔维奥稍微低了一下头就安全通过了。但是第二个桥离得很近，他还不知道，抬着头光顾着跟朋友们挥手了，结果头就撞到了钢铁桥梁上，整个人头朝下掉到了两节车厢中间。

"一个男孩伸出胳膊使劲搂住了他。他说西尔维奥整个身子都抽搐了，只甩了两下手，便没了动静。

"他那时才 14 岁 3 个月大。我后来才知道他死的时候是早上的 5 点 58 分……

"8 点的时候，一位侦探来到我家。我听到敲门声的时候还以为是西尔维奥回来了。当时，我担心了一个晚上，心想着'得好好教训教训他！'

"我开门的时候，看到一位警官领着两个吓坏了的男孩站在门口。他们看我的眼神里全是恐惧。有一个男孩，身上全是血，这就是拼命抱住西尔维奥的男孩，他已经吓得说不出话来。后来，警察让这两个男孩回家了。他问我：'你是帕特森太太吧？你的儿子叫西尔维奥吧？'"

阿瑞拉回答是的，警察又问她有没有亲戚来陪她，因为"不想让我一个人承受这个消息"。

"我说我只有另一个儿子阿曼多，他正穿衣服准备去上学呢。我让警察到我的卧室来说话。在那里，他告诉我这个消息。"

警察尽自己努力安慰阿瑞拉，还告诉她怎么去停尸房辨认尸体，但阿瑞拉说："那一刻，我整个人都'无意识'了。我把阿曼多送去学校，还不敢哭，我都麻木了。回来后，我坐在沙发上，透过窗子向外看。'我都做了什么啊？我该怎么办？'我给一个朋友打电话，但她不在家。我就给我姐姐阿娜打电话。我去了她家，但我又没法跟她说话。我跑到她家的后院，当时天还下着雨。最后，姐姐出来把我给拽回了屋子里。"

她还说："我姐姐对我很好，她抱着我，让我喝了一杯茶，然后把我送回自己的家。"

这之后不久，阿瑞拉的妹妹也来看她，她的同事也来了。"我真的很幸运，老板很友善，很可怜我。他来我家后，还给了我一笔安葬西尔维奥的钱。

"之后，我的姐姐和妹妹带我去了停尸房，还领我去挑选了一副棺材。我还得找个能够为西尔维奥做葬礼的教堂。我经常去的那个天主教堂说他们不做葬礼，因为我没有居住在他们的邮政区域内。我接连去了一个星期祈祷上帝能够帮助我，但他们就是不同意。"她还得找一个能够接纳西尔维奥葬礼的天主教堂。

她说她的妈妈一点都帮不上忙。"你知道我告诉她西尔维奥已经死了，她第一反应说什么吗？'都怪你，就不应该生他'。她对我来说，从没尽到过做母亲的责任，但从这一刻起，我开始讨厌她。"

这之后很长时间内，阿瑞拉说："我把自己藏起来，我所有的情感都转化为愤怒——对上帝、对天主教堂，以及对我妈妈的愤怒。"不过，最后，她还是收敛了这愤怒的情绪，开始不断地问自己，作为母亲，没能找到拯救西尔维奥的方法，这一切是不是都该怪她？为了让西尔维奥接触纽约市普通孩子过的那种更安全、远离麻烦的生活，阿瑞拉带他参观博物馆、音乐厅以及饭店等曼哈顿那些美好、有趣的地方，这一切努力是否能够对西尔维奥有一点点的触动呢？况且这个男孩见识过肮脏的交易，将一个名叫疤面煞星、死于枪林弹雨的电影人物视为人生成功的榜样？

"那部电影简直就是对他的诅咒。"阿瑞拉说。但她一定知道不仅仅是因为电影的缘故，这就是为什么她不断地追问自己。

对西尔维奥的内疚与悲痛极大地粉碎了阿瑞拉冷静思考的能力。不过好在阿瑞拉一方面努力走出悲痛的阴影，一方面为了另一个儿子而努力。

"我还在那里上班，不过缩短了上班的时间，这样我就可以在阿曼多放学回家后多陪陪他。我现在最担心的事情就是不知道西尔维奥的死会不会对阿曼多产生影响。"

她说，好在住收容所的时候，阿曼多还很小。"他没有见过西尔维奥见过的那些事，不过即使他见到过，大概因为年纪太小、太天真，他还不会将这些事情建立起联系。"因此她觉得他们住在马提尼克或者其他大厦的经历不会对阿曼多产生直接的影响。"这些都只是间接地影响到他。但他跟着哥哥学习了不少……

"他与西尔维奥一直很亲密，他很崇拜哥哥。而且自从西尔维奥在布朗克斯区的孩子们当中赢得臂章后，阿曼多便越来越崇拜他，将他视为孩子们的领袖。"

就如阿瑞拉所说，西尔维奥一直认为自己是无坚不摧的。"阿曼多也这么觉得。即使西尔维奥已经死了，他不知怎么还坚持这个想法。在他的脑海中，哥哥真的是不可摧毁的。"

阿瑞拉想让他改变这个想法。"我想让他明白西尔维奥并不是他想象中的英雄，他是自己毁了自己。但我那时整天魂不守舍的，因为我快被罪恶感淹没了。因此，即便我陪着阿曼多的时间更长，但却无法满足阿曼多的需要。

"那个时候，我们还没有搬家，依旧住在那里。毒品交易越来越泛滥。这里最大的毒枭是个非常可怕的人，不过我读书的时候倒是认识他的妹妹，那个时候他还没有贩毒，也可能那个时候我还不知道他已经贩毒了。他叫乔治·卡尔德隆，妹妹叫洛德丝，不过大家都叫她糖糖。她后来在林肯医院找了份职员的工作，她看起来人特别好。"阿瑞拉说，直到她哥哥成为这一地区的毒枭，阿瑞拉才意识到她的这位朋友也参与其中了，"不过我觉得当你知道他的收入有多少的时候，你就不会那么惊讶了。"

1987 年至 1992 年间，卡尔德隆的贩毒生意如日中天，因此，他便将街边贩卖毒品的机会出租给了级别较低的毒贩子。"当政府将所有无家可归的人都安置在这里的时候，他的生意简直好得不得了。"阿瑞拉说，因为很多这样的人早就已经沾染了毒瘾。

我之前也听说过一些关于卡尔德隆的故事，有一些是一位之前从卡尔德隆那里租借地盘的毒贩子告诉我的。他还说卡尔德隆在离圣安大教堂不远的一个街角的大楼里办公，阿瑞拉说，那里离大教堂只隔了一条街。

"你一定要知道这里的毒品交易太明目张胆了。大家都害怕卡尔德隆，如果有人不付钱的话，他会辣手无情。但是对于那些在街头闲逛的男孩子来说，他穿着华丽的衣服，戴着昂贵的项链，简直就是个明星。再加上他卖的东西品质好，那些没有毒品就活不下去的人都依附于他。"当卡尔德隆 1992 年被枪杀身亡的时候，"人们为他在圣安教堂举行了一场盛大的葬礼"，这些都发生在我来到这里一年之前。

"不管怎么说，"她说，"他临死之前，一直掌控着圣安大街的一侧。而在圣安大街的另一侧，则由另外一组贩毒人员掌控，名叫疯狂牛仔。我之前跟你说他们无处不在就是这个意思。因为每次阿曼多出去玩，或者他放学回来的时候，他都会看到这些事情。你根本逃脱不了这个氛围。"

西尔维奥在 1989 年去世的时候，阿曼多只有 11 岁。"等他 12 岁的时候，街上的毒贩子就开始给他零花钱了。"阿瑞拉说这可不是什么慷慨之举，也不因为他们曾经是西尔维奥的朋友。这样做只是一个序幕，这样就可以缠住这个孩子了，因为这里的小孩子总会帮着年龄大一点的毒贩子携带毒品。

阿瑞拉说，之所以找小孩子参与这个过程，原因就在于一旦被捕的话，对小孩子的量刑会比成年人轻。如果被警察抓到的毒贩子超过 16 岁的话，那他就会被带到成人法庭审判。一旦被判有罪，参考其身处环境与携带毒品的数量，他就有可能被判处相当长一段时间的刑罚。但如果只是一个十二三岁的孩子的话，他会被送到家庭法院，那里会举行一次听证，讨论当场抓获的证据。只有在极特殊的情况下，他才会被判青少年拘禁。这是最坏的情况。通常情况下，他只会被送回家里，被父母或者监护人训斥一顿或者警告一下而已。

出于这个考虑，阿曼多这样年纪的小孩子对毒贩子来说还是很有用的。所以，即便阿瑞拉对待阿曼多比西尔维奥更严格，控制阿曼多晚上不许出门，放学后马上回家写作业，阿曼多还是越来越了解街边那看似富于刺激、让人兴奋却又极为危险的"生活"。又过了一年，阿瑞拉终于发现，她对阿曼多就如同当年对待西尔维奥一样，无能为力。

与此同时，尽管阿曼多在学校的出勤率比他哥哥要好很多，但他所在的学校却是全纽约市最差的。阿曼多入读的小学——第六十五小学，那里的老师认为他有"学习障碍"，但学校却没有按照政府的规定，对那些有特殊需求的孩子提供相应的特别指导。

"他们给这些孩子找的老师根本不懂这方面的专业知识，而且家长还必须接受这样的老师。就像你们知道的，'少数民族的家长根本成不了气候'，即便家长有所抱怨，也没有什么改变……因此，即使阿曼多很多门考试都不及格，老师们还是会让他升一年级。他不学习，老师们还将他送入初中去读书。"

阿曼多所在的初中则是附近孩子都不爱去的两所学校之一，那里的老师跟小学老师一样，根本不重视阿曼多的需求。跟以前一样，他还是会自然而然地升入更高的年级，最后升入本市排名垫底的门罗高中。在这个高中，80%的学生从9年级开始就会被赶出学校，或者12年级之前就辍学了。不过我觉得，即便阿曼多能够入读更好的高中，恐怕也很难改变他已有的习性与习惯。

"9年级还没读完，他就辍学了，"阿瑞拉说，"我当时头脑也不够清楚，没有想到让他去入读能够接受这些特殊孩子的学校。因此，那一年，我就让他在家里了。起码，我觉得这会让他远离街上的麻烦。"

尽管阿瑞拉觉得她已经从管教西尔维奥那里积累了一定经验，但她很快就意识到她让阿曼多留在家里以确保他安全的做法"真是太天真了"。

他再也没有读过书。"我的意思是，"她说，"这之后，他都没有再像其他孩子那样按时上过学。"等到他16岁的时候，他已不再是年长一点的毒贩子的学徒了，他已经成为一名信使。"他已经开始卖毒品了，"她说，因为他在这方面做得还很好，"其他毒贩子已经雇佣他了。""不管我怎么控制他，他都会找机会晚上溜出门，有时是趁我睡觉后，有时只是我去趟商店的工夫，甚至是我在同一个大楼参加住户大会的时候。"

我问阿瑞拉这之前是否也想到送阿曼多参加西尔维奥去过的PINS申请，但她说："这对西尔维奥都没有用。他们都管不住他。如果我自己都管不住阿曼多，我觉得没有什么团体之家，就像西尔维奥曾经住过的地方，是能够改变他的。"

阿曼多在17岁的时候，因为携带武器而被拘留。"他说是一个朋友偷偷将这把上了膛的手枪塞到他口袋里的。"不过这个借口我听得太多了，在街上被警察抓住的携带武器的孩子通常都会这么说，我也怀疑阿曼多是否说的是实话。不论如何，阿瑞拉说："我跟他一起出的庭，好在法官只是让我监管他，没有逮捕他。"但是这对阿曼多并没有起到警示作用，因为"几天之后，他又回街头混了"。

他继续贩卖毒品，但是阿瑞拉觉得他还没有吸毒。"他只是抽大麻"，这对于附近的年轻人来说，太常见了，现在郊区的白人孩子也这样，因此这并没有引起阿瑞拉的警觉，她没有意识到阿曼多会越陷越深。

直到一年以后，阿曼多在曼哈顿的下东区因为携带可卡因与海洛因再次被捕，这才让阿瑞拉更为担忧。他被判处五年缓刑。"但就在几个月之后，他再次被审判，这一次是因为'企图销售毒品'，会判 4 到 9 年。过了 4 年半之后，他被放了出来。阿曼多出狱的时候，仿佛变了一个人。"

跟克里斯托弗相似的是，阿曼多在服刑期间学到了不少犯罪的新本事，同时，他的毒瘾也更大了，"这都是在监狱期间学坏的。"阿瑞拉强调说，这次不只是卖毒品了。"他入狱的时候，只是抽大麻。但等到他回到家的时候，就已经吸食海洛因，彻底变成了瘾君子……"

"我花了一年时间才将他送去戒毒所，"阿瑞拉说，"他还真坚持了一段时间。"但之后，虽然他不再吸食海洛因，却开始酗酒，只要他喝醉了，就变得杀气腾腾，"都别来惹我，不然我杀了他！"

就跟西尔维奥一样，虽然他很强壮，但远没有自己想象的那么强大。"有一天晚上，他在一个派对上喝多了，冒犯了一个人。那个人直接用刀刺向他的胳膊，打破了他的头，还切掉了他两根右指。"

这之后不久，阿曼多又开始吸毒，"这边吸毒，那边贩卖毒品。"阿瑞拉说。阿曼多出狱的时候是 22 岁，因为不断违反假释规定，在接下来的 4 年中，他前前后后 7 次出入监狱，有时还被关押到里克斯岛。

阿瑞拉最近才告诉我，在服刑期间阿曼多结婚了，而且还有了两个孩子。阿瑞拉说，不知道这会不会是最后能够挽救阿曼多的机会。他的妻子一直对他不离不弃。"她一直忠于对阿曼多的感情。阿曼多 13 岁的时候就认识她了。等到阿曼多服完刑出狱的时候，她为他撑起一个家。"

以前，阿曼多总是违反假释规定，不断地被抓回监狱的时候，她就会把孩子送给阿瑞拉照看，自己去探望阿曼多。他们的第一个孩子是个男孩，我还不认识。第二个孩子是女孩，名叫伊诺森西亚，这个孩子我见过几次，当阿曼多快服完刑的时候，她都 3 岁了。"阿曼多最后出狱的那天，正好是小女孩的生日。在孩子的生日派对上，大家把阿曼多接回了家中……

"阿曼多发誓，他再不会缺席孩子以后的所有生日。我不知道是为了什么。大概是孩子天真无邪的面孔吧，还是他不想再让孩子失望的羞愧感？我觉得从那天起，他有所改变。"

如果说自从阿曼多服完刑回到南布朗克斯区后的生活比较容易、没有烦恼的话，恐怕不太准确。阿曼多不仅有前科，还没读过多少书，因此很难找到能够维持生计的工作。他们两口子已经两次被房东赶出去了。第一次，他们去收容所居住。第二次的时候，阿瑞拉把他们接到家中。他们在阿瑞拉那里住了一年，后来找到了自己的公寓。

那一年间，阿瑞拉说她跟阿曼多的妻子进行过好几次长时间的谈话，她说自从孩子们出生后，阿曼多一家依靠福利生活。"别总申请福利了。你不需要它，你肯定能找到一份体面的工作的。让阿曼多在家照看孩子吧，让他做一阵子主内的家长吧，也让他学学怎么当父亲。"阿瑞拉说她希望这样可以让他学会怎么去担当，也希望他的妻子可以逃离福利陷阱，找份可以让她品尝到经济独立的甜头的工作。

"她在史泰博办公用品公司找到了第一份工作，后来又换到超市工作，她在那里工作了 5 年……

"我希望看到他能找到一份好工作。目前，他虽然只做兼职工作，但他的重心是在家里。孩子放学回家之前，他一定会赶到家中。他不喝酒，也不会再惹麻烦。伊诺森西亚现在 9 岁了。她有一台小笔记本电脑，她还教爸爸怎么使用电脑呢。她总取笑爸爸，因为她特别聪明，而且小孩子总能够很快就熟悉使用电脑。但对她爸爸来说，就不那么简单了……

"阿曼多总算活下来了，他为了老婆孩子而活着。他说他总算找到了平静感。我觉得这种感觉是他从小到大都没有感受过的。"

关于阿瑞拉一家的故事还没有讲完。

阿瑞拉还有两个小儿子。我认识他们俩已经很多年了。其中大一点的儿子叫做斯蒂芬，他跟我更亲近一些。以前，我经常延长自己停留在圣安大教堂的时间，这样可以辅导那里的孩子们做些课外活动。斯蒂芬就是我的学生之一，我认识他的时候，他读 2 年级。后来，我也经常在他的学校看见他。阿瑞拉现在也更了解当地学校的情况了，因此，她没有选择将斯蒂芬送去两位哥哥之前入读的第六十五小学，而是将他送到了几条街之外的第三十小学，那里条件更好一些。

斯蒂芬的一位老师告诉我，刚开始的时候，他真的"很难搞"，因为这个孩子情绪反复无常。一天里，他总是很容易分心，也总会干扰到其他学生。但有时候，他又会封锁自己，眼睛里流露出一种悲伤。

一天午后，我跟他和另外一个年纪更小的孩子做课外活动的时候，我们去了圣安大教堂的圣殿。斯蒂芬抬头看着满是污点的、画着耶稣受难像的玻璃，突然眼里满是泪水。

"我认识里面的人。"他轻轻地说。

另一个小男孩问他："谁啊？"

"我哥哥西尔维奥。"斯蒂芬回答。

斯蒂芬落泪了，小男孩一直拍着他的胳膊安慰他。

那个时候，斯蒂芬经常和妈妈在周末的时候去阿曼多服刑的监狱探望他。"那段时间，他确实很压抑，"阿瑞拉告诉我，"我听说在西奈山医院有一个相当不错的儿童精神康复中心，我就为斯蒂芬报了名。"这一举动对于阿瑞拉来说相当有挑战，因为西奈山医院不在布朗克斯区，而且人们都认为西奈山医院只接收白人和中产阶级，大家的这一印象好像没有错。但斯蒂芬在那里得到了很好的治疗，几年后，他的抑郁症就彻底治愈了。

当斯蒂芬小学毕业的时候，阿瑞拉压根就没考虑让他去阿曼多曾经读过的初中。她为斯蒂芬选择了一所极少有暴力行为、更优秀的初中。虽然这里离家更远，但斯蒂芬却不会受到哥哥们曾经遭遇的同伴压力。读高中的时候，斯蒂芬更合群，也更外向了。虽然他花在学习的时间上比较少，但成绩却比较理想，不过阿瑞拉认为，这是因为那里的老师"为了让学校看起来更优秀而捏造了斯蒂芬的成绩"。但不管怎么说，斯蒂芬努力按时完成了高中学业，升入了一所两年制的大学，这期间，他还休学一段时间，去圣安大教堂做指导教师。他现在则计划重返校园，因为他觉得比以前更了解自己想要什么了。他对犯罪学领域产生了强烈的兴趣，重点学习如何为那些即将误入歧途的年轻人提供咨询和指导。

目前，阿瑞拉最小的儿子也马上要高中毕业了。他很严肃。去年冬天的时候，阿瑞拉带着他来拜访我。他很活泼，学习努力，成绩也很好。他想去看看哈佛大学，不过他不像斯蒂芬那样爱跟我聊天，总是将想法隐藏起来，但我能感受到他的雄心壮志。

经历了因为教堂不肯为西尔维奥做葬礼的不愉快后，阿瑞拉成为圣安的活跃的、忠诚的教徒。奥弗罗尔律师为了方便阿瑞拉开展针对布朗克斯区其他家长的拓展工作，特意为她提供了一间办公室。3 年前，纽约市的一个圣公会基金会为她提供了一部分基金，帮助她组织一个反对武器和暴力的活动。阿瑞拉与该基金会的一部分活跃分子还有附近的家长一起制作了一段鼓舞人心的视频。视频中，每一个因为武器和暴力而失去孩子的母亲都讲述了那段悲痛的经历。

后来，阿瑞拉就彻底投身于向主流社会那些有影响力、能够支持他们的团体寻求帮助的事业了。她一次次地在大学和学院做演讲。"我在纽约大学演讲的时候，"阿瑞拉最近告诉我，"那里的学生根本不敢相信年薪 16000 美金可以在纽约活下来，这种生活在 20 年前都不敢想象！"不过这个"并不是我想讲的主要内容"。

在学术界，她也能做得特别好。"我讲这些事情，根本不需要什么博士学位。当那些教授问我问题的时候，我一点都不害怕，我完全可以应对。"当他们问她："如何才能停止暴力"的时候，她说："我真不爱听有人说我们的孩子生活在最暴力的街区，就好比说'把他们扔到火里，却又不让他们身上着火'，我不会让他们这么逼问我的。我知道什么是自相矛盾，我不惧怕回答这样的问题。"

虽然阿瑞拉已经重新找回了自信心，但她跟所有失去孩子的母亲一样，还是无法忘记西尔维奥。她并不像我刚开始想象的那样坚不可摧。当西尔维奥死去的时候，阿瑞拉也几近崩溃。虽然这之后，她花了好几年才找回了平衡，但又差点失去了阿曼多。她对两个小儿子的教育还是很成功的，她还努力帮助她的邻居们。

我发觉只要有时间，我就喜欢找阿瑞拉聊天，就好像是站在被龙卷风袭击过的平地上，感觉非常坚实。看起来，只要你足够有勇气，那么你一定会重新找回属于自己的强大力量。

5 爱丽丝：生活的细节

❶

爱丽丝的故事相当的与众不同。

当我在马提尼克大厦认识爱丽丝·华盛顿的时候，她正好 42 岁。跟大厦里的其他住户一样，她也经历了无家可归的阶段才来到这里。并非是一个因素（比如像阿瑞拉是因为火灾）导致了她无家可归，而是当时很多事情纠缠在一起，让她在同一时间段内疲于应对。

最初，她得知自己得了大肠癌，需要做手术。她一共做了 3 个手术，都非常成功。但在她的康复期，她的酒鬼丈夫喝酒喝得更加毫无节制了。他开始虐待她，起初只是骂她，后来开始动手打她。

跟其他经历家庭暴力的妇女不同，爱丽丝可不会原谅这种粗暴对待，而且她也不认为丈夫以后会有所改变。所以，当某天晚上她的丈夫再次出手打她的时候，尽管只打了一下，但她已经受够了，她立刻下决心抛弃他，离开这个自打孩子们出生便居住在这里的家。

她一共有三个孩子，其中两个女孩都处于青春期，另一个男孩 12 岁。爱丽丝高中毕业后，参加过一个两年制的商业课程，之后便做了 20 年的秘书工作，但由于术后康复的身体原因，她无法继续工作了，因此不得不求助于福利机构，并且像其他没有家的人那样依靠混乱的中介机构寻求能够收容她一家的地方。

爱丽丝跟孩子们终于在一家紧急事件处理中心停留了下来，我后来还去过那里。他们在那里过了好几夜，政府还没为他们找到收容所。最后，好不容易找到了一家大厦，当她凌晨 1 点钟到大厦的时候，那里的人告诉她大厦已经没有地方接纳他们。她凌晨2点又返回了处理中心，工作人员还逼她签了一份拒绝搬入刚才被拒绝的大厦的文件。

他们一家人又在处理中心住了7天，这之后被送入了位于第四十二街的最臭名昭著的收容所——荷兰大厦，这里距离时代广场仅仅几条街之遥。

他们被送去荷兰大厦的时候，那里只有最破旧的几层楼才安置无家可归人员。爱丽丝和孩子们居住的那层楼没有流动水。"厕所里都没有水啊，"爱丽丝说，"我们得提着桶去街对面的酒吧间提水回来。"因为那里不让流浪汉进入，所以酒吧的一位工作人员便拿着水龙带到人行路上给他们放水。

爱丽丝说："我可不能让我的孩子们一直这么生活下去。"

两天后，她又带着孩子们回到了紧急事件处理中心，工作人员又让她签署了一份拒绝搬入收容大厦的正式文件，他们还给了她一张"转介纸条"，她拿着这张纸条去另一个福利中心找工作人员帮忙，不过那里的工作人员告诉她他们帮不到她。这之后很长时间，紧急事件处理中心的工作人员才明白该怎么帮助她。

终于，经历了45天无家可归的状态后，爱丽丝与孩子们被安置在了马提尼克大厦的一间小屋子里，里面有四张床、两把椅子和一台放在桌上的小冰箱。他们可以在马提尼克大厦住上4年。

1986年1月的第二个星期，我在马提尼克认识了爱丽丝。她当时正在七楼等电梯，还与身边的另一位住户聊天，因为那位住户我也认识，因此我们便在一起聊起了天。爱丽丝讥讽了几句走廊里堆成山的垃圾袋，以及散落在垃圾桶之外的垃圾。当我碰巧提起我头几天刚在大堂见到过这里的经理图切利先生的时候，她让我当心一些。不过这话还没说完，电梯门就打开了，里面走出来两位眼神极不友好的保安。爱丽丝就没再说下去，她乘坐电梯下楼了。

第二天，当她在二楼社工办公室附近看到我的时候，她主动走向我，聊起了昨天被打断的话题，之后还邀请我去她的屋子坐一坐。接下来的几个月，我们变成了好朋友。

爱丽丝最吸引我的地方就是她的幽默感和绝对不会屈服的精神，这在马提尼克大厦的住户当中极为少见。她天生就是大厦里面妇女的领袖，她的智慧与经验让她的知觉与观点更加生动。如果她认为我的观点太天真的话，她就会毫不迟疑地指出来。我感觉她非常乐于找机会杀杀我的威风，这倒让我们很快越过了普通的"采访关系"，在更加平等的基础上相互了解对方。

她颇有些政治经验。如果报纸上的哪个故事冒犯到了她，她就会把这个故事剪下来，并在边缘处写上自己尖锐的评论。报纸上关于无家可归的人和类似马提尼克大厦这样的地方的轻描淡写与不实报道经常会让她格外愤怒。她相信，大楼里经常遭受虐待的那些妇女如果绝大多数不是黑人或者拉美人的话，那这样的故事绝对可以成为头条新闻。如果我没有很痛快地附和她的观点的话，她便会不耐烦地说："拜托！如果这事儿发生在你母亲或者姐妹身上的话，你一定不会善罢甘休的！"

对于新闻里出现的词语、细微的偏见以及影射，她则是一位极佳的"解码器"。比如，正是爱丽丝告诉我报纸上总把曼哈顿这个地区的流浪人口问题归结为本市的卫生问题。每当说起流浪人口，报纸总是用下水管道来比喻他们，说他们"溢出来"，并占满了整个时代广场附近的旧旅馆。

爱丽丝讽刺地说："政府早就知道该往哪里排放这些污水，但他们还没确定应该把这些流浪人口安置到哪里。不过我敢打包票，他们肯定会把我们送到'眼不见为净'的地方。"

真的被她说对了。我之前也记录过，20世纪80年代末，纽约市政府关闭了市中心大型的收容所大厦，无家可归的人大规模的迁移正式开始。当爱丽丝听说马提尼克大厦的住户将会被迁到南布朗克斯区的时候，她一点都不意外。当部分住户听说新搬去的地区不仅没有可供孩子们读书的好一点的公立学校，而且也没有像样的医疗设施的时候，他们也曾提出抗议，不过很快他们就意识到自己的无能为力，他们只能去看政府已经为他们准备好的公寓。如果他们不喜欢的话，他们当然可以拒绝入住，再去看其他的公寓，不过他们已被告知，从此以后，政府将不再管他们了。

比起其他住户，爱丽丝对于迁移的反抗更激烈一些。她仔细研究了曼哈顿区的住宅单元，还亲自去看了所有排名比较靠前的住宅。几周后，她告诉我说她看重了位于第二大街的一栋大厦，那里距离贝尔维尤医院很近，而且管理人员告诉她，大厦接受像她和其他住马提尼克大厦的妈妈那样依靠政府住房补贴的住户。

应当承认的是，这样的尝试真的是一次伤感的天真，我怀疑某种程度上爱丽丝也知道这不会成功，但她是那样的勇气可嘉、意志坚定，过了几周，我都以为她成功了呢。当她告诉我她去了大厦里的租赁办公室并被告知大厦的确还有空闲房间的时候，我开始相信她可能会取得成功。

不过，她的希望很快就被打破了。

"我告诉社工我看重的那栋大厦，并且请她把大厦名字填写到我的申请中，"爱丽丝一周以后告诉我说，"她进去跟别人协商，还商量了很久。当她出来的时候，她说她很抱歉，这个法子行不通。"

"'你知道的，华盛顿太太，他们现在真的没有空余房间了。但我觉得我们在南布朗克斯区为您找到的房子真的挺好的。'"

"那你怎么说呢？"我问。

"我能说什么呢？"她说，"我知道她只是不想伤害我的感情。她也是位黑人女性，她知道我在想什么。因此，她很快承诺说，他们会带着我们去看看这栋位于布朗克斯区的大厦。"

"我觉得我当时已经知道这些事是早就安排好的，"她最后说，"我真的努力试过了，但没有成功。又过了一两个月，我跟孩子们都打包收拾行李了。我觉得我们 12 月前就会搬家的。"

不过爱丽丝的预言为时过早了。1988 年元旦刚过，她和孩子们就被迁至位于波士顿路的一栋老鼠泛滥的大厦里，这里正好在东特利蒙大街的交叉口处，距离皮特罗之前居住的地方不远。

正是住在这栋大厦里的日子，让我与爱丽丝不仅延续了之前在马提尼克大厦的友情，并且更增加了对彼此的信任，我们可以更加无所顾虑地分享彼此的个人生活与私人琐事，我们信任对方，分享着彼此恐惧、焦虑的事情（那个时期，因为父亲已经进入阿兹海默症的初级阶段，母亲脆弱又年迈，让我忧心不已。）但大部分时间里，我们相当愉悦、放松，我们可以花好几个小时谈论那些与我们毫不相关的政策、政治问题以及她遇到的困难等。

就算是她要与我商议一件让她痛苦、焦虑的事情，她也会以一种自尊感去面对危险，即便在她最为艰苦的岁月里，她也会以平常人根本没有的幽默感，找出一些可以被她讽刺或者带有喜剧色彩的事情。在我看来，正是爱丽丝的这种既会对大事件愤怒又会在小事的奇怪处寻得欣慰的特征，或者说是"能欣赏不和谐的能力"，才让爱丽丝一次次地在灾难面前重新崛起。

❷

在爱丽丝搬离马提尼克大厦两年以后的一个冬天的夜晚，我走出东特利蒙车站，沿着小山走向爱丽丝居住的大厦。在楼下，我按响了爱丽丝家的门铃，她通常很快就给我开门了。我听到锁"咔哒"一声打开后，就走进大厦，穿过两条长长的走廊来到她的公寓门前。

爱丽丝那天晚上相当高兴，她每次情绪好的时候谈论起食物来就滔滔不绝。

我问她今天吃什么了。

"你也知道，我就吃那些能买得起的东西。小羊排、烤马铃薯，还有大蒜面包。你知道我最爱烤马铃薯吗？把马铃薯用冷水冲洗一下，用纸巾拍拍，这样烤的时候就不会那么干了。然后把人造奶油或者黄油涂在马铃薯上，再用锡纸包起来。用黄油包着烤的话，马铃薯会更香。这道菜你在大饭店里也能吃到。"

"你用人造奶油还是黄油？"

"人造奶油便宜但我喜欢黄油的味道，"她答道，"如果要找搅拌过的黄油的话，Breakstone 这个牌子是最好的。我确信在你家附近的商店能买到的……"

接下来的一年里，我们经常探讨烹饪不同食物的具体做法，这都成了我们谈话的固定部分。"我用蒸锅来做西兰花，"有天晚上她对我说，"这样西兰花仍然翠绿，不然的话，就流失了里面的矿物质与维他命。青豆和绿豆也是这个做法。这是我妈妈教我的。"

她坐在我为她订购的西柚的箱子上面跟我聊天，位于佛罗里达的一家商店提供邮购到家的礼品服务。"这里面装了 12 个大西柚，都是宝石红色的。我早上就着葡萄干面包吃了半个西柚呢。"

"乔纳森，太好吃了！西柚水分可多了！你拿个摸摸看，不用放糖也超级甜！"

她谈论起食物的时候，总会流露出对她母亲的喜爱和对童年环境的回忆，当时那里住了许多犹太人。

"你喜欢烟熏三文鱼吗？"她问我。

"超级喜欢。"我说。

"我也是，我的孩子们说只要给我百吉饼和烟熏三文鱼，就够了。"

"你怎么喜欢上这一口的？"我问。

"因为我妈妈。"她回答。

她说她小的时候，正好住在一家犹太商店的楼上，是"那种熟食店兼饭店"。她说她在学校也认识不少犹太女生。

"犹太人用甜菜做出来的汤叫什么？"

"罗宋汤。"我说。

"对，就是这个。我妈妈给我做过一次，但我不喜欢。"

"我也不爱吃。"我说。

"他们说要是倒入酸奶油的话会好很多。"她说，不过她自己好像也不太相信这一说法。

她母亲对犹太食物的喜爱大概与以前她和犹太同学的友谊有关，还与一些犹太老人有关。爱丽丝说，她小时候也喜欢与他们聊天。

爱丽丝告诉我，20世纪60年代的时候，她的妈妈在曼哈顿上西区的一栋办公楼里工作，那里的工作环境就是种族混合的，至今，那里都是宗教激进主义者的聚集地。那个时候，她接触到的白人比现在她的孩子们接触到的多得多，因为不仅学校里有白人朋友，她妈妈的同事也有白人。我知道她很怀念那段时光。

大约又过了6~8周，有一天晚上我们一起吃晚餐。爱丽丝突然很生自己的气，因为她忘记在桌子上放玻璃杯了。

她问我想喝点什么："奎宁水还是冰茶？"

她像我母亲一样，叫苏打水为"奎宁水"。

我问她有什么样的苏打水，她说："有冰淇淋汽水。"

我说我上一次喝冰淇淋汽水还是55年前，那时我还是个小孩子。

"你从哪儿买的？"

"商店，"她说，"你住的附近的商店肯定也有卖。"她把汽水倒入放有冰块的玻璃杯中，接着给自己也倒了一杯，然后坐到了桌前。

那天的晚餐很好吃，甜点还是烤苹果。晚餐过后，她双手捧着咖啡杯，脸上浮起一丝微笑。

"你那个生了小宝宝的年轻朋友怎么样了？"

我很惊讶她竟然记得那个女生，去年冬天，这个女生帮过我的忙，我不在家的时候，她给爱丽丝打过三四个电话。

"她挺好的。"我说。

"她长什么样啊？"

"脸上有雀斑，"我回答道，"一头红头发。"

"多大了？"

"二十八九岁。"

"听起来挺年轻啊，"她说，"她的宝宝一直在哭啊。"

"那个时候是出牙期吧，我猜。"

"我告诉她该怎么办了。"

爱丽丝权威性地停顿了一下，然后总结说："她一开始打电话的时候说话很正式。她一直称呼我'华盛顿太太'，我告诉她'我都叫你的名字，你为什么不叫我的名字呢？'"

"我想她因为害羞吧。"

"我也这么认为。我告诉她不要怕我。'我跟你一样，就是位母亲，'我说，'从现在起，你可以叫我的名字，或者不用叫我了。要么我们可以像朋友那样聊天，要么我们干脆不要说话了。'"

那些年，爱丽丝认识了不少我的朋友，因此，她会时不时地总结某位朋友的特点，比如谁特别尴尬，谁有不安全感与悲痛感，我还记得她发现有一位朋友过于心急要去取悦他人。我总觉得爱丽丝可以做一位心理治疗师，她对于抽丝剥茧的分析特别有天赋，虽然在这个过程中，她总会稍微取笑一下他人，但这种取笑也会让人觉得有趣。

当别人需要她的意见的时候，她也会毫不吝惜地给予帮助。当她看到我对母亲变得不耐烦的时候，她会不停地批评我。当时我母亲经常跟我抱怨父亲因为失去了记忆而不断制造麻烦，这让我很分神。"有一天，你就会失去母亲。当这一天到来的时候，你就会不断地责问自己以前为什么不能对她好一点。她还活着，你应该感谢上帝。我妈妈去世的时候只有 46 岁，我愿意放弃一切来换回她。记住我说的话吧。"

朋友就是这样，目的是好的，但是语气会比较严厉。有的时候，他们都没有意识到自己的措词、说话的语气会伤害到他人，但有的时候他们会注意的。在这方面，爱丽丝就不一样了，她特别了解她所关心的人的脆弱之处。即便是她对自己朋友所犯下的错误已经感到不耐烦，她也会极力维护对方的自尊。这就是当时我特别感激爱丽丝的一个原因。

1992年，我与爱丽丝共进晚餐。

最近她总觉得不舒服。她说之前的一周，她的胃口一直不好，不想吃饭，也没有力气。她说她去看过大夫，大夫说她有点低烧。爱丽丝说她今年已经有过好几次低烧了，但她今晚感觉好多了，她说她一点都不累，因此我便很晚才走。

吃过甜点，喝过咖啡后，她抽了一支薄荷味香烟。她说："住马提尼克大厦的时候，我的烟就抽得有点重""一天三盒"——她以前从来没抽过这么多烟。"都是因为那里该死的紧张气氛。好像所有人都在抽烟，如果买不到香烟的话，他们就向同楼层的邻居要几支香烟。"

香烟让她放松下来，她陷入了怀旧的情绪中，并向我讲起了她哥哥的故事。他在越南战争中受伤，之后在纽约去世。当她说起哥哥去世的事情时，她既不感伤也不哀痛。相反，她的语气听起来比较滑稽。

她说哥哥死的时候，医院里的人"找了个床单盖在他头上"，然后将他推到走廊里"专门放尸体的地方"。她说："你也知道那时候的医院，大概他们没有给他贴上标签吧，后来他们竟然找不到他了。"

"我妈妈给我打电话说：'快来医院！我们得找到你哥哥啊！'我就去了那里。我们跟一位医院的工作人员到处转悠，一看见人我们就问有没有看到一个躺着人的担架。人家就会问：'活人还是死人啊？'我们说：'死人。'最后，我们总算找到担架了，我妈妈说：'那就是他了。'接下来，我们才开始安排葬礼的事情，随后埋葬了我哥哥。"

她也讲过其他类似的故事，但有时候我觉得她就是在享受讲故事的快乐。一般情况下，她的故事都以一个严肃的事件开头，但后来就发展成搞笑的情节了。对她来说，好像这些事只是为了证明生活当中存在不少不合理的事情，而她对于这些荒诞且未必发生的事情的关注让这些故事更加完整。

有一次她告诉我，在离家不远处，她被一群男人打了一顿，那些人还抢走了她的东西。有一个男人将她推倒，还有个男人踢了她，第三个男人抢走了她的包。不过那个包后来被"一个看到这一幕的老妇人"找到了。"他们抢走了里面的东西，然后把包扔进了垃圾桶。"她说。

"之前好几年，我都在考虑是不是应该买把枪。这下我又开始想这件事，但还是觉得那样太危险了，最后决定还是不买了。不过当这些混蛋揍了我还抢了我钱包之后，我又改变了主意。

"我找了个警察说起这件事，我问他：'我应该买把枪吧？'"

"他说：'应该。'"

"什么警察？"我问。

"一个纽约的警察，是我认识的商业区的一位警官。他将我带到警察局里的一间屋子，这样就没有人能听到我们的谈话。他说：'华盛顿太太，如果我是你的话，我就会去买把枪，去靶场学几堂射击课，这样就知道怎样使用枪保护自己了。'"

"我觉得警察不应该说这样的话。他告诉我说：'这是我们私下聊天。我这么说完全是把你当做我自己的妈妈了。'"

我问她那位警官是黑人吗。"不，"她说，"他是爱尔兰人。我以前在街上常常看到他。我知道他挺喜欢我的，说这些也是为了我好，但我还是觉得害怕。我对自己说：'嗨，他可不是罪犯啊，他是警察啊，警察告诉我应该买把枪！'"

"那你说什么了？"

"我告诉他我会想想的，我真的考虑过，但我还是改变了主意。"

她低头看了看自己的手，又摇了摇头，最后还笑了。

"这就是结尾了，我没买枪。"不过她从餐桌上拿起她的钥匙链，我看到那上面系了一把随身带的小折刀。她说："如果不得以，我会使用这把刀……"

大多数时候，她都会取笑那些比她有权有势的人。这些年来，她经常会给我讲从报纸上看到的有权有势的人犯下的一些小错误，还会附带自己有趣的注解。

"这个故事让我笑了半天。"她有一天晚上指着被她划上惊叹号的故事告诉我。故事发生在曼哈顿四十四大街的哈佛俱乐部。根据签订的工作合同，服务员的一项责任便是当会员们喝多了失控的时候，清理他们的"呕吐物""鲜血"或者"粪便"。如果这样不愉快的事情发生的话，服务员会额外得到 10 美元。当天报道这个新闻故事是因为那里的服务员对一些事情不满而罢工，其中之一便是俱乐部没有按照约定付给他们这 10 美元。

"如果去哈佛的人还不能控制自己而喝多的话，"她说，"我觉得他们应当自己清理自己的呕吐物。"

爱丽丝一直坚信，不断的自我放纵则证明这个人不够成熟，不过这在纽约市则是有钱人特有的权利之一。举个例子，她发现如果是一位非常有钱的人性生活不检点的话，媒体则会宽恕他（她），但如果换成住在布朗克斯区的黑人的话，那就不会这么简单放过他（她）了。

"还有一位百万富翁没结婚就有了宝宝，"她跟我说起一位众人皆知的地产大亨的事情，"我发现人们从来不会称呼有钱人的孩子为'私生子'，也不会说这些孩子来自'单亲家庭'。只要你有钱，对你的衡量标准就会跟穷人有所不同。"

不过，她最尖酸的评论则是针对那些对像她这样的人的生活的不实报道。爱丽丝对那些与他们生活毫不相关、让人眼花缭乱的时尚故事最爱讽刺、挖苦。"每当他们说'现在纽约市的女性都这么这么穿'的时候，我不知道这个'女性'指的是谁，反正不会是像我们这样的人。他们这么写，真是既无知，又让人兴奋，就好像他们根本不知道纽约市会有人现在还穿着 10 年前买的衣服呢。"

"他们活在虚构的世界里。'每个人都这样……'但'每个人'都指的是谁？"

还有一次，在一个潮湿的周日午后，爱丽丝给我看《纽约时报》的一篇报道，说这样的湿热让那些拉车的马特别不舒服，但对于市中心的旅客来说则好极了。报纸写道："对一匹马来说，这一个星期太难熬了……起码做一个人的话，可以使用空调，还可以去找有游泳池的朋友玩。"

她对这样花言巧语的报道倒不是特别气愤，反而有点认命。"我觉得我跟一匹马差不多。"她轻轻地说。

不过，爱丽丝对于愤怒与不耐烦的把握也是不偏不倚的。如果她认为自己周围的人犯了错误的话，她也会变得非常严厉。有一次，《每日新闻》有一篇报道称，一位男性不仅恐吓自己的女朋友，还杀死了他们仅 15 个月大的孩子。爱丽丝在报纸的边缘写道："杀了这个混蛋！应该把他送上死刑电椅！"还有一次，布朗克斯区的一群青少年男孩强奸了一名女性，她在他们被判刑前对我说："把他们都抓起来，一直关到他们死的那天！"

有些时候，她会过后再次赞同自己最初的回复。有一次在赛普拉斯大街上发生了一起大规模的拘捕事件，那里距离圣安大教堂仅三条街的距离，而且已经发生过好几次类似事件了。事件发生后，爱丽丝承认说："有些被拘捕的人是无辜的。一下子抓这么多人肯定会抓错的。"

她说她之前辅导过一个男生阅读，后来这个人被误捕入狱。

"事情很赶巧，"她说。"有的人犯罪了却没坐牢，有的人没犯罪却被抓了进去。"

她解释说她帮助过的那个男生就是在一次围捕中被抓的，当时有人持枪抢劫，并且还杀了人。她说："杀人犯其实是他的朋友，他们穿着皮衣，带着皮帽子。他也这么穿，而且还跟他们混在一起。我觉得警察早就盯上他了。之后便将他带走，并且立案控告他。"

她说他的妈妈事发当晚还在医院里。她是爱丽丝多年的朋友了，而且"她还是我认识的第一个死于艾滋病的人……

"当他还是个小男孩的时候，他就有学习障碍，他的妈妈虽然想帮助他，但她自身也没接受过什么教育。所以他经常在放学后来我家，我就会帮助他完成家庭作业。

"他说事发当晚，他在医院陪着妈妈呢。他这么对我说，他妈妈也说这是真的。他在服刑期间，他妈妈就过世了，因此他连葬礼都没法去参加。我猜大概警察认为让他出来太危险了吧。

"他确实看上去像个危险人物，比如走路姿态和看人的眼神……不管怎么说，他被判了 10 年。

"服刑的第一年的预审阶段，他被关押在里克斯岛，我还去探望过他。虽然我很讨厌去那里，但他没有其他人可以指望了。他以前叫我阿姨，还让我告诉他这一切是怎么回事。他真的无法理解这些事怎么会发生在他身上。有时候，我都在想他是不是智力低下。

"现在，他被关押在布法罗附近。我们的生日都在 12 月，所以我寄了生日贺卡给他，还写了几行字，不过我得把想说的话用大号标准体打印出来，因为他看不懂手写体。"

"他会给你回信吗？"

"他尝试过。他写过几行字，不过很难看懂。他连二三年级学生的水平都不如。很多被送往上州区的男孩子都没怎么接受过教育。"

这是仅有的几次她会对关押的犯人表示出真心的同情。

"他可能会对我说谎。他也可能实施了犯罪，也可能只是在现场而已。他也有可能当时正跟妈妈在医院里，就像他说的那样。"

"我感觉你还是认为他或许是有罪的。"

"有时候会，我一直摇摆不定。"她说，"对警察来说，如何判断一个人是否说谎一定很不容易。如果一群男孩在穿着、走路姿势、说话方式、行为举止方面都像歹徒，而且他们还与歹徒为友的话，那他们一定会吸引警察的注意力。"

她给我看了一张男孩入狱前照的照片。照片上，他看着一点都不像是个粗暴的人，表情很天真。爱丽丝说她把这张照片摆在了办公室。

一个夏季的夜晚，我们坐在她的厨房里聊天。这一次，她更详细地跟我讲述她的健康状况。我之前一直没仔细说过她的健康状况，只是提过她有的时候很虚弱，或者发烧，或者连续几天都没有胃口，甚至连吃饭的力气都没有。

我一直不愿意透露她健康状况的更多细节的原因还在于：我不想让读者对爱丽丝有任何错误的印象，这样一个性格丰富、精神坚强，又这么有趣的女性会被描绘成一个被健康困境压倒的人。

然而，事实就是这样，爱丽丝在搬出马提尼克大厦不久后的一次健康检查中，被查出已是艾滋病病毒携带者。她当时就告诉过我这件事，但是我们一直没怎么讨论，她也不希望我们经常提起这件事。在那个夏天的晚上，我们之所以提起这件事，是因为她当时因胸闷而去看医生，医生让她住院以便多观察几天，同时还给她做了一轮新的检查。最后，医生说她的艾滋病比六个月前检查的时候更严重了。

这个消息多少打击到了爱丽丝，但是她那么坚强、性格稳重，她是不会被这个消息打垮的。她早就知道这个病迟早会恶化。她就是想告诉我她已经从医生那里得到了消息；我之前也说过，我们之间就是这么分担彼此的忧虑。她不想跟我多说她的健康状况，但她告诉了我医生的名字——其实是写给我的，她说她不介意我经常跟医生交流。

当时我早就知道，艾滋病毒已经在几年之间席卷了整个南布朗克斯区，破坏了许多家庭，还有许多妇女在感染了这个病后的几年之内完全不知道自己已经患病。还有许多人在收容所就感染了艾滋病。在得到爱丽丝许可后不久，我就去咨询了爱丽丝的医生，他说他所在医院四分之一的病人都已经感染了艾滋病。

许多吸毒的男男女女都会使用同一根针管，他们还不知道病毒到底是怎么传播的。不过现在，志愿者已经在布朗克斯区的人行路边，即圣安大教堂旁边的人行路上发起了"针头交换"活动，他们会用干净的针头换取吸毒人员使用过的针头。当时，在圣安大教堂附近的莫特黑文地区，大约有4000名依靠静脉注射的吸毒人员。

爱丽丝说，她住在马提尼克大厦的时候，就曾经应护士的号召帮助那些患有艾滋病的人，而且还建议周围的女性一定要当心在与吸毒男性发生关系的时候不要接触到病毒。在我看来，既然她都已经知道这些，她还会感染艾滋病，这有点不可思议。

当然，我也知道住在马提尼克大厦的时候，她也会有感觉孤单的时候，不管一个女性有多么小心、多么了解周遭情况，长达4年的时间完全禁欲的生活真的是难上加难。不过她认为还有另外一个可能性——她丈夫传染给她的。

我不太了解一旦一个人感染了艾滋病毒后，需要多久才会显示出相应的病症。爱丽丝的医生说，除非感染的人出于某种原因去医院做身体检查，否则病毒会潜伏很长时间。实际上，他已经给爱丽丝使用抗病毒的药物了，而爱丽丝所说的断断续续的虚弱感、时常没有胃口等症状都是这些药物呈现出来的副作用。

不过医生说，他最为担心的倒不是爱丽丝体内的艾滋病毒，而是她身体愈发虚弱，恐怕很难抵抗其他可能发生的致命性疾病。他没有对爱丽丝说这个，因为这个时候"焦虑不仅没有任何好处，只会让身体更加虚弱"。他就是想让我明白"这个事情最为实际的一面"，还有爱丽丝会面对的来自各方的危险。

我们再一次在她家中吃晚餐的时候，爱丽丝没有提起这个话题，也没有说她的医生是否给了她更多的信息。不过这件事就"在那儿"——一个无法逃避的事实，一个测试结果，一个让你无法回避的现实的提示器。不过对爱丽丝来说，生活还要继续，我那天晚上走进她的厨房的时候，不论是从她的眼神，还是声音，甚至是交谈的内容，都感受不到任何残酷或者对不祥事件的预感。

爱丽丝去超市买了肋眼牛排。回家后，她像以前那样配着蔬菜烤牛肉，还有烤马铃薯，这些都是妈妈教她的。她还准备了一种焦糖布丁，上面还淋了一层冰激凌。后来，她像往常一样煮了咖啡。她一边喝着咖啡一边问我圣安教堂的一些事情，还问我最近看没看到玛莎。

她说她最近晚上给玛莎家里打电话。"我一直打一直打，但最后总会听到她传真机那个该死的响声。我讨厌那个声音，就像火车要离站了似的。

"我今天打电话到教堂才找到她，我告诉玛莎该修修电话了。'你不能就插个线头就完事了！你买电话的时候一定还有一份使用说明书。我知道一定会有的。'我告诉玛莎她得花点时间读一下说明书，因为商人不会无缘无故卖给你一份说明书的。我告诉她：'我们都应该读那玩意！那阵口哨声真可怕，你自己打电话试试。'"

我问爱丽丝："玛莎怎么说啊？"

"她说她会阅读说明书的。但这话也就咱俩说说，我跟你保证她不会看的。她都快没时间吃饭睡觉了，怎么可能找时间去修传真机呢？"

我说："有时候，这些说明书很难读懂。"

但她不同意。"你的意思是像玛莎这样毕业于拉德克里夫学院的法律高材生还看不懂一份说明书吗？"

"不，我不是这个意思。"我说。

爱丽丝十分坚持自己的这一想法，后来她又评论了几个"不读说明书"的人，还抱怨这样的人让我们不得不听那阵哨声，这之后，她才罢休。

我离开的时候，爱丽丝还送了我一盒她自己做的布朗宁蛋糕。外面的空气很舒服，爱丽丝说她刚才忘了买一些东西，便陪我走到了车站。我进站之前，我们互道再见，她还提醒我到宾馆之后记得给她打个电话。

第二天，我在圣安大教堂做课后辅导，之后便飞回了波士顿，很晚才到家。因为回家后倒头就睡，因此第二天早上醒来后，我才收听电话答录机的信息。其中一条信息便是爱丽丝留给我的，责备我在过去的一天内没有向她汇报情况。

"你到家了吗？挺好的吗？你没给我打电话。睡觉了吗？去看你妈妈了吗？

吃完饭了吗？有没有告诉玛莎我说的那些话？你最好全部回答'是'啊，听到留言后给我回话。"

尽管我比爱丽丝年长一些，但她就好像父母一般对我保持权威的语气和保护我的态度。一年之后，大约在1994年的秋季，我妈妈已经快90岁，但她需要动手术，爱丽丝就给她买了一张卡片，上面画着一个有山形房顶的小屋子，门前种着一片片粉色与黄色的玫瑰花。她问我能不能把这卡片捎给我妈妈。"我知道现在你和你母亲都很难受。如果我能为你分担的话，我一定义不容辞。没有人会长命百岁，但我知道也没有人能够取代母亲在你心中的地位。无论发生了什么，你知道我都在你身边……"

1995年春天的时候，爱丽丝打电话说她又住院了。我当时正在加利福尼亚做演讲，没办法赶过去陪她。她说医生已经在她肺部的胸膜处检测到了癌细胞，所谓胸膜，即位于肺部、组织以及骨骼结构处的一种保护性浆膜。

"大夫给我做了胸膜固定术。这对我来说真是人生中最漫长的30分钟啊，总感觉像是有人在捅我。"

三天后，爱丽丝再次从医院给我打电话的时候，她已经摆脱了疼痛感，而且听起来她的精神也没有被击垮。虽然人在病中，但她那对现实荒诞故事的讽刺感依旧没有改变。比如，她告诉我跟她住同一楼层的一个男病号，因为躺在床上抽烟竟然触动了火警。我问爱丽丝住院的那些病人都抱着侥幸心理躲到哪里抽烟，她笑着说："他们一直抽烟。就算有人禁止他们抽烟，他们也会沿着走廊找一间屋子抽烟，还以为这样就不会有人抓到他们了……"

"你看，"她说，"医院在人员配置上也做得不到位，你知道这回事，周末最差了，几乎没有大夫在医院了。"

我问爱丽丝现在爱不爱吃饭。

"我不知道为什么，"她说，"现在爱吃饭。今天胃口很好。我吃了一块鱼、一些蚕豆、西兰花、一块马铃薯，还吃了点布丁作为甜点……医生说我还会再住一周院。"

第二天，她听起来精力充沛，不过还是在抱怨医护人员。"他们应该在早上给我做检查的，但医院今天乱哄哄的，想必他们也忘了吧。等今晚我的主治医师来查房的时候，他一定会大发雷霆，因为他不允许别人犯这样的错误。"

"你也是啊。"我说。

"对，"她说，"我不允许别人犯错误，但我从来不会犯这样的错误，而且一直都这样。"

两周后，我去了纽约。爱丽丝虽然已经出院回家了，但她还无法起床做饭，我便从火车站对面的市场里买了些她喜欢的东西去她家。饭后，我们也喝了咖啡，她说她想吃点甜的东西，所以我们便吃了冰激凌作为饭后甜点。

又过了一天，我下午去拜访她的时候，爱丽丝的情绪更好了。虽然胸膜固定术让她极为虚弱，但那天她说她想出门散散步。我们沿着东特利蒙大街走了一会儿，她便提议说去看看皮特罗和孩子们，他们在马提尼克大厦的时候就认识了。

"她们都是漂亮的姑娘，而且越来越高。她们的长腿很漂亮，身材也好，一头波浪卷发。我有时候在商店里会遇到米兰达。虽然皮特罗已经尽自己最大努力了，但米兰达的衣服真是太少了……"

我们到皮特罗家的时候，他和奶奶都在家，但因为姑娘们上学了，因此我们没有见到她们。我之前没告诉皮特罗我来纽约了，因此他见到我们的时候很吃惊。像以前一样，他跟我开波士顿红袜队的玩笑，不过在当时，这支队伍表现还是很好的。就像我之前说过的那样，皮特罗不会错过任何机会来评论我们各自支持的队伍。他很喜欢我们之间这种关系。

我们离开皮特罗家后，爱丽丝评论道，皮特罗已经尽力用自己赚来的那点钱为姑娘们提供一个安全、正常的生活，但她也观察到他们一家比她认识的其他人家更为贫穷。她很喜欢皮特罗，在生前的最后几年，尽可能地帮助他。即使她不舒服不能去看他，她也捎信让姑娘们去她家，她会为她们量衣服尺寸。之后，她便将这些尺码告诉我，我就可以在波士顿的商店为她们购买需要的东西了。

她也会给我特别精确的指令。比如那年冬天的时候，她让我买些冬衣。"看看能不能买到又漂亮又保守一些的衣服。还有，要深颜色的，比如羊毛质地的海军蓝或者灰色的都会很好看……"她就是这样，皮特罗特别感激她。爱丽丝去世的时候，皮特罗还哭了。

冬天的这几个月里，爱丽丝的健康状况好了不少，但时不时地，胸部还是会不舒服，当她低烧的时候，还需要去看医生。有时候，她会咳嗽一段时间，所以会需要像喷雾器或者吸入器之类的东西来缓解胸闷。不过她的胃口一直很好。我晚上给她打电话的时候，她总会告诉我她晚餐都吃了什么。

有一天晚上，爱丽丝跟我说她想去东特利蒙大街买点东西，问我能不能陪她。我们穿过了火车站旁边的市场，走过布朗克斯区高架铁路轨道下的街道后，停在了一家比萨店旁边的寄宿大楼门口。她之前跟我说过好几次她有的时候会抽大麻放松一下，她的医生也不反对，但大麻却不能正大光明地买到。

我也跟着她走进了大楼，在一个灯光昏暗的屋子里，一个一头白发、穿着红背带裤的男人正坐在桌子前看电视。他走进大厦后面的一间屋子里，拿了一个纸袋子给爱丽丝，她付了5美金。她将纸袋子揣进口袋后，我们走了出去，爱丽丝说："自打我住在这里，他就一直在那里卖东西了。"我感觉爱丽丝因为在我面前不用遮遮掩掩而产生一种满足感，她知道我不会不舒服。

我们往回走的途中，她不停地将路边的大厦指给我看，并告诉我那里在出售什么样的毒品。我们还遇到一群眼神极度不友好，但又占据了一半人行道的男人——这里总会有这样的一群人，看起来无所事事，但眼神相当警惕——不过爱丽丝告诉我："别担心，他们不会找麻烦的。那个矮个子总认为自己是个歹徒，但却没做过犯法的事情。而且，我还认识他妈妈……"我们路过他们的时候，爱丽丝还打招呼说："嗨，最近好吗？"其中的一个人点点头作为回应。

不管几点，她都愿意跟我去外面溜达溜达或者去商店买东西。要是她知道我晚上一个人会在附近过夜的话，她就会很明确地告诉我这让她很不安。同样，其他时候，如果她知道我去赛普拉斯大街或者比克曼大街拜访别的家庭的话，要是我晚上回到曼哈顿没给她打电话，她第二天就会告诉我她整宿未睡，一直盯着表看时间。

我出门在外的时候，如果答应了爱丽丝到家后给她打电话但是忘记的话，她真的特别担心，但多数情况下，她对我的担心更像我们之间的游戏，因为我晚上走在街上的时间跟我去马提尼克大厦看望她的时间真的差不多。不过她一定知道，我更担心她，同时我也需要处理住在波士顿的我的母亲，尤其是父亲的问题，因为他越来越困惑的表现更能说明他患上了痴呆症。最后我不得不将父亲送去敬老院，爱丽丝非常同情他，不过作为女性，她更同情我的母亲，因为我的母亲那时候只能找个伴来陪她。

尽管爱丽丝的生活中也充满了许多不安定的因素，但她也会全力帮助那些比她问题略微好解决一些的人。记得有一次我跟她说，我去敬老院探望父亲的时候他期盼地问我是不是"到时间"可以接他回家了，这之后我就睡不着觉，也不能专心工作。我问爱丽丝我是不是应该去看看心理咨询师。

"我觉得你根本不需要心理咨询师，"她说，"我认为你应该多花点时间跟我还有圣安的孩子们在一起。我总能看到你与他们在一起的时候有多开心。"

第二天，她就给我邮寄了一个大信封，里面是六袋花草茶，还有一张从装花草茶的袋子上剪下来的照片，上面画了一只戴着红帽子、睡眼蒙眬的小熊。"你不需要心理咨询师，"她写道，"把这个茶喝了，喝到你身心舒爽了为止！我的爱一直陪伴着你母亲……"

在爱丽丝做完胸膜固定术的一年后，她的医生告诉她体内本该被抑制的癌细胞已经转移为更严重的恶性肿瘤了。爱丽丝的左侧乳房需要被切除。这些，她当时都没有跟我说。我觉得她就不希望提前告诉我，等事情结束以后，等她做完了手术想告诉我的时候再说。

"当时硬得跟块石头一样，"她一康复回家就给我打电话告诉我这个事情，"发展得比医生预想得快。我是醒着的，啊，应该说是半睡半醒吧。他们给我打的是'半麻醉'。之后给我打上了绷带，非常紧。不过现在我已经回家了。"

我问她吃没吃止疼药。

"吃了，"她说，"他们给我开了含可待因①的泰诺，还有一些止痛片。"如果疼得实在忍受不了的话，"医生说我可以吃点止痛片"。

"食欲好吗？"

"真奇怪，还不错。我昨晚吃了一份烤羊排、黄油马铃薯，还吃了甜瓜当甜点。"

爱丽丝抱怨现在的甜瓜又硬又没有味道。"买不到好的甜瓜，不知道为什么。他们买的这些几乎都干瘪了，看起来就不会好吃。黄瓜也这样。真不知道为什么还会有人买。

"我想做沙拉，但他们放了太多的生菜。生菜现在 2 元钱，新鲜的番茄 1.39元……"

---

① 是一种鸦片类药物，有止痛、止咳和止泻的药效。——编者注

"不管怎样，以后我都会自己做沙拉的。"

这之后的 6 个月里，爱丽丝需要回医院接受术后化疗康复。每次她在那儿的时候，我都能判断什么时候她的健康开始有所好转，因为她又开始对医院的饭菜评头论足。她也会讲一些小故事，基本上都是跟她一个楼层的，那些她喜欢的或者不喜欢的病友。

"现在，我的屋子里又换了一个病号，"一天晚上，爱丽丝给我打电话的时候告诉我，"是一位 83 岁的老太太。她可痛苦了，昨天她坐了一个小时的便盆。护士来查房的时候，她说了几句话，但我觉得她自己都不知道说了些什么。

"今天午饭的时候，我帮助她打开牛奶盒子。她对人很好。她说她自己住，不过她的妹妹就住在楼下。她是犹太人——我告诉过你吗？她住在布朗克斯区，不过这附近可没有犹太教堂。乔纳森，你也知道的，这儿附近都再没有犹太教堂了……"

跟以往一样，她问起我母亲的情况。我告诉她还不错。"把我的吻捎给她，"她说，"也给你一个。上帝保佑。"

那一年，我需要经常出差，不能像以前那样经常去纽约了，但我和爱丽丝保持电话联系，我还去她家看过她。

1996 年底，初冬的时候，她那瓶瓶罐罐的药占满了橱柜的四分之一，就好像整齐排列的部队一样。其他治疗艾滋病的药物则被储藏在冰箱门上的空格处。有一次，应她的要求，我抄下了她所有药物的名字。这些药名大概写了大半页纸，都是些发音奇怪的药名，有一些辅音生硬地凑在一起，还有一些字母的排列顺序都不知道该怎么读。我不知道我为什么保留着这份单子，也不知道为什么爱丽丝让我保留它。对我来说，可能写下这些名字，并且不断更新药的名称会阻止我去思考她为什么要吃这么多药吧。不过不管是我，还是爱丽丝，都意识到，所剩时间已经不多。

3 月的时候，爱丽丝住了一次院；5 月的时候，第二次住院，比第一次的时间也长许多。出院后，她的胃口时好时坏。有一次，我从第四十二街附近的第三大街的一家熟食店买了些烤鸡肉、烟熏三文鱼，还有其他菜品和甜品去探望她。那天晚上，我们跟往常一样，过得很开心。但有的时候，她只想吃点甜食，比如一片起司蛋糕或者切成大块的蜜露，"冻得冰凉的，我才吃得下去……"

6月底的一个午后，天气特别好，爱丽丝说她被关在屋里太久了，想出门散散心。我们便在她所住公寓对面的操场上坐了一会儿，看孩子们玩滑梯和秋千。这一次，她没有问候我的母亲。她点了一支烟，慢慢地抽了起来。吸烟的危害对她来说已经一点都不重要了。

❹

四周后，爱丽丝的医生从医院给我打来电话，催促我搭飞机赶过来。他说爱丽丝的情况很糟糕，他也不知道她还能活多久。第二天早上，我就搭上了前往纽约的飞机，午后不久便赶到了医院。我走进她病房的时候，看到她的鼻孔里已经插上了氧气管。床旁边的电子监视器正在监控着她的各项生命特征。她的胳膊和脸颊都已经非常消瘦，透过睡衣，还能隐隐约约地看到她一侧乳房已被切除。

虽然病得很严重，但她仍吃固体食物。她说中午吃了点东西，但没吃甜点，"因为一点味道都没有"。她告诉我说她就想吃甜的东西，比如蛋糕之类，问我能不能出去帮她买回来。

距离医院不远处是意大利人居住的地区。我下楼后走到街上，四处寻找蛋糕店。在离医院几条街的地方，我找到了一家意大利面包店。两个年轻女人在柜台里面忙活着，跟顾客开着玩笑。

我跟他们说我要买一些蛋糕，但是我又不知道蛋糕和面包叫什么名字，她们还跟我说笑了几句。后来，她们问是不是给住院的患者买的。我说："是的，她已经病入膏肓了。"其中一个女人额外给我包装了一盒饼干，上面用彩色糖画着圆圆的脸，她说："这个是免费的。"说完，还像意大利电影中的人物那样将手指按在嘴唇上送出一个飞吻。她用红色的彩带将两个盒子包装好。

爱丽丝先后打开两个盒子，看到一个盒子里是奶油面包，另一个盒子里装着饼干，她先尝了一块饼干，之后问我是从哪里买的。我告诉她那家面包店，还说起来里面的两个女服务员，以及送我饼干的那个服务员。

她说："我敢说你喜欢跟她们开玩笑。"

"什么意思？"

"我觉得这让你很高兴，"她说，"像你这样年龄的男人，说实话，我打赌那两个女人很漂亮。"

"这倒是。"我说。

虽然她周身疼痛，但还是笑了。之后，她轻轻捏着我的手说："如果她们的长相跟饼干一样诱人的话，我是不会怪你的！"

她又吃了一块面包，问我知不知道这是什么面包。我说我没问。

"我觉得这里面有朗姆酒。"她说，而且又吃了一点。

"好吃吗？"

"很好吃。"

那天，一直到最后，我们都在讨论关于食物、友善的女人或者其他能够吸引我们注意力的事情。我与她最后的对话无关生死，无关爱恨，无关上帝或者信仰，或者她正在经历的疼痛。我们只讨论汉堡包。

晚上，我又去医院陪她。两周后，她就去世了。她还说起麦当劳卷入一场"战争"——与竞争对手汉堡王的一场"价格战"。爱丽丝说，"战争"这样的词竟然能被用到汉堡身上。我也觉得挺有意思的，还开玩笑说两队汉堡拿着刀剑相互捅对方的面包圈。

"别开玩笑了，这里很疼。"她说着，还用手按着胸部，不过依然在笑。这差不多就是爱丽丝对我说的最后一句话了。第二天我就飞回波士顿陪我母亲了。当我再次飞回纽约的时候，就是参加爱丽丝的葬礼。

葬礼在布朗克斯区举行，但爱丽丝最后被安葬在新泽西。在她的墓前，玛莎宣读了最后的祈祷词。爱丽丝的儿子、女儿，还有她的老朋友都悉数到场。

这篇故事里，我没有讲述她的孩子们的故事。我不太了解她的女儿们。她们搬出马提尼克大厦的时候基本都已成年，随后就结婚嫁人了，我再去拜访爱丽丝的时候，她们很少在家。我跟她的儿子比较亲近，他们搬到布朗克斯区的时候，他快16岁了。他完成了高中学业，也有机会读大学，尽管我跟她母亲都竭力劝说他继续读书，但他已下定决心。有一段时间，他似乎无所事事。但随后，他只用了一两年的时间便重振旗鼓，找到了一份相当好的工作，还获得了一连串的晋升。他过着相对稳定的生活，很有绅士风度，看起来内心很平和。

我想要歌颂的，既不是爱丽丝的孩子们，或者他的朋友们，也不是那些对她友好、关心她、此刻深深哀悼她的人，我想歌颂的其实就是爱丽丝本人。正是爱丽丝的一些可贵特性，比如从我们第一次见面她就表现出来的她的性格与个性特点——这也让我们越走越亲近，还有她面对生活中一些古怪的遭遇时所呈现的勇气，以及她对于遭遇不公待遇时的气愤与感慨都能找到发泄的方式，再加上在我经历艰苦时光的时候，她给予我的慷慨鼓励，这些都让她在我所认识的无家可归的人群中独树一帜。

就算是我现在回想起爱丽丝·华盛顿，我都不觉得她是社会不公待遇的受害者，也不觉得她是那种会被艾滋病和癌症击垮的女性。那段时间，我经常会遇到精神崩溃的女性。一想到爱丽丝，我总会想起百吉饼、烟熏三文鱼、黄油大蒜面包，还有熟透了的甜瓜（不是生的、干瘪的那种）的味道，还会想起新鲜番茄的价格，以及奶油汽水的那种味道。"受害者"绝对不会是贴在爱丽丝身上的标签。

她极其同情那些真正的受害者，但对于她来说，却绝对不是。当她不得不面对生活的艰辛时，她选择思考生活中的有趣细节，并且学会欣赏这些细节作为防卫的武器。对于像爱丽丝这样社会阶层与肤色的妇女来说，纽约绝对是一个痛苦的地方，但她不会回报这种痛苦。在恶劣的环境中，爱丽丝屹立不倒。她以自己的聪明、机智以及对荒诞的洞察力对现实的恶劣做出回应。她喜欢大笑。她爱吃羊排，还有烤马铃薯。在众多的生活细节当中，爱丽丝超越了现实。

第二辑：一缕耀眼的光芒

6 幸存者

他们是希望的一代。

他们是幸存者。

他们是众多孩子中的一部分。

我认识一些特别可爱的孩子们，他们在十几岁的时候也会遇到一些麻烦，之后会像阿瑞拉说的那样开始"在街上混"，也正是因为他们能够坚定地拒绝那种生活与其危险才会取得最后的成功。尽管对有些人来说他们取得的成功很渺小，但对他们的家人以及周围深爱着他们的人来说，这样的成功一点也不小。

还有一些孩子能够做到远离麻烦，不过当他们高中毕业的时候，不管有没有毕业证书，他们都漫无目的地流浪了一段时间。他们的成功与无罪证明都取决于他们对目的感与方向感的渴求与神学家口中的"使命感"的出现所交汇的那一刻，不过这一刻什么时候出现却很难确定，而"使命感"有时候是满足某一需求，也可能是对某一职业的强烈渴求。

一些生活非常艰辛的孩子仍然在苦苦挣扎，他们目前还没有找到内在的平和感，这种平和感可以让他们形成有助于成熟的视野。他们在寻求这种视野的同时还保持着从他们孩童时期就存在的真挚与基本的善行，他们没有为了掩饰自己的脆弱情感披上坚强的外表，这让他们葆有诚实与纯真，也让我看到了未来的希望。

另外，还有相当多数的孩子，他们一直积极参与圣安的各项计划。他们几乎从一进入青春期开始，就察觉到自己在学术领域学得轻松自如，并且对未来的计划就是去高校或者大学。还有一些孩子，早就将自己的目标锁定为专业性的工作。有的孩子已经实现了这些愿望。我将用较长的篇幅愉快地讲述这些孩子的故事。

　　不过即使是那些在学校表现非常成功，或者已经读了大学、高校，并且已经取得了学位的孩子，或者那些告诉我他们已经锁定了某个具体职业的孩子，我怀疑这些孩子们也会从事新的方向的工作，因为他们现在无法预测以后会发生什么事情。这就是为什么我讲述的这些故事大多没有结局的原因之一。只有在那些虚构的电影里才会看到一个不到 25 岁或者不到 30 岁的年轻人会瞬间摆脱贫困取得成功这样夸张的结局吧。那些我认识多年的孩子们，他们内在的成长，比如品德与性格，与外在的成长一样获得成功。最后，还是会留有不确定性。我真心地希望他们以后会做得更好。

7　那个特别的男孩和他有趣的妈妈

❶

他叫李奥纳多，快 7 岁了，很爱吃饼干。我第一天去圣安大教堂的时候就认识他了。

我那天去圣安大教堂的时候，李奥纳多的妈妈正好要跟牧师开会，因此，李奥纳多自告奋勇带我去教堂附近的街道转转。

那是 1993 年初夏的一天，阳光明媚。李奥纳多穿着红色运动鞋，蓝色短裤和一件印有三只沙鼠图片的运动衣。他拿着一袋饼干，非常大的一袋巧克力薄片，一直大声咀嚼着饼干，还总问我想不想尝一块。

我们当时路过一块空地，他抬头看了看树枝，上面挂了一些毛绒玩具。

"熊。"他说。

但当我问他为什么树上会挂着熊的时候，他只是笑着看那些动物，没有回答我的问题。

"好吧，"我们又走了一会儿，他说，"我觉得我们应该去那边。"我们过了马路，走过一条两侧全是迪亚哥 – 比克曼那脏脏的建筑的长街，最后来到了第六十五小学。

李奥纳多是一个留着柔软棕色头发、长着深棕色眼睛的小男孩。他说晚上如果害怕的话，"我爬到妈妈的床上，钻到被子里"。他也是那里数百位患有慢性哮喘的儿童之一。因此他爬上山顶后就需要休息一会儿，他从口袋里拿出一个小吸入器自己吸了几口，然后才恢复正常。

当我们一进入赛普拉斯大街的时候，他就指着一只小黑狗说："你好啊，小公主!"接着对我说:"那是小公主。"还说:"看到了吗?我们快到了。"

我们在赛普拉斯大街走过一条街后,他问我:"你想去杰克逊大街吗?"我说可以。我们到了杰克逊大街后,他又指着另一条街问:"你想去那里吗?"

我说:"好的。"

他犹豫了一下,说:"他们在那里焚烧尸体……"

在我们离开教堂前,李奥纳多的妈妈就告诉我"他爱撒小谎",所以我问他是不是在说实话。他假装没听见,开始嚼饼干,并哼着歌曲。

"来吧,我带你去那里,我们得穿过这条街。"

我们向他说的那个"焚烧尸体"的地方走去,那里叫做蝗虫街,有一栋金属门半开的大楼,散发着酸臭的味道,看起来真的很可疑。我们走到门外的时候,味道更加强烈了。

"你确定你不需要吃饼干吗?"他问我。

我又谢了他,说不吃。

"我觉得我还得再吃一块。"他说。

过了一会儿,李奥纳多说:"地球毁灭的那一天就要来了,到时候每个人都会被烧成像饼干一样脆。"

我们过马路的时候,一辆车停下来给我们让路。他向司机摆摆手,那位司机也同样回应了他。

"我们没有饼干了。"他告诉我,"我吃了一整袋……"

我们回到教堂后,李奥纳多的妈妈和牧师告诉我那个"焚烧尸体"的故事并不是在撒谎,不过这个说法稍微有点夸张。李奥纳多指给我看的那栋大楼其实只是焚烧了掺杂在其他物品中的身体的一部分,而我们站在大门外闻到的那个味道通常更为刺鼻。

玛莎解释说那栋大楼其实就是一个医学焚化炉,会烧毁那些医院的垃圾、截下来的肢体或者死去的胎儿、皮下注射器针头等等。每天都会有人把纽约市 14 所医院丢弃的这些东西送到这里焚烧。当时,本来打算在曼哈顿东区建立一个类似的焚化炉,但那些医生还有环境学家警告周围的居民这样的焚化炉会对孩子造成致癌或者呼吸道伤害,因此,这个项目便中止了。结果,这个焚化炉反倒修建在了附近居住了 6000 名儿童的布朗克斯区。这里的孩子,都像李奥纳多那样,对散发出来的危害物体无计可施。此外，因为焚化炉的烟囱极为高大，因此它喷出的有毒气体能够污染到附近40000名居民，他们基本上都是黑人或者拉美人。

"当烟囱冒出浓烟的时候，"李奥纳多的妈妈说，"那个恶臭气味实在太强烈了，我必须关上窗户，但李奥纳多还是会闻到这个味道。"

从1991年修建焚化炉开始，这里的家长们就一直在进行激烈的抗议，不过极有影响力的《纽约时报》却不认同家长们的请愿。《时报》不仅支持焚化炉的建设，还报道称这些家长被"误导"了。

当时的《纽约时报》发表了一篇名为"布朗克斯区的无用抵抗"的社论，这对这个问题的结果产生了决定性的影响。据《时报》称：如果这个设施被那些"制造惶恐"的抗议者中止的话，"这将是个悲剧性的错误"。

"医学垃圾不仅不雅观，而且相当危险。没有人愿意在居民区见到这些垃圾。"社论称"这样的设施只能够建设在某一个区域内"，那里"禁止"建设居民住宅。这一言论让人困惑极了，因为我和李奥纳多只用了五分钟时间便从家走到了这个垃圾焚化炉。不过报纸倒是从技术性的角度做了辩护，声称这里正好处在一个临界区域，根据城市区划法，属于"工业区"。

李奥纳多的母亲叫安妮，不过大家因为喜欢她活泼的性格就都叫她"不安分"。她就是那些强烈反对修建医学焚化炉的莫特黑文的家长之一，她也深信这会对附近的孩子造成伤害。到1995年，即焚化炉建成4年后，莫特黑文以及附近地区因为哮喘而住院的案例是曼哈顿东区的14倍。到那个时候，我咨询过的一位儿科专家告诉我，那里患有小儿哮喘的几率比美国其他城市地区要高许多。

不过，在焚化炉建成之前，莫特黑文以及周边地区的哮喘发病率就已经很高了。原因之一就在于这里集中了不少伤害孩子呼吸系统的因素，比如这里是卡车停放地，18台卡车在这里空转，将废气都排放到空气中。大型的公交车站，再加上这附近的大部分家庭都缺少像样的卫生设备和良好的通风设备，这些都使得这个问题愈发严重。为莫特黑文的孩子们治疗哮喘的医生们都认为在这里修建焚化炉只是又增添了一个污染源罢了。

这个焚化炉最后在1997年被纽约州环保部门关闭了。一年之后，这个焚化炉的所属公司——布朗宁-费里丝公司因为被查出违反了500多项环境法与空气污染法的规定而签署了和解协议，统一捐献资金让这里的孩子参加一个"哮喘露营"。

这些对安妮来说，就是种族主义无法无天的典型例子。不过对李奥纳多来说，当他开始喘息的时候，从口袋里拿出哮喘泵吸上个两三口，已经是他生活里再正常不过的一部分了，而且从外表来看，这并不能打垮他，也不会削弱他观察周围有趣、惊奇的事物的乐趣，尽管这些事物本身可能没那么有趣、惊奇。

李奥纳多的母亲说，李奥纳多的喘息在晚上格外严重，这让她很担心。白天的时候，哮喘泵或者其他药物会将哮喘控制得非常好。不过，李奥纳多那异想天开又乐观的性格，与他乐于交友、很受孩子们欢迎的天性，让我觉得他就是一个快乐的小男孩，而且我一直觉得跟他聊天很有趣，因为他的所有长处都让人觉得与他相处永远不会感觉无聊。

李奥纳多对自己古怪的评论特别满意，我觉得他一定知道他的一些评论会让大人很吃惊。有一次当我们走在距离他家一两条街的时候，他告诉我说有个人——"我见到这个人在那里埋了另一个人"。他用手指着那里说："那个人被埋的时候还没死呢。"

我问他："你试着把这个人给挖出来吗？"

"不！"他说，"这太让人恶心了！"他告诉我他问过那个男人："'你还活着吗？'但他说不。"

这个故事他就讲到这里，因为他经常故意给他的故事留个悬念，这时候，他会开始哼歌曲，接着，他会继续向前去他的目的地。

第二年，我在下午和晚上的时候经常去李奥纳多家，他住在迪亚哥－比克曼住宅区里的一栋大楼的五楼。他的母亲安妮是那附近聪明、对政治问题也更为敏感的家长之一。安妮非常聪明，而且自学了很多知识。她在青春期至二十几岁的时候读了大量的书，而且她沉浸于那些杰出的黑人作家的著作，他们曾经在 20世纪 60 年代末赢得了社会的关注。有一天晚上，安妮很详细地向我解释了纽约市政的策划者们是如何采取有意识的策略将黑人和拉美人种族隔离到了布朗克斯区，而且她还引用了一句詹姆斯·鲍德温[①]文章里的一句话：这些白人"开始大逃亡，尽量离我们越远越好"。——我早就不记得这句话了。

---

① （1924—），黑人，美国当代著名小说家、散文家、戏剧家和社会评论家。——编者注

跟阿瑞拉一样，安妮也是天性善于调查的，她了解到这栋大楼的所有人"在马萨诸塞州，住在你那一带"。她还有一肚子事出有因的怨言，抱怨大厦的业主不来维修这里的设施，她还跟我讲她是如何"把老鼠挡在墙后面，不让它们跑进我的厨房里"。

不过，安妮的家庭背景跟阿瑞拉的不同。安妮在南方长大，她在13岁的时候跟着母亲来到了纽约。她的母亲是阿尔伯特·爱因斯坦医学院的护士，安妮说她们住在布朗克斯区中还不错的地方，当时那里还有白人居住，不过隔离的趋势已经在上演了，附近学校的学生数量也开始下降。她的父母离婚后，搬到了上州的锡拉丘兹，因为父亲曾经接受过"混凝土建筑"的培训，现在自己经营了一家公司。他将安妮接到身边，这样她就可以在附近就读一所比较好的高中。

安妮在学校的表现很好，学习用功，最后顺利毕业，不过她说自己"没有兴趣读大学"。当我问她为什么没有继续读大学的时候，她说自己当时沉迷于"嬉皮士时代——'做你自己的事情'，你也知道，披头士的音乐，拉姆·达斯，《头上戴着一枝花》"。不幸的是，跟其他人一样，安妮变得对吸毒这件事毫不在乎。"一开始，"她说，"就抽点大麻，吸点致幻剂……有什么就吸什么，但我后来开始吸食可卡因。"她说："这是非常糟糕的错误……"

在安妮接近30岁的时候，她恋爱了。"他长得英俊，正好还在销售毒品"，不过她声称自己当时并不知道这一点。在认识他之前，她说自己就透过公交车的玻璃见到过他。"他会向我挥手，我也会向他挥手。他的头发是椒盐色的，我觉得自己也非常酷。不过在判断男人这方面，我是个外行，我觉得他就是世界上最好的人。"

又过了大概一年，他们同居了，后来结婚了。李奥纳多出生在锡拉丘兹，不过安妮希望能离母亲近一些，所以他们一家搬回了纽约。

安妮说，她的丈夫不忠于自己，并且对自己不忠贞的行为丝毫不加掩饰。"我不在家的时候，他就会带别的女人回来过夜。我的一个邻居对我说：'亲爱的，我本来不想打击你，但我已经在你们的卧室跟他快睡了一年了。'我每月都会把他撵出家门两三次，但你也知道'恋爱中的傻瓜'这句话吧？我将他撵走后，又很想他，我就出去到附近去找他回来……"

一直到他被捕入狱，安妮的问题才得以解决。这件事事发突然，当时李奥纳多也3岁了，所以安妮决定将自己所有的精力都投入到孩子身上，保证她爱说话又可爱的小男孩能够有机会享受到一个快乐的童年，同时，她也下定决心在李奥纳多上学之前好好教育他。

"他3岁或者4岁的时候，我就开始教他阅读。我送他去阿依达·罗莎幼儿园"，这里得提一下这个幼儿园的校长，我非常喜欢这位南布朗克斯区的校长，她在那里建起一座幼儿园，这样孩子们就读她建立的第三十小学之前，能够接受到良好的学前教育。

跟阿瑞拉的做法一样，安妮也避免将李奥纳多送去第六十五小学，而是让他就读罗莎小姐的学校。（这里的人对一定年龄以下的已婚和未婚女士的称呼都是"小姐"，而且通常使用她们的名字，只有对老师和校长才会称呼她们的姓氏。）"后来，我也不知道是什么原因，我又送他去了天主教的小学。不过那里3年级的老师总打孩子，我又将他接回了第三十小学，这里的一些老师你也认识，比如哈丽娜莱恩小姐"（这位5年级老师教过的很多学生后来都非常成功）。

"他特别爱说话，"这位既严格又温厚的老师有一次这么对我说，"他总是很兴奋，而且他的评论总是很有趣，我得背过身去才不会被他看到我也在笑。"

等到李奥纳多读完小学的时候，罗莎小姐学校的很多老师，也包括哈丽娜莱恩小姐，开始创办一所小型的、标新立异的第三十小学的附中，这个中学延续了小学的进取的风格。因此，李奥纳多才得以逃离那个所谓的"医学"学校以及那些附近的小学毕业生都会去的中学。

安妮精明能干，总会做到最好。只要出现一线机会，安妮都不会轻易放过。她跟老师交流，也会走进课堂。每当李奥纳多跟着哈丽娜莱恩小姐去我说的实验学校的时候，校长告诉我说："安妮总在附近。她想知道我们为什么这样做，或者为什么那样做。"不过从长远角度来看，哈丽娜莱恩小姐说："我很敬佩她。她提出的问题都很好，她的思维也一直在变化。我特别喜欢她来我的课堂。"她说李奥纳多的母亲就是"所有老师都希望遇到的那种家长。我希望能够有更多的家长像她这样……"

几年前，李奥纳多还在小学2年级或者3年级的时候，安妮就曾召集李奥纳多这个年龄段的孩子们组建了一支棒球队。他们在圣玛丽公园玩耍练习，那里就在迪亚哥－比克曼住宅楼旁边，还是一个"你不想晚上一个人去的地方"，不过安妮特别强调那里"白天很安全"。她一边跟我说着这些，一边走到衣橱前拿出一件棒球衫，衣服上绣着她的名字，上面写着"管理者"。

安妮说她每年都会为队里的孩子们组织一次派对，地点就在圣玛丽公园旁边的马路上。她说那条马路正好是疯狂的牛仔的地盘，这也是掌控圣安大街一侧街道的贩毒团伙。"他们就站在人行横道上销售他们的可卡因。'黄色的好货''红色的好货''蓝色的好货''绿色的好货'等等，还有'探戈与金钱'，都是他们的海洛因的牌子。当你走过他们身边的时候，他们就会小声对你说这些名字……"

比克曼大街中间有一条小路其实是个死胡同。路的一边有两座紧挨在一起的小房子。一个是有人占有的，另一个则是废弃的小屋，这就是牛仔们集会并且包装毒品的地方——那种彩色盖子的小瓶装的是可卡因，小玻璃纸袋装的是海洛因。小屋旁边就是一个废弃的空地。

"乔纳森，你是不是觉得我疯了？但我决定就在这块空地上举办派对，没有车，远离交通工具。而且我也下定决心，不能让一伙流氓占有那里。

"我还跟雪莉·弗劳尔斯谈过这件事，因为她就住在比克曼大街，她同意帮我找些邻居清理这块空地。"（雪莉小姐已于3年前去世，她生前对附近的小孩子特别好。如果晚上哪位母亲没有回家的话，她就会把孩子们带到自己家，如果孩子们还没吃饭的话，她会为他们做饭吃，或者帮他们洗澡。白天的时候，她会坐在街边，观察街上的情况。）

安妮说，如果没有雪莉小姐的话，她绝对不可能举办那个派对。她偶尔也会得到其他人的帮助。"我们第一次举办派对的一周前，两位毒贩子在街上拦下了我，他们直接走到我面前跟我打招呼。你也知道我这个人，见到谁都会打招呼的。'女士，'他们说，'我们愿意帮你的忙。我们能做些什么？'

"'你们可以把这些破烂都拿走'，我告诉他们。他们同意了，而且还真清理干净了垃圾，做得非常好呢。

"我和雪莉准备了一些孩子们喜欢吃的食物，比如热狗、通心粉、鸡翅、大米和绿豆。有人还拿了些纸帽子，那个派对棒极了……

"我喜欢他们，"安妮说，"李奥纳多也是，不管他们是谁。到李奥纳多长大之前，我们每年都举办派对。"

他们住在公寓里的生活也经常像在开派对。周一至周五晚上，为了让李奥纳多写完学校留的作业，安妮会保证公寓的安静。但是在周末或者夏天的晚上，"我家里全是孩子。"安妮说有时候"我家里能睡7个孩子，只要能睡觉的地方，都是孩子，床上、沙发，还有我铺在地板上的被子和毯子上。第二天早上，他们起床后，我给他们做早餐，带他们去中央大厅村，还带他们去看电影……"

"有一次，"安妮说，"我把孩子们都各自送回家后，一位母亲给我打来电话。'你见到我儿子了吗？'后来我发现这个小男孩躲在衣柜里。我打电话告诉这位妈妈说：'我找到他了，这就把他送回去。'李奥纳多觉得这件事特别有意思，原来这是他们俩共同策划的呢。"

安妮说李奥纳多12岁的时候，他的哮喘竟然好了。"这是焚化炉被关闭后的第二年。"她坚定地认为这两件事是有联系的，或许真的有吧，而且来自纽约市健康部门的数据也证实了安妮的想法是正确的。焚化炉被关闭后，莫特黑文医院收治哮喘病人的数量急剧下降。又过了3年，病人的数量已经减少一半多。不管这是不是让李奥纳多摆脱了他从小就遭受的阵阵喘息的原因，安妮都将不用在大热天紧闭门窗，这也被视为附近人民取得重大胜利的标志。

李奥纳多读初中的时候，还继续参与圣安的各项活动，不仅包括课外辅导，还有教堂组织的创造性项目，因为这里鼓励智力自由自在地发展。李奥纳多不仅是附近最优秀的学生，还是圣安最外向的孩子之一，并且他还赢得了只针对市内学校的少部分学生的一个机会。他读到8年级的时候，可以去一个新英格兰的优秀寄宿学校继续完成之后的学业。

李奥纳多去参加正式面试的时候，安妮也陪着他去了，她还见了那所学校的老师和招生人员，并且详细询问了一些问题。仿佛是这些老师，而非她儿子，应该被仔细审核是否达到了预期条件。但我知道安妮问了这么多的问题后，一定不会拒绝这样的机会。

跟那些市内的孩子们被杰出的寄宿学校录取后的情况不同，李奥纳多完全能够适应学校的学习步调。"他以巡航般的速度适应了学校生活。"他的一位老师这么告诉我，而且李奥纳多在社交方面也超级有自信，他很快就与同学们建立起友谊，并且成为班级的一个小领导。我记得他的朋友们都叫他"市长先生"，因为李奥纳多总能够很容易地让其他同学同意他策划出来的社交活动计划。除了这些看起来他不费吹灰之力取得的成就之外，李奥纳多还是一位运动健将，虽然他在布朗克斯区的时候没怎么玩过足球，但他是学校足球队的队长。

"他是球队里唯一一名黑人孩子"，他的妈妈说，但这对他来说"没什么大不了的"，因为"他知道自己是谁"，而且她还补充说李奥纳多从来不会"搞那些'黑人更优秀'的伎俩来奠定自己的地位"。安妮感觉如果对方很尊敬、很喜欢李奥纳多的话，李奥纳多也从来不在意对方的种族或者社会阶级，不过大家真的很喜欢他。

跟那些新英格兰有资助项目的学校类似的是，这个学校最初招收李奥纳多的原因就是希望能够在自己的学生中有一些"弱势群体的学生"。一般人认为的所谓"弱势群体的学生"基本是指来自像布朗克斯区的那些打上"被剥夺文化教育"标签的孩子们，但李奥纳多却绝对不是这样的孩子。不过从文化角度来看，尽管李奥纳多小时候从母亲那里得到过一些教育，再考虑到他的心理发育以及社交技能的成熟，他相对于经济条件更好的朋友和同学来说，可能确实处于相对"弱势"的地位。

在这个学校读书期间，李奥纳多与周围朋友的友情都特别长久。其中一些家庭经济条件特别好的男孩子还会开车出纽约，到布朗克斯区跟李奥纳多和他母亲一起过周末，晚上还留宿在他们家。安妮的家一直以来都特别吸引年轻人。

李奥纳多后来到了纽约上州的大学读书。不过他刚开始读大学的时候，那份过量的自信心并没有帮到他。第一年的时候，安妮说："他总是虚度光阴，成绩一塌糊涂。"他第一个学期的平均分是 1.5 分。"我都不太敢相信他会有这么低的分数！"

第一学期"太糟糕了，他不得不延期一年毕业"。安妮骄傲地告诉我，但从那以后他就非常优秀，最后以平均分 3.4 的成绩得到了社会学学位。

虽然李奥纳多有奖学金，但大学五年中他一直在做兼职工作，"各种各样的工作，比如在 Barnes & Noble 书店、UPS 快递等等，如果我有闲钱可以帮他支付额外的学费或者健康保险的话，我也会寄些钱给他"。

"他说他很想吃我做的东西，所以我每隔一两周就为他做一顿饭。我用箔纸将食物包好，放到冰箱里冷冻，再找隔日送达的快递寄给李奥纳多。"虽然李奥纳多已经很成熟了，但安妮说："他还是我的孩子，我应该让他快乐。"

从第二年开始，尤其是后三年，李奥纳多告诉我他开始爱上其他专业的课程，比如与精神病学有关的以及跟发育异常有关的一些课程。"我一直想成为一名精神科医生，因此，我申请去收容那些患有严重障碍比如精神分裂症、重读抑郁以及老年痴呆症的老人的敬老院实习。"

我问李奥纳多既然已经选择专注学习社会学，为什么会对精神学科感兴趣。他说因为他知道学医需要花很多年，要考虑经济状况，"我真的想知道这是否不太符合实际情况"。然而，"我觉得社会学包含的范围很广，如果我愿意的话，我可以选择多个方向发展"。

李奥纳多还说："一直有人跟我说我是个不错的演员，所以我还选了两门表演艺术课程。"我不太确定这个课程指的是什么，所以问他这两门课程的主要内容是不是舞台表演，比如戏剧。

"不完全是。"他回答道。他说他不是很喜欢"重复别人的话"。他告诉我他喜欢即兴创作。"我实际上喜欢自己创作。我的一位老师说或许哪天我真的可以尝试一下。"

去年冬天我去安妮家里拜访的时候，李奥纳多已经大学毕业六个月了，他说他暂时在本市主要的农产品市场担任办公室的管理工作，那里距离他家很近。"至于薪水，"他说，"现在还不错。而且这工作也比较有意思，检查我们发往大饭店和豪华酒店的订单。"不过李奥纳多强调说"这只是一份短期工作"。这样他可以赚到一些钱，没了经济方面的压力，他就可以有时间好好想想以后可能选择的职业。

与此同时，李奥纳多说他也在为自己的单人剧创作剧本。如果有机会的话，他就会在一些小型的俱乐部表演，那里专门会为业余演员提供表演的机会，看看他们能不能抓住观众的心。在向我解释这些事情的时候，李奥纳多说得特别有条理：时机有多么重要，以及为了让表演不超过 7 分钟，之前需要做多少策划。"不过有时候，就算我为了一个剧本花费了很多时间去创作，我也会突然想到：'这是什么啊？为什么不说一些我之前从来没试过的呢？'你知道，有时候，我的脑海里会突然冒出一些想法。"而那些台词，通常也最受观众欢迎。

那天，我没办法在安妮家停留太长时间，因为我要应约去教堂开会，我还答应了阿瑞拉会找她聊天。我出门之前，李奥纳多说他"还有其他事情"想跟我讨论。我告诉他我一定会提前安排好时间，这样我们可以长谈一次，谁都不会因为有事而提前离开了。我们下一次的谈话则更为深入、更严肃地探讨了他的希望，以及他对自己长远计划的自我怀疑。不过，我想先讲一讲安妮，这位有趣的母亲的一些事情。

我也是最近才意识到其实李奥纳多的母亲经历过人生中极为动荡、痛苦的事情。附近的邻居都认为安妮是个精力旺盛的人。我一直以为安妮拥有与生俱来的能力，没有什么可以阻止她，因为她头脑灵敏、反应迅速，虽然她身高只有 1.5 米，但不管是去参加会议的路上，还是这些年来回上下班的路上，她都走路飞快，而且只要有孩子去她家，她总是特别高兴，后来她还在圣玛丽公园穿着棒球衫跟孩子们一起玩。她一直看上去很年轻。现在虽然已经快 60 岁了，但看上去就像 35 到 40 岁之间的人。

直到一年前，她才告诉我自从我认识她以来，她一直患有严重的抑郁症（"害怕的感觉""不断变化的思绪"）。她认为自从她离开锡拉丘兹，来到布朗克斯区后，就开始有这些感觉了，再加上她丈夫的出轨让她觉得自己"不断地在墙上爬上爬下"，这是她的原话。不过我也怀疑她在"嬉皮士"时期吸毒，也就是她 20 岁的时候，是不是也是因素之一。"我总是在寻找快乐，"她说，"但这让我很痛苦。"

在李奥纳多读大学期间，安妮在工作的那家收容所受伤后，她的抑郁症更为严重了。那家收容所的住户都是"精神受损伤的人"。她解释称，她的病人都是二十几岁的女性，"有一些大概 35 岁"，她们的感情与认知能力都停留在孩童时期。"有些人会叠床单，把镀银器皿与盘子摆放配套，都只会一些简单的任务。有些人则患有孤独症，其中一个人从来不说话，还有一个人总在重复我说的话。我觉得她们都是小女孩，我很爱她们。"

她会受伤，完全是因为另外一个员工的原因，安妮说这个员工没有接受过良好的培训，"我正好遇到她在掐我照顾的一个女孩"，那个病人"今年 23 岁，但是只有 7 岁孩子的智力水平，并且总想吃东西。她的胃口永远无法填满。当没有人注意到她的时候，她会把整个手都伸到花生黄油的罐子里，再把手拿出来后，直接用嘴舔，手指还会抓脸，总之会把花生黄油酱弄得到处都是……"

"有一天，她被当场抓获。当这位员工把罐子从她手中夺走的时候，她变得特别生气，并且打了员工一个嘴巴。这个员工便开始掐她脖子。

"我走进厨房，不得不用力拽开员工的双手，把她们俩拉开，当时我的病人已经被逼到了墙边。当员工终于松手的时候，我的病人跌倒了，我也摔倒了，而且还倒在了她下面。

"直到第二天，我才知道我的后腰疼，坐骨神经受伤了。我当时只觉得屁股上面特别疼。我的主管让我去看医生，但叮嘱我不要把这些事情告诉医生。

"你也知道我，大嘴巴一个。我去了医院，把这些都告诉了医生。"

这之后，安妮努力工作。"我开始看病人们的病例，之前从来没有人给我看过这些，而且这里的员工是不应该看这个的。我跟主管说：'再招收员工的时候应该留意这个人更多的信息和教育情况。'他说他会在开会的时候讨论这个问题的，但他担心的主要问题还是我会把这件事讲给别人听。"

"这里的一部分员工非常好。有一个人告诉我其他病人也会被打，我就把这个也告诉主管了，他问我：'这件事你跟别人讲过吗？'我说：'嗯，我告诉我的医生和牧师了。'我告诉他：'你不能这么对待智力低下的人。'"

他们不用解雇安妮，她自己不得不辞职，因为后腰实在太疼了。这之后很长时间，她都疼得无法入睡、打扫、爬进浴缸洗澡或者出门去商店，去圣安。但身体的疼痛"远不及把我整天困在公寓里所带来的压抑感"，她说她陷入了"最可怕的抑郁之中"。即使医生给她开的药能够一定程度上减轻疼痛，"但每天早上起床和出门都特别困难"。

最后，安妮接受了外科手术和集中的康复治疗，才摆脱了疼痛。吃了抗抑郁的药物，她才能出门。"自从我开始出门了，"她说，"我的精神又好了，再也不需要吃这些药了。"

我认识的那些患有抑郁症的人都会用很多方式来处理身患的疾病，有些人会像维姬那样，放任自流，与朋友们隔离开来。而对安妮来说，除了因为脊椎疼痛而不得不在家之外，其余时间她都在对抗抑郁症，她让自己沉浸于外界生活的艰辛与甜蜜，沉浸于马路上的变化，沉浸于孩子的学校，以及争取洁净空气的斗争，还有为了能够给她的棒球队举办派对而清扫毒品泛滥的马路。

为了战胜疾病，安妮总会在生活中寻找到兴奋点，她还鼓励李奥纳多葆有一颗童心，激励他满足自己的好奇心，还让很多小朋友来家里玩，即使是最为疼痛的那些日子，她也会坚持把食物送去 UPS 快递，这样李奥纳多就可以暂时不用去学校食堂吃饭了。

我最后一次见到她是在今年夏天，那天正好李奥纳多的一群大学同学到家里吃晚餐。安妮说："我今晚感觉好多了，如果我不这么弯腰的话，后背就不会疼。不过这里还是会阵痛，"——她用手比划着腰，"我这位老朋友疼痛先生说：'我又回来啦！'"她的沙发上一直贴着一个发热贴，但她不会长时间坐在上面。她不停地站起来去门口，或者去窗边看看李奥纳多和他的朋友们来没来。

不过这些年轻人还没到，我不得不离开了。之前我给李奥纳多打电话的时候，他说如果我还会经过的话，他想跟我聊聊。

我到那里的时候，安妮正好出门了。李奥纳多一直在自己的房间里准备他的单人剧剧本。他给我看了几句开头的台词，他说这"只是初稿"。他问我可不可以把我的笔给他，这可能是个玩笑，也可能是对我的一种奉承，我们交换了笔。

他现在还没找到多少俱乐部愿意让他经常演出，但他说他已经扩大了范围，不只可以演喜剧，而且他也想找一份表演工作，开始参加试镜，通过中介公司寻找机会等。李奥纳多起初讨厌"重复别人的台词"，不过他说这就是"自我……我喜欢表演，不管怎样都可以"。如果能找到角色实验的话，"不管是戏剧的角色还是严肃的角色"，他觉得自己都能够胜任，并且希望能有这个机会。

就在他筹备这些雄心壮志的计划，并且还努力发展与附近的个人剧俱乐部以及剧场的交情的时候，他还能够与一些小时候在布朗克斯区认识的朋友们一直保持着联系。有一个他一直很喜欢的小男孩，李奥纳多还在读幼儿园与小学一二年级的时候，那个男孩经常在圣安玩，他看起来像个小天使，实际上却完全不是。尽管牧师做出了很多努力去保护他，但他还是在八九岁的时候迷失在马路上的生活中，16 岁之前就触犯了法律。李奥纳多读大学的时候，男孩进进出出监狱许多次。

"他不在里克斯岛服刑的时候，"李奥纳多说，"他喜欢在我家住，因为他就没有一个像样的家。"这个男孩还小的时候，我就知道他妈妈住在圣安大街那里，但我不知道他妈妈遇到了什么问题，因为她的生活，还有她的儿子，总是给人很混乱的感觉。男孩上学的时候，很少穿戴得很干净，而且除非安妮或者其他邻居为他准备一顿饭，否则他几乎吃不到一顿像样的饭。"就算是现在，"李奥纳多说，"他也觉得我家更像是他自己的家。"

有时候，李奥纳多继续道，"我周末从学校回到家里的话，我会在周日晚上也带他回学校。他的人生没有目标，什么都不做。如果街上你周围的人都无所事事的话，你也很难有所作为……

"他有一次到我学校的时候，我让他在这里住了两个星期。他每天早上都叫我起床，跟我去上每一堂课。当然，我事先跟老师们打过招呼了。在一堂关于社会学的课上，他还会问老师问题。同学们好像也很喜欢他，也会向他提问。他回答得都很棒。他说他想一直在这里。'我喜欢这里'他这么跟我说。

"他看到自己的同龄人都背着书包去上课。课后，当看到这些学生们拿着书或者笔记本坐在草坪上的时候，他觉得很吃惊。'哇！'他说，'你们这里有树啊！你们还有草地啊！'就好像他之前没见过树一样——这就是整个的大背景。学生们玩飞盘，还有的学生在学习。这里是开放的空间。很多草，还有个池塘。大家看起来很轻松。

"重要的是，他会看到每个人都有地方去，他喜欢这样的场景。我觉得他有所改变，这之后很长时间内，他都没有再惹麻烦……

"他还是经常去我家。我大学同学也在场的话，有时候他会觉得自己应该走了。我告诉他：'不行，你是我的朋友，我们从小到大都在一起，我要是跟其他人一起玩的话，你也得加入。'"

李奥纳多起身去厨房给我们拿冷饮喝。我觉得我应该趁机聊点现实的事情，因为我觉得他跟我一样，都在考虑一个问题。就像他说的，想要走进单人剧世界真的很难，他也发现想真正表演更不容易。"以后的某一刻，如果你发现有些事不可能……"我还没说完，他就点了点头，告诉我说他已经跟妈妈聊过这些了。

他说如果他真的不能"闯进"娱乐圈的话，他会下定决心重返大学，拿一个"像发展性学习"的研究生学位，这样，他希望能以自己的理解深度加上权威学习水平，可以让他有可能找到"在政府或者其他地方，帮忙制定决策，以便影响孩子们生活"这样的工作。他说他与很多像上面那位朋友那样的年轻人有着密切的联系，这也是个自然进步的过程，可以"提升一个高度"，让自己找到机会，至少施展一下自己的能力来改变那些（人生没有价值、没有意义的）孩子们的条件。

以前，李奥纳多说尽管他在寄宿学校和大学都展示了足够的自信心，但他怀疑自己的思维中会存在一种"障碍，像'一面墙'一样"，"不是经济问题，而是其他原因"阻隔了他更高的学术目标和抱负。"不管那是什么，那面墙已经不见了。只要我愿意，我就可以做到。"

针对这些话，我问他这些年来的愿望是不是与精神病学有关。

"是的，"他说，"我一直没有忘记。"

自从李奥纳多告诉我他在大学开始实习后，我总会想起他让人温暖、乐于助人的性格和让人轻松的举止，再加上他的同情心与随和的喜剧感，他一定会走进任何精神病治疗机构中最黑暗的病房，将一缕笑容带给那些最沮丧的病人。我还觉得他有着一位优秀临床医生所必备的敏锐眼神和迅速的直观智慧。但我不会继续说这些了，因为这样会将话题扯得太远，就讲到这里吧。

李奥纳多以后也会看到我写的这些文字。他现在足够成熟、睿智，如果他认为我写的这些超出了两位成人的友情界限，他会让我"走开"，不过我确定他一定会使用一些温和的措词，因为我们现在已经站在平等的立场上相处了。他已不再是以前那个领着我在南布朗克斯街区溜达，然后会吃上一大袋饼干的小男孩了。那个曾经可爱的小男孩，已经成长为强壮、体面的年轻人。他会为自己做主，为未来做打算，在正确的时间做正确的事。就像我曾经遇到过的其他孩子那样，李奥纳多现在已经不再是小孩子了，我不得不一次又一次提醒自己记住这个。

8 长大成人（小菠萝之一）

1

我到第六十五小学走进教室的那天，小菠萝还在读幼稚园。她只有 6 岁，不过却是个专横的小孩，眼睛上方垂着仔细编好的、珠状的玉米须小辫子。她总是从右向左写字母，她的老师让我帮助她改为从左向右写字。

不过当我弯下腰透过她的肩膀处看她写字的时候，她转过身来极为不满意地看着我说："你站错方向了。"她让我站在她另外一只肩膀的后面。当我站在她左肩膀后面的时候，她看起来很高兴，好像事情就应该这样。

我们很快就熟识了，因为小菠萝每天放学后都会到圣安参加课外活动。我有时候会在第六十五小学看到她，下午她来圣安的时候会向我挥挥手，她和同学们会冲向教堂的地下室吃些甜点，再到楼上来上辅导课。

随着年龄的增长，小菠萝权威的语气也越来越明显。等到她读 3 年级的时候，她对我社交生活的不满也表露无遗——她知道我一直没结婚，就想撮合我跟3 年级的漂亮老师高卢姆巴多小姐。又过了一年，小菠萝开始对我穿的西装品头论足了，因为我每次见她都穿一样的衣服。这是件黑色的西装，稍微偏正式一点，是我在哈佛广场买的，不过她觉得这件衣服有点寒酸，并且很直率地告诉我她不喜欢。

"乔纳森，"她有一次问我，"你就这一套西装吗？"

"不是，"我说，"我还有一套。"不过我告诉她另外一套跟现在穿的其实一样。

她伸出手来拨弄我衣服的翻领，就像我年轻的时候我妈妈拨弄的一样。我们面对面坐在金属椅子上，这样她清楚地看到了纽扣孔附近和袖口附近透过布料漏出来的白线头。

"乔纳森，"小菠萝两手交叉放在胸前，就好像一个成年人估量什么事情，然后说道，"我希望看到你打扮得很体面。"

接着，她又说："帮我个忙。下次你再去那边，去曼哈顿的时候"——她用"那边"指代一些较高档的地方——"去找间好商店，买一套像样的新西装。你答应我会这样做吧？"她跟我说这话的时候，丝毫不犹豫，也不担心是否合适。

"看看吧。"我回答。

一个月后，我去波士顿的一家服装店买了一套我觉得相当体面的西装。不过从小菠萝的角度来看，唯一的问题就是这又是一件黑色的西装，跟我穿的那件一样。

她坐下来又跟我谈了一次话。

"乔纳森，"她说，"我知道你有时候很伤心，你一进门我就能看出来。"她将手放到了我的手上。"但你真的不需要总穿黑色的衣服……"

小菠萝热爱生活。尽管她在居住的大楼和读书的学校里看过太多肮脏的场景，但她仍保持着活泼、鼓舞人心的性格。即便是她最严肃的抱怨听起来也是有趣的发脾气，而非自我怜惜。

不过她所在学校的问题倒是很严重。她所在的第六十五小学也是几年前阿瑞拉两个年长的儿子们去的学校，那里特别混乱，因为许多老师都不会在此长留。那里的老师，执教时间都不会超过半年，只能依靠一些无经验、无资质的老师。就在小菠萝就读的2年级，所有55名志愿老师中，28名老师之前从没上过课，而且第二年9月的时候，就有一半老师离职了。小菠萝读3年级和4年级的时候，她先后换过7位不同的老师。

她写过一篇小文章，描述那些教过她的老师。她说其中一个还不算是真正的老师，"只是名助教"——大概她还没取得教师资质，但在没有其他人指导的情况下就开始担任小菠萝她们班级的班主任。还有一位"喜欢我们的男老师"，她说名叫"骆驼先生"，但是"后来因为想赚钱，就去找了一份更好的工作……"小菠萝说第三位老师"有精神病"，而且经常使用粗言秽语责骂学生。"而且她一张嘴就露出一口大黄牙，就像动物似的。后来她被解雇了。"

学校的主要问题并非只有教育的不连贯性。教学楼的过度拥挤与学校基础设施的陈旧同样对孩子们造成伤害。有一天中午，我跟着小菠萝的班级一起吃午餐，学生们离开教室的时候是 12∶15。但因为食堂已经挤满了人，他们不得不坐在外面走廊的地板上，又等了 30 分钟才排队走到了黑暗又狭窄的楼梯井，旁边是金属栅栏，不过这时又一个班级的同学从对面走来，这下，楼梯底下一片混乱。一位学校官员开始向学生们吼叫，小菠萝用手指堵住了耳朵。

他们终于挪到了地下室的咖啡厅，不过又坐着等了 20 分钟，直到餐厅没那么多人了，他们才起身拿一些东西吃。大概下午 1∶30 的时候，他们吃完了饭，不过就在这时，一位妇女用扩音器喊话，让他们起立，收好自己的盘子。接着他们又在原地坐好，不知道出于什么原因，他们又等了一会儿才被允许走出食堂，到那个没有一点儿草而且水泥地已经裂缝的操场上跑跳。这之后他们本应该再排队回教室的，但火警响了，孩子们不得不一动不动地在原地等了大概 15 分钟。2 点的时候，他们终于回到了自己的教室，这距离他们走出教室的时候已经过去两个小时了。

放学前一个小时，我又去了另外一个班级，然后放学时我会等在校门口，这样就可以跟小菠萝一起走回圣安。当她放学出来的时候，她问我能不能在学校对面那个角落里的雨伞罩着的柜台前停一下，因为那儿有她最喜欢的一种食物（其实我也喜欢），这里的孩子都叫它"冰冰"，就是椰子味、奶油色的美味。只要吃上了这个，她在学校的所有不愉快都会烟消云散，然后跟我一路愉快地聊天。

小菠萝的家住在迪亚哥－比克曼区的一栋大楼里，这里比她的学校还糟糕。我去她家拜访的时候，她会在门口等着我，把我带到楼上去。小菠萝几乎从不坐电梯，而且电梯上全是子弹印，这全是因为大楼或者附近总会发生抢劫行为。小菠萝 8 岁时的一天晚上，直升机都来了，探照灯照亮了每一扇窗户。7 个男人从大楼里被扣上手铐带走了，他们被指控贩卖强效可卡因和海洛因。

小菠萝有两个姐妹（几年后，她的小弟弟也出生了）。大姐名叫劳拉，是个严肃的女孩。她冷静判断的沉着感指引着小菠萝。小菠萝的妹妹，因为特别瘦，再加上不停地到处快速移动，所以我叫她小蚊子。小菠萝 10 岁的时候，她 8 岁。

我认识小蚊子的时候，她就是爱扭来动去的，她也迅速成长为一个反应迅速、机智的小女孩，有时候，她尖锐的语言让她的老师们都吃惊。3 年级的时候，老师让全班写一篇关于科尔特斯①、麦哲伦或者迪索托②的文章。小蚊子先是将目标定为科尔特斯和迪索托，后来选择写科尔特斯，因为她告诉老师："迪索托偷走了印第安人的黄金，但是科尔特斯偷走的是我父母的灵魂。"我不知道她怎么分得清这些，但我很惊讶，小蚊子竟然这么了解迪索托或者科尔特斯，因为这个年龄段的孩子们的阅读课本上根本不可能出现类似"伟大的西班牙征服者"的字样。

小菠萝的父母亲来自危地马拉。她和劳拉喜欢跟我讲她们在危地马拉的亲戚的故事。她们还有一些亲戚也搬来纽约居住了。我在圣安教堂也认识了她们的几个表兄弟，而且我送小菠萝回家的时候还见到了她的妈妈伊莎贝拉。直到小菠萝读 5 年级时的 12 月的一个晚上，我才见到了她们的父亲、兄弟以及其他亲戚。

确切地说，那天是 1999 年 12 月 31 日，跟往常一样，小菠萝的父亲在这天都会举办一个派对，邀请亲属们参加，以此庆祝新年。小菠萝知道我那个时候会在纽约，而且她也一定把这件事告诉她爸爸了，她说她爸爸"特别欢迎"我参加他的派对。让我参加小菠萝家的派对真的很为难，因为我几乎不参加类似活动（小菠萝也知道我不爱社交），但她请求我好几次，最后我才答应。

因为那天晚上我还有事，所以我到小菠萝家的时候几乎是午夜了。那时候，小菠萝一直在窗前望着我，她见我来了，便下楼将我带进她居住的公寓。那间屋子里挤满了人，包括所有大人，还有至少 12 个小孩子。小菠萝说，这些都是她的表兄弟们。客厅里播放着我从没听过的危地马拉音乐，桌子上摆着危地马拉的食物。小菠萝的父亲维尔吉利奥，相当热情地招呼我，祝我新年快乐，他还将我带到厨房，从一个大玻璃碗里舀了一种用芒果汁和朗姆酒调配的相当烈性的危地马拉酒，之后领我去了另一间屋子，介绍我认识他的兄弟们和伊莎贝拉的姐姐。

他说他的英语是自学的，因此会不时地问我他使用的单词是否正确，如果用错的话，便请我帮他改正过来。他热情、豁达，高大又修长，梳着一头细发辫。我跟他和他哥哥一起聊天的时候，他会出于礼貌而使用英语交流。时不时地，他还会碰一下我的胳膊，让我感觉我没有被排除在外。

---

① 西班牙探险家，1519 年率领西班牙军队横扫墨西哥，建立西班牙殖民地。——编者注
② 西班牙探险家，第一位率队深入美洲大陆到达密西西比河的欧洲人。——编者注

劳拉、小蚊子还有他们的表姐妹玛德琳跟她们的妈妈躺在床上看电视，等着看零点时分纽约时代广场的彩球掉下来。玛德琳9岁的时候，我就已经辅导过她了。她们的母亲起身问候我。除了劳拉跟我挥了挥手之外，其他女孩子们就像用胶水粘在了屏幕前一样，直到球掉落下来，人们开始振臂欢呼的时候她们才看到我。

我们再回到客厅的时候，音乐已经被关闭了。大部分孩子都开始跳舞，不过是女孩子跟女孩子搭档（男孩子太害羞了）或者跟家长搭档。小菠萝问我会不会跳舞，我告诉他："不会！"因为我知道自己的舞姿特别难看。但她和玛德琳坚持让我试一试，于是她们拉着我的手，把我拽到了屋子中间。

两个小女孩让我轮流陪她们跳舞，接着是她们的姑姑，最后还有劳拉。趁着音乐暂停的时候，小菠萝对我说："你跳得很好！你看，学跳舞一点都不难……"不过我的衬衫已经湿透了，维尔吉利奥给我找了一件他的亚麻长袖开领衬衫，穿着也很舒服。他还让我再喝一杯，说这样便能凉快一些。

维尔吉利奥的哥哥名叫埃利赛奥，他正坐在厨房跟小菠萝的母亲聊天。伊莎贝拉发现我一直没吃东西，便准备了一盘子食物给我。我一边吃，埃利赛奥一边跟我讲他儿子的事情。他的儿子十来岁，我记得第一次在圣安见到他的时候，这个十来岁的小朋友对我非常友好。不过读中学的时候，他开始闯祸。高中的时候，他跟一些比他年纪大的男孩走得很近，他父亲担心那些孩子吸毒或者贩毒。因此，埃利赛奥最近将儿子送回了危地马拉，至少他认为儿子在那里很安全，其他亲戚也会帮忙照顾他。

那天晚上我临走之前，还跟小菠萝的妈妈聊了聊天。她还不会英语，只能靠小菠萝替她翻译或者复述。她告诉我现在她是午班和晚班的服务员，专门照顾那些患有艾滋病的儿童。她的老公目前在曼哈顿的一家餐馆的地下室洗盘子，不过小菠萝说，以前住在危地马拉的时候，爸爸在镇上开了一家餐厅。因为妈妈下班很晚，所以早上都是爸爸叫他们起床，准备早餐，然后整理好他们的书本和背包，检查作业带没带，最后送他们去上学。

小菠萝的父母都已经意识到第六十五小学存在严重的缺陷。小菠萝的妈妈告诉我，他们也会到学校去提出各种质疑，但这些都会被坐办公室的人无情地驳回，虽然他们每次去都想找校长反映问题，不过因为他们的英语不流畅，看不懂办公人员给他们的术语和首字母缩写的词组，他们每次都无功而返，那些让他们担忧的问题一直得不到解决。

这些都是我最后在厨房跟小菠萝的母亲聊天的时候得来的印象。不过更重要的是，每当我回想起那天晚上在小菠萝家度过的时光，我都会想起他们的能量、快乐以及大人们共同带给小菠萝的认可感。尽管居住的大楼和周围环境对他们都是个严峻考验，但小菠萝的爸爸妈妈在家中为孩子们创造了一个情感上安全又温暖的小屋，这或许让那些富有或者贫穷的孩子都羡慕不已。我希望这会是小菠萝日后追求摆在自己面前的那些机会的坚实基础。

小菠萝就读第六十五小学的日子也接近了尾声。春天的时候，圣安的牧师开始寻找机会为小菠萝赢取一个去纽约私立学校读书的机会，因为布朗克斯区的中学对于青少年的影响都是毁灭性的。

玛莎在帮助小菠萝申请学校之前，跟我长谈过一次。做这个决定，她也有些为难。我们两个人都希望为小菠萝选择公立学校而非像第六十五小学的让人意志败坏的学校或者本地其他的中学，而且我们都认为教育资源是美国民主的基本要素。虽然小菠萝前 6 年的教育缺失得很严重，但玛莎和我都不愿意看到小菠萝被政府指定的那些好学校拒之门外。

为了让圣安的项目获得更多的支持，玛莎与纽约市其他富足、更为进步的教堂保持着密切的联系。这些教堂中，有的还专门为有钱人家的孩子创办了私人学校。其中一所位于曼哈顿上西区的学校虽然知道小菠萝的能力水平远落后于同龄人，但出于种族原因和丰富班级民族的多样性的原因，还是愿意招收小菠萝去读书，并且可以为她提供一笔奖学金。

"这对小菠萝来说会很艰难，"在玛莎的强烈推荐下，我提前去拜访这所学校的时候，校长这么告诉我，"不过我们很喜欢这个小女孩，如果她愿意的话，我们会录取她的。"我将这个消息告诉小菠萝和她父母，因为他们都知道当地中学的情况，所以他们说非常愿意去那里读书。我记得后来是玛莎帮着小菠萝填写了各种申请表。

经过小菠萝的同意，学校决定让她留一级，因为她比其他学校 6 年级学生的学习水平落后很多，结果后来发现，她比大多数 5 年级学生的水平也低一些。当时就读第六十五小学时候，那些临时老师的不停轮换对小菠萝的读写能力造成了巨大伤害，虽然现在就读的学校能够为她提供六十五小学从未有过的单独辅导，但这种伤害也很难弥补。

从这方面考虑，小菠萝的情况与当时李奥纳多就读寄宿学校的情况完全不同。对李奥纳多来说，他的过渡很简单。但对小菠萝来说，从这一刻起，她面临的一切事物都越来越难。

不过在小菠萝入学后第一个冬天，她的校长和老师们就在寄给我的信件和报告中提到，小菠萝现在面临的难题远不止写作能力和阅读理解的困难。小菠萝来学校之前从来没有接受过这里的学生早就掌握的一系列学习技能的教育，而这种教育在声誉好的小学早就开始推广。

学校里的许多学生在读幼儿园的时候就接受过这种训练，还有一些学生接受过大概三年的学前教育，学习某一项发展项目，这些对上层社会的纽约人来说就好比"宝贝常青藤计划"。所以，从这一方面来看，小菠萝从一开始就远落后于周围的同学。

她的科学老师告诉我说，虽然他在课堂出勤和实验课方面给了小菠萝满分，但她这门课秋季的分数还是"未完成"，因为她不仅没有参加补考，而且还错过了评分阶段的另一项比较重要的测试。不过，老师补充说，她的口语表达相当不错，老实说，他也相信在下一个学期，小菠萝会进步得更快。小菠萝在第一学期的数学和英语成绩也不及格，但这两门课的老师们都说等到明年春季学期结束的时候，他们相信小菠萝的这两门课一定都会及格。

不过她的社会学习科老师比较苛刻，而且也不那么乐观。12 月的时候，我看到她写的一份严肃的报告，让我觉得这位老师是一个格外死板的人，她好像从来不愿意为了班级的孩子们修改那些早已过期的教案来适应社会变化。在这位老师写的另一份更为烦人的报告中，她写道："小菠萝本来完全能够站在中世纪贵族妇女的立场上写出一篇日志文章，"这也是她布置的作业，"但小菠萝尝试了一两次，就彻底放弃了。"我突然想到如果小菠萝可以从侍奉的仆人的角度，而非贵妇的角度写文章的话，她一定会对这份作业更感兴趣，因为从自己母亲或者其他住在布朗克斯区的妇女的角度写这篇文章对她更有意义，或许还能写出一篇观点深刻的文章，也会让人觉得非常有意思。

不过，校长说："在社交方面，小菠萝特别可爱，尤其受到师弟师妹们的喜爱。我喜欢她，大多数老师也很喜欢她。"春天到来的时候，校长建议说在夏季的时候请一位教职人员帮助辅导小菠萝的话就再好不过了，并且问我能不能成全此事。

这位辅导老师在8月初的时候告诉我说，小菠萝非常用功，并且已经补齐了一年的科学课程，在其他科目方面，她的记笔记能力也有了很大提高。（"因为拼写原因，记笔记对小菠萝来说特别难。好像在读小学的时候，从来没有人指导过小菠萝如何使用标点。我们在这方面也做了补习……"）

8月9日："上星期非常好。我们一起学句法学，还学写句子。她正在学习如何断句，如何正确加标点。但是只有一个问题：她有时候不愿意完成造句或者填词作业。而且如果单词排列很相似的话，她经常会认错，比如会把 confidence（信心）认成 conference（会议）。接下来的几节课，我们得在这方面多下功夫……"

8月30日："我觉得她进步很大。她很愿意跟我合作，有时候当她遇到一个从没见过的单词但成功解读后，她自己都会觉得很惊奇。总之，我觉得很有正能量。"

这一年和第二年，小菠萝还在逐渐进步。"还是很困难，"在小菠萝入读这个学校的第三年的冬天，她告诉我，"但我的老师们都说我做得越来越好。"虽然她在接下来的一年里需要更加努力——有时候因为8年级的课程越来越复杂，小菠萝的进步似乎停止不前——但她仍在慢慢地前进，已经越来越接近年级水平了。

她觉得学校里的同学只有一个问题可抱怨，班级里那些家庭条件好的女孩子们"总会抱成一团，就好像她们比其他人强似的"，但她又补充说也会有同学"对我很好"。那一年的春天，小菠萝的一位同学邀请她去家里位于郊区的别墅参加生日聚会。当小菠萝与另外两名女生在曼哈顿被一辆直升机接走的时候，她真的惊呆了。

"哇！"她说，"我从来没见过那么大的房子。"不过她说她很喜欢那场派对，而且那位同学的父母还给在场的每个女孩子送了一份礼物。

遗憾的是，小菠萝就读的这所学校没有高中部了，小菠萝只能在这里读到 8 年级。这时候，圣安的牧师又开始联络她熟悉的私人学校，这样小菠萝之前的努力才不会白费，而且如果她继续努力的话，以后她就会意识到日后的目标，那就是上大学——其实这个目标对于跟她同窗四年的同学们来说只是很普通的一个期望罢了。

这一次，又多亏了玛莎的天赋，她帮助小菠萝寻找那些声称要发扬包容性的学校。凑巧的是，一所位于罗德岛的学校愿意接受小菠萝，因为一群慈善家以前到圣安做志愿活动的时候认识了小菠萝。这所优秀的学校热情地接纳了小菠萝，并为小菠萝提供了全额奖学金以便支付她的学费。一座隶属于学校的圣公会教堂愿意提供资金帮助小菠萝支付其余的费用。

小菠萝知道她会非常想念爸爸妈妈、姐妹还有当时已经 3 岁的小弟弟，但在拜访过这所学校的几位老师并亲眼见过漂亮的校园后，她变得很激动。学校真的很漂亮，离普罗维登斯不远。虽然这所学校在学术方面比较严格，但与小菠萝在纽约就读的学校相比，内部竞争的压力小很多。学校的人口也更为多样性，小菠萝说："大多数是白人，也有很多亚洲人、黑人、拉美人以及混血。"

小菠萝于 2004 年入学，并且从一开始就融入了新生活。她同班的那些白人女孩，有的很有钱，但却不像以前纽约的学校里的女孩子那样有着高高在上的感觉，小菠萝说："她们也不会组成小圈子。这个学校真的与众不同。每个人都特别友好，就好像——你知道吗？——我们接纳了彼此。"

小菠萝说她确实很想念家人，之前她也预料到会这样。"我从来没离家这么远过，"她在那年冬天的时候这么告诉我，"所以我不得不学习去适应这样的生活。"虽然她的成绩"你也知道，不太好"，但她也骄傲地告诉我她所有科目都及格了，而且第二个学期学得更出色。

这所学校最为特别的优点之一便是对学生在新学期或者学习某一门新课遇到的困难以最快时间做出回应。所以，当小菠萝遇到困难的时候，她的老师们会及时帮助她，以免小菠萝的成绩太差而打击到自信。"他们会说：'你进来，我来帮助你。'我就去了，他们会马上坐下来告诉你哪里是错误的，就好像他们知道怎么帮你'扫除障碍'。而且他们会一直握着你的手，直到你找到正确的方向。然后，我就可以继续前进了……"

第二年的时候，小菠萝的阅读理解能力像"坐了火箭一样一飞冲天"——这是她英语老师的原话，但是随着需要阅读材料数量的增加，这位老师说小菠萝能够按时完成作业实属不易。这个时候，小菠萝已经深深依恋她的老师们了，她能够说出很多她"非常喜欢"的老师们。这些老师只有一位不是女老师。其中一位老师"非常年轻，而且住在学校里。她帮着我修改作文，但她从来不提醒我什么时候该交作业，她让我自己提醒自己。如果我忘了，她说就会让我不及格。"

"我昨晚跟她聊天，不过不是学习的事情。她跟以前完全不一样，对我不那么严厉，就像大姐姐一样。"

学习方面，第二年真的是小菠萝突破自己的一年。尽管这一年里她还是在努力提高写作水平，前所未有地在每天晚上阅读更多的书，还是会错过交作业的截止日期，但对于能否达到学校毕业要求这个问题，她已经不再有任何疑问。"就在那一年，"小菠萝之后回忆说，"我确信我能够学好，我要上大学！"

就在这个时间，小菠萝的姐姐劳拉就读于纽约市的学校，跟维姬的女儿莉赛特一样，她被诱惑去读了那些宣称能够"找到医疗方面的职业"的学校。

当学校里的一位老师告诉我劳拉有多爱学习的时候，我才放下心来。这位老师联系我说他相信他能够找时间额外辅导劳拉，以此弥补学校方面的不足。关于这一点，他说自己太诚实了，实在找不到什么词来美化这所不堪的学校。劳拉也因此得以摆脱类似小菠萝之前就读的六十五小学那样的临时老师流动带来的混乱。她的基本学习技能非常好，在这位老师的帮助下，她以值得称赞的成绩结束了初中学习。

读高中的时候，一位极富同情心的老师注意到了劳拉，并认为劳拉是位潜在的大学生。劳拉日后告诉我这段时光对她极为重要，她直率地说她就读的学校"并不是个好学校"。这所新建的"专科学校"通过广告大力宣传但却不成功，学校针对的是非白人儿童，直到现在还使用那些毫无说服力的术语宣称已经找到了打破学校衰退的"模式"，并且会"彻底改变"，这也是市区学校里的领导者或多或少都会使用的字眼。

如果真有什么人能改变这所学校，那也不是一个正确的改变方向。"开始的时候，"劳拉告诉我，"9年级里一共有60名学生，最后只有20人毕业了，但只有10个人真正具有毕业资格。"

劳拉一直考虑去纽约读大学，但是到春天的时候，她告诉我她决定去罗德岛读大学，这样就可以跟妹妹近一点。这个时候，小菠萝一个人在罗德岛已经学习两年了。最后，姐妹俩终于在一起了。

大学为劳拉提供了经济资助计划，而且教堂里那些曾经帮助小菠萝度过经济难关的人这次也同样愿意帮助劳拉。不过，劳拉也需要额外参加一定量的工作来满足她的个人消费。劳拉与小菠萝夏天的时候都需要打工，两个女孩都不肯休息。她们都很享受靠自己赚钱的经济独立感。

劳拉大一快结束的时候，也就是小菠萝在寄宿高中高三快毕业的时候，小菠萝打电话来告诉我一个让人吃惊又兴奋的消息。

"你猜猜我想说什么？"她说，"我爸爸妈妈都要搬到罗德岛居住啦！"小菠萝解释说她的爸爸妈妈去罗德岛看望过她几次，再加上现在劳拉也在罗德岛了，他们就决定离开纽约，在小菠萝就读的高中附近找一个能付得起房租的房子住下来。"乔纳森！他们真的要这么做了！"小菠萝说。

时间过得很快。一个月后，劳拉给我写了一封信，告诉我他们已经找到了住处，教堂里的人还帮助她妈妈"找了一份工作"，她爸爸自己也找到了工作。

伊莎贝拉在当地的一家敬老院工作，负责照顾那里的老年人。维尔吉利奥则在普罗维登斯最好的一家酒店找到了工作。虽然在纽约的时候，他在危地马拉的经历得不到认可，但在这里却派上了用场。根据我的理解，他的工作就是酒店厨房里的助理厨师。

小菠萝的父母居住的小房子在河边，他们的后院直接对着一个人行马路，旁边是自行车道，另一侧则是架在流向海洋的河道上的人行天桥。小蚊子也去小菠萝的学校读书了。他们的小弟弟米格尔大一点的时候，也去了这所学校。

让人高兴的是，罗德岛和纽约的距离并不算远，这样家里的亲戚也可以定期去罗德岛探望小菠萝一家。他们通常会乘坐埃利塞奥的面包车去，因为只有埃利塞奥买得起车。有时候，他也会让小菠萝的爸爸开一会儿车，因为维尔吉利奥来到纽约后不久就取得了驾照。因此，孩子们与他们在纽约的亲戚们依旧保持着浓厚的亲情。

小菠萝在高中的最后一年搬回来跟父母一起住。虽然学校的老师为了让小菠萝能够跟上班里其他同学的进度付出了很多，但小菠萝自己仍然需要特别用功。

不过她的老师们都相信小菠萝一定能够完成学业顺利毕业。虽然她春季学期的平均分不太理想，但是她的五门功课中有两门获得了优秀成绩，其余三门中，两门是 C，一门是 B⁻。

小菠萝毕业那天很快乐。她住在纽约的亲戚组成了一个相当可观的代表团，驱车前来观看小菠萝走上舞台，领取她的毕业证书。之后，她的父母在后院为小菠萝举办了一场派对，其实只要他们的孩子们每取得一次成就，他们就会这样做。她爸爸说，小菠萝是继劳拉之后第二个高中毕业的人。

三个月后，小菠萝就会去读大学。

小菠萝跟着班级的其他同学去参观校园了。其实她这么做完全是为了不错过一些可能出现的机会，因为她选择的学校正是劳拉两年前就读的大学。她早就与劳拉的同学成了朋友。更重要的是，当她需要找人倾诉的时候，劳拉就在那里。

不过姐妹二人对于专业的选择则大不相同。劳拉大一的时候选择就读教育专业，但后来转为"英语文学与写作"，她说："我太高兴了，因为我能读到我真心喜欢的内容，否则我都没有时间去读。"小菠萝则选择了社会学专业，直到毕业，她都没有改变过方向。

我觉得她第一年的经历会比自己预想的困难得多。她有两门功课不及格，其中一门便是科学课，因为她说自己当初选课的时候，完全没有意识到这门课"对我来说太难了"，而且上这门课之前，她应该先修完另外一门，"生物科学……我没有做到及时的过渡"。

不过，她一点不会觉得有窒息或者意志消沉的感觉。她的来信或者电话总是特别乐观，会讲一些有趣的小故事，或者关于学生会里不同种族团体动态关系的有趣见解。春天的时候，小菠萝选了一门城市学的课程，她告诉我，其他同学，基本上是那些白人同学，在讨论种族问题的时候总是会尊重她的意见——"说实话，这让我有点不舒服"。

"每一次当全班讨论到内城区的时候，你知道，讨论住在那里的孩子们，或者他们的家长会遇到的麻烦，他们该去哪个学校读书，还有人们觉得这些人做了坏事的时候，好像班级里所有的白人同学都会转过头来看着我，然后才会回答问题，感觉就像是他们在征求我的意见，看看我同不同意。我说：'说吧，朋友！大胆地说！如果你说错了，我会直说的。'"

我很高兴，虽然小菠萝在预科学校读书的时候经历了许多困难，但她坦率、奔放的个性却没有改变太多。我记得她读高中的时候，那股自信劲儿消失了一些，但现在，她可爱的率真，又添加了不少谨慎与成熟，再次活跃了起来。

不过，我知道小菠萝依旧会有不安全感。又过了一年，我收到了一直帮助小菠萝和她姐妹们的一位女性写来的一封信，信中写道："勇敢的外表，柔弱的心。"她指的是小菠萝读大学二年级的时候，女孩们显示出来的坚韧精神。那一年，她们父母遇到了一个难题，这让女孩们不得不振作起来，培养自己前所未有的自立感（下文我会描述他们的这个难题）。

尽管小菠萝看上去大大咧咧的，但她曾向我坦白过，在这样的外表之下去隐藏着一颗学习时代就表现出来的"柔弱的心"、性格当中与生俱来的柔软、容易被伤害到的敏感，以及她不愿意展现在众人面前的脆弱。因此，她能够默默地理解全家人对于罗德岛上所有帮助过他们的人们的最大感激与支持。

9 春风得意（小菠萝之二）

❶

2009 年 5 月 9 日，我正在华盛顿国际机场等飞机去往波士顿。

手机短信息声音响起："生日快乐，乔纳森！希望你在离家千里之外不会感到孤单。很想念你。10 天后大学就开学了，到时候聊。抱抱，小菠萝。"

两周后，我收到小菠萝的邮件。"嗨，乔纳森！回到大学啦！我这学期要上《人类学》（非西方世界），我们还研究尼日利亚及其不同的文化，还上了《心理学导读》，我学到了我们的大脑和行为是如何工作的。我还上了一门舞蹈课，我提到这门课是因为我每天都需要锻炼一会儿。我还上了歌唱课来锻炼嗓门。当然我还得上英语课和写作课，你也知道，这一直都是我的弱项。

"还得谢谢你和助理送我一台笔记本。现在，我可以根据自己的时间安排来写论文了，再也不用借用图书馆的电脑了，那里很早就关门了……"

9 月 30 日："嗨，乔纳森！我听说你下个月要来罗德岛做一场讲座。到时候我们能一起吃个午饭吗？"

10 月 20 日：我在前一天晚上入住的酒店大堂见到了劳拉和小菠萝。普罗维登斯的东道主安排我住在一个陈旧但又昂贵的旅馆中。她们坐在登记前台附近的沙发上，打量着桌子上大束的鲜花和悬挂在屋顶的壮观的大吊灯。

酒店正好有间餐厅，稍微偏正式的风格，黑色的木板和深色的皮质座椅。餐厅人不是很多，服务员带我们去一个半专用的小格子间，这里可以看到庭院。我本来还担心这里精致的环境会让她们不自在，毕竟她们的经济状况肯定不允许她们接触奢侈品，但看来这个担心是多余的了。她们看上去很惬意，很舒服，在我打开菜单之前，她们就开始讨论要点什么菜吃了。

她们点了鲜虾扇贝意式扁面。服务员问她们想喝点什么，她们要了份加了青柠的西番莲芒果汁。我觉得这个饮料听起来就特别甜，但劳拉极力推荐，我也点了一份。

她们问我喜不喜欢喝。

"挺好的，我是第一次喝。"我说。

"尝试新鲜事物对你有好处的。"小菠萝说。

吃午餐的时候，她注意到我经常插着签字笔的衬衫口袋因为笔盖没盖紧，已经被墨水染黑了一块。她整个人靠过来趴在桌子上，这样就能用手触摸到那块墨迹。"这个很难洗掉了，你以后得当心一些。"

我们吃完了午餐，又在那里聊了一个小时。她们也是等到这一天才告诉我一直压在她们心头的烦恼事。小菠萝说移民服务中心不知道出于什么原因，拒绝了她爸爸更新绿卡的申请。如果一直被拒的话，他作为合法移民的身份就会被中止。现在，普罗维登斯的一位律师正在帮助他提出申请。

这期间，他就不能继续在酒店的餐厅工作了，因为继续雇佣他就属于违法行为了。为了缓解家里出现的这些困难，小菠萝的妈妈就辞去了照顾老人这份喜欢的工作，不得不去一家连锁酒店做保洁。

"她很痛苦，"劳拉说，"每天都跪在地上刷地板，还经常加班。"她解释说虽然妈妈今年才42岁，但她患有早期关节炎，所以这项工作特别折磨她。"她握拳头都费劲，但酒店规定不允许用拖布拖地。保洁员必须跪在地上用一块布去擦卫生间的瓷砖。"她说因为妈妈担忧爸爸的情况，最近开始胃疼和头疼了。

两个女孩子说她们现在都在为爸爸妈妈祈祷。她们虽然都信仰上帝，但她们解释说各自信仰的方式有所不同。劳拉说她认为自己是天主教徒，但她补充说自己不会特别依恋"某个特殊的教堂"，而且经常跟着大学里的朋友们去"不同的教堂"。她说目前还没找到"适合我信仰，让我有归属感"的那个教堂。

小菠萝则从来不去教堂。她说她做祷告，但不相信上帝，认为是"某种力量，善良的，保护着你又监视着你"。不过她说自己每次说起上帝，"我总会说是'他'，因为我总觉得是我爸爸或者爷爷"。

下午3点的时候，她们必须离开了，因为小菠萝在4点钟的时候有个研讨会。劳拉认为为了保证小菠萝上课不迟到，她们应该打车回去。门童走出酒店，并且吹口哨示意出租车过来。我还没反应过来的时候，劳拉就递给门童小费了。"谢谢你请我们吃饭。"小菠萝说。她们是那样的泰然自若、彬彬有礼。之后，姐妹俩便上了出租车返回学校。

正如我所预期的那样，维尔吉利奥的律师的上诉申请没有成功。感恩节前，小菠萝告诉我她爸爸再过一个星期就得返回危地马拉了。她们的妈妈会留在这里，这样米格尔和小蚊子就不至于无家可归。小菠萝跟劳拉则跟以往一样，住在学校宿舍。姐妹俩的学费、寄宿费和其他大学相关费用仍旧由经济资助计划和其他来自教堂的人帮忙解决。她们还得继续打工赚钱，有时候，她们也会用自己赚来的钱补贴家用。

如果她们的妈妈希望以后跟随爸爸回到危地马拉的话，姐妹俩说在得到父母亲的许可之后，劳拉和小菠萝可以成为弟弟的合法监护人，这样他就可以继续留在罗德岛读书。劳拉当时已经大四了，第二年春天就毕业。她本来想继续读书，取得一个研究生的学位，以后做一名教师。"但如果行不通的话，"她说，"我就推迟一年或者两年再读，这样就可以全职工作"，赚到足够的钱，保证其他家庭成员的生活能够维持下去。

维尔吉利奥回到危地马拉之后，小菠萝说他几乎每天晚上都会跟他们或者妈妈通电话。即使远在千里之外，维尔吉利奥对家人慈爱的保护感也能够跨越万水千山的距离，让他们觉得温暖。但小菠萝说，罗德岛的一些邻居则对父亲颇有指责。他们不相信维尔吉利奥的绿卡会被无缘无故地注销，有人谴责维尔吉利奥没有提前采取措施阻止这件事情的发生，认为爸爸被注销了绿卡就是忽视家庭的标志。

小菠萝和劳拉激烈地为自己的父亲辩护。劳拉观察到，许多有知识的白人总会非常同情黑人母亲和拉美的孩子们，但会通过老套的视角来观察父亲，总认为这样家庭的父亲都缺乏责任感。劳拉说她几年前读到的一本书中就认为白人的这种想法"有深刻的历史根源"。

2010 年 2 月 21 日：小蚊子已经读高三了，明年 5 月毕业，劳拉也在那一周大学毕业。小蚊子给我发来一封电子邮件，告诉我她计划去深造的大学。康涅狄格州的一所私立大学为小蚊子提供了 4 万美金的经济资助计划，这所大学我了解甚少，只知道它有一个运动项目特别有名，这还是一个朋友告诉我的，关于学术方面，我不太了解。

我回复道："我知道自己没有权利干涉你的决定。"但我说鉴于小蚊子优异的成绩，在做这个决定之前，着实应该慎重考虑一下。

第二天，小蚊子就回复我了："你完全有权利干涉，但我想去这个学校。他们有一个研究刑事司法的院系，听说很好，我想研究这个方向。另外，如果在荣誉课程①里做研究的话，就可以在辅导时间跟着老师一起工作。我特别喜欢这个，因为这个研究完全不带个人色彩。我觉得这个学校很适合我的理想，我也去过那里了，很喜欢那里。"

很好，我想，她知道自己想要什么。她说她一点都不介意我的干涉。"我知道，"她说，"你只是希望你的想法对我来说是最好的……"

4月初的时候，小菠萝给我写了一封信："嗨嗨嗨，乔纳森！！我没忘记你，我只是最近压力有点大，因为这学期的课程更难了。社会学208，数学139，而且与其他同学在一起学习会让我觉得更有条理。英语100，还有希腊、罗马和欧洲其他地区大概中世纪时期的历史等都考得还可以，但我希望能更好一些。"

她告诉我劳拉的毕业典礼在下个月，"5月22日。"她说。

一个月以后，她再次提醒我劳拉的毕业典礼要到了。"我们下午的时候会一起户外烧烤，2点开始，希望你能来。抱抱，小菠萝。"

毕业典礼的那天早上，我必须留在波士顿，所以我直接驾车去小菠萝的家，等我到的时候，下午的派对已经接近尾声。只有十来个人参加了这个派对，他们是小菠萝住在纽约的亲戚，跟着他叔叔前一天晚上赶到，还有几个劳拉的好朋友，他们都在厨房帮劳拉的妈妈做事。

让我很惊奇的是（小菠萝故意没有事先告诉我）维尔吉利奥也在场。我走上车道的时候，他正在后院搭烧烤架。我们拥抱了一下，他也给了我一个意味深长的微笑，就好像自己是个魔法师，用才智战胜了一切阻止他与孩子们相见的力量。他脱下了穿在身上的白色长围裙，我们坐在院子角落里的桌边，他向我解释

---

① 荣誉课程是美国特有的区别于标准课程的一种课程形式，相对于普通课程，荣誉课程程度更深，学习节奏更快，强调学生的主动参与和独立思考。——编者注

自己是如何在没有任何文件的情况下穿越了边境来到这里。

他从离诺加莱斯不远处的墨西哥边境进入亚利桑那州，不过走的并不是合法的过境处，而是另外一个人们会趁着夜色偷偷潜入的地点。之后，他搭巴士前往圣地亚哥，随后利用自己的美国驾照登上了去往纽约的飞机，接着，租了一辆车来到罗德岛，这样就可以赶在其他亲戚之前到这里。尽管之前罗德岛上的很多人都认为维尔吉利奥是自己想离开这里，并暗示他没有尽到父亲应尽的责任，但他这次为了参加女儿的毕业典礼，做好了被拘留的准备。考虑到亚利桑那州边境的治安气氛，他这次行动真的危险至极。

他说他会住在这里，直到查找出伊莎贝拉头疼和关节炎日益严重的原因，然后看看伊莎贝拉是否下定决心跟自己回危地马拉，不过现在这件事还没有定论。他不是很担心女孩子们，因为他知道就算父母亲不在身边，她们也有能力生活得很好，至少，她们有彼此可以依赖。他担心的是自己的小儿子。

尽管维尔吉利奥不想中断米格尔在罗德岛的学习，但他认为一个仅有 10 岁的小男孩不可能离开自己的母亲而生活。至于劳拉和小菠萝提出的希望将米格尔留在这里并担当其监护人的想法，维尔吉利奥一字一顿地说他觉得两个女孩子无法承担起这么多的责任。尽管她们看起来都很成熟，尤其是劳拉，是个极为有见识的姐姐，他说他不相信她们可以承担起父母亲应当尽到的责任，况且将这么多的压力留给两个孩子，对她们也不公平。

维尔吉利奥说得越多，我越能感觉到他对于这些自己无能为力的问题已经做出了认真、深刻的思考，但这只能让他更伤心。他伸出手来紧紧握着我的胳膊——他的手极为有力量——当他说起米格尔的时候，我看见他眼里竟然闪烁着泪光。我觉得他希望我能给他一些意见，但我真的不能，因为我之前从来没遇到过这样的情形。我顿时为美国将一位父亲逼到这样的境地、为那些死板的条例而感到羞愧，这孩子出生在我们国家，是我们国家的公民，但我们竟然宣布他的父亲是违法入境的。

小菠萝来到了走廊。她看到父亲开始烧烤了，便穿过院子，坐在我旁边。我问她能不能跟我出去聊会儿天，等到其他客人，主要是劳拉的朋友到来的时候我们再回来。

"我想散步,"她说,"你行吗?"

我说我也想散步。

就像我之前描述的,花园旁边便有一条自行车道。我们便沿着这条路往前走,不久便来到了架在一片广阔水域之上的木头桥。桥上有很多家庭在一起钓鱼,还有年轻人踩着单车路过。上了年纪的人则跟着孩子或者孙子溜达。

"如果我们再往前走一点的话,就会看到一个卖柠檬水的地方。你想喝吗?"

"你呢?"

"想喝。"她说。

我问她那里有没有卖以前在南布朗克斯放学后我们一起去买的"冰冰"。

"不太一样,"她回答,"它更像是冰冻柠檬。"

"那你在这里能买到那种冰冰吗?"

"椰子味冰冰吗?"

"对啊。"我说。

"基本找不到。确实有卖的,但不在这附近。别的地方才有卖……"

我马上就发现,那个卖柠檬水和柠檬冰的商店其实离小菠萝家很远。我问小菠萝我们能不能在路边的长椅上坐着休息一会儿。

"乔纳森,如果你想回去的话,我们随时都可以走。我不想让你太热了。"

我告诉她,放心,我没事。

早在4月的时候,小菠萝就曾告诉我因为这学期的课程更难了,她感觉压力很大。我们坐在树下休息的时候,我问她能不能再跟我说说这个问题。

既然我说到了这个话题,小菠萝说,事实上,这跟学业的难度关系并不大。"问题是我还没找到头绪,你知道吗?我不知道该怎么做。"她给我举了一个发生在学期之初的例子,虽然比较尴尬,但我很高兴地看到她跟我讲这件事的时候,还带着一定的幽默感。

"这学期第一天上课,我走进教室,坐了大概15分钟后,我开始打量周围的同学。我对自己说:'这些学生怎么进错教室了。前面明明是我的教授,但课程不对。'"

"那教授说什么了?"

"他什么都没说。"

最后，小菠萝说："我起身拿着书本朝大门走去。老师看到我要离开了，朝我微笑。他知道我上错了课。

"我说：'哎呀，老师对了，但是班级错了！'

"他觉得这很有趣，我第一学期就犯过这样的错误，而且是同一位老师！"

"你觉得尴尬吗？"

"不！"她说。"我跟自己说：'这里一定会想到解决办法的。'"——她指了指自己的额头——"'这里会指导你该去哪里，什么时候该去哪里。'"

我们继续往前走，去商店买柠檬冰，里面有青柠，还有果肉，凉爽又好喝。我们往家里走的时候，她跟我说了一些家里的事情。她说她妈妈已经下定决心了。"她已经计划好了，6月末就会回危地马拉"。

"米格尔跟她一起回去吗？"

"是的。"她说。

我跟她说她爸爸说这件事还没定下来，但小菠萝说："我妈妈已经决定了，她想把弟弟带走。"

根据她和姐姐的计划，"我们会从这里搬走，找一个房租较便宜的地方住下来，或许会离我的大学近一点"。她们姐妹三人暑期都会打工，不过小菠萝和劳拉已经打工很久了，这样可以贴补一下各方面的费用，交租房保证金，再看看新家还有什么费用。"这对我们来说很重要，我们需要一家人在一起。当我们有某个意愿的话……我们之前总会发现这个意愿，我们这样已经很久了。"

我跟小菠萝说这样会不会让她从学业中分心，但她不关心这个。"这么多年来，我都这么努力。除非我病倒了或者死了，不然我不会停下来。"

我们回去的路上又坐下来休息了一会儿，大概在离家400米的地方，坐在树下休息，还看到一艘货船慢慢驶入大海。这样的环境如此愉悦，尽管小菠萝的消息不算太好，但她看上去非常平静、宁静、快乐。我问她当她在纽约居住的时候会不会有同样的平静感。

"说实话吗？有时候会有，"她说，"不过不是在第六十五小学。当我跟朋友们在一起的时候，或者在家的时候，或者在圣安的时候才会感到平静。大多数时间我都很快乐。我会想起来很多事情。"

"我唯一害怕的事情就是发生枪击，或者类似的事件，危险的事件。我没告诉过你小蚊子以前被枪伤害过一次吧。这件事就发生在我们家后院。"

"我不知道这件事。"

"是啊，"她说，"不过不是真实的子弹，是一个空气枪。他们打中了她的眼睛，那里现在还有个伤疤。"

"你知道是谁干的吗？"

"我就知道是个男孩。"

"他是故意的还是纯属偶然？"

"大概是偶然事件吧。她刚放学回来，马上就进门了。你记得我们之前住的地方吧？"

"是的，我记得。"

"我不知道那些男孩儿的名字，也不知道他们是谁。他们就坐在房顶上。一开始，小蚊子没觉得疼，就感觉有一股热乎乎的液体从上面淌了下来。她抬起手来一摸，才发现是血，就从眼角下面淌出来。

"她必须接受手术。他们得把东西拿出来，所以那里才留下了伤疤。这就是我害怕的一件事情……

"但我像她那么大的时候，附近使用真子弹的枪击事件真的经常发生，从圣安大街一直到赛普拉斯大街，一直到学校旁边，到处都有。直到小蚊子受伤了，我才真的害怕。

"你知道，以前我一直以为这样的事情很常见，因为我只知道这些，又找不到可对比的地方。我不知道我 10 岁的时候，其他孩子不是住在这样的环境里。直到我大一些了，开始读私立学校的时候，我才考虑这样的问题。

"现在，我了解得更清楚了，因为这两种环境我都居住过，我也阅读过很多材料，还经常跟姐妹们讨论这个问题。我们知道这儿需要做很多改进，但这之前，其他事情，比较重大的事情，需要首先被解决。白人的优越感应该被抨击，一切都得白手起家。"

"什么意思？"

"意思是——你去市中心学校上学的时候，发现班级里的一些学生连教材都没有，或者像我在六十五小学的时候，书本不允许被带回家写作业或者准备考试。意思是书本应该被公平地分配给每个人。意思是学校就应该有学校的样子，而不应该像监狱或者我去过的那样臭烘烘的地方。意思是市中心的学校就应该被取消。这就是我说的'白手起家'的意思。"

我在反思"白人的优越感应该被抨击"这句话！她对各种事物的看法还是温和的、天真的。但对过去的经历，她可以从一个新的角度来审视。她现在满脑子都在思考大学课堂里学到的政治观点。她说社会学的一位老师——"一位我非常喜欢的非裔美国女性，非常欣赏这些观点"。

正如小菠萝所说，更重要的是她现在居住了几年的环境跟她童年时期的环境相差甚大。她已经开始通过不同的视角来审视这个世界，当她现在跟我说起这些事情的时候，开始选择那些果断、犀利的词语，她以前从来没使用过类似的词语。从前她批评我的穿衣打扮时流露出的性格中的率真也没有改变过，不过，现在她的评论已经不局限于自己觉得有趣或者关心的事情了。

我们坐在长椅上休息的时候，我想起来要问她一个问题，自从2008年奥巴马当选总统以来，我就一直问跟小菠萝年纪相仿的孩子们这个问题。我刚开始说"我们现在的总统——"小菠萝就打断我的问话，就好像她知道我接下来会说什么似的补充道："正好是位黑人。"

"难道这不意味着会发生什么事情吗？比如你说的'白人的优越感'，你不觉得这会有所改变吗？"

"不觉得。"她回答道。

"你不觉得这意味着对于你所说的那些问题，至少现在我们可以找到解决的方法，从而解决其中一两个问题吗？"

"不，"她说，"因为这不是我们选他当总统的原因。如果他做了这些该做的事情，我觉得那些曾经认可他的人以后都不会再追随他了。有很多人现在都不认可他，而且在我看来，他上任以来从没做过什么事情来改变穷苦孩子和我们读书的学校，还有我们居住的社区……"

只要被小菠萝抓住一个机会证实她所经历的不公正待遇，她就不会轻易放过这个机会。"奥巴马总统根本不需要去市中心的学校。你知道吗？那里每个人都很穷，每个人都是拉美人或者黑人，为什么他会觉得这样的环境对其他孩子，比如布朗克斯区的孩子来说已经足够了呢？"

她的语气中流露着愤怒，这让我想起我认识的其他学生，大多数是黑人或者拉美学生，但也有一些有良知的白人学生。他们对于见到的那些问题特别生气或者特别难以接受，以至于他们不再相信本来可以做的美好的、有用的事，也不再相信他们身处其中的社会体系。我想起来几年前一位长者对我说的一条实际的建议和有用的劝勉：“要与那些大到要紧的事件斗争，同时这样的事件还可以小到足以取得实际的胜利。”

“哦哦，我喜欢这句话！”当我告诉她的时候，小菠萝如是说。她还请求我离开之前将这句话写下来，我答应了。

“你看，我脑子里就在想这些事情。这就是为什么我还在坚持做社工。”她说。“我会靠自己拼尽全力的。我会去安慰那些经历了不幸的人们，也会去帮助那些犯了错误的人，帮助别人做出正确的决定……”

“我来到罗德岛的时候，得到过很多人的帮助，尤其是一个人”——我猜她说的是自己喜欢的一位老师，这位年轻女教师就住在学校里——“对我的一生都做出了改变。现在，我也想当一名老师来影响我的学生。这就是我选择现在就读专业的原因。你知道吗，这也是一直激励我向前的原因。即便我犯过一些愚蠢的错误，现在也该我来报答了。”

我问小菠萝她有没有想好以后去哪里工作。

“我希望去纽约，最好是布朗克斯区。我觉得那里最需要我了，但我还不太确定。我还没见过美国最糟糕的地方呢。我也不知道，我从来没离开过纽约。我得到处看一看，然后在做决定吧……

“我还想说一件事。我跟我的姐妹们也讨论过这件事，我知道她们会支持我的。我知道我们存在最重要的劣势——‘我们’属于少数民族——因为我们一生下来就欠债。如果我们在大学能读到毕业的话，我们给自己挖了更大的一个洞。

“比如说吧，我的父母没有钱，所以他们根本帮不上我。其他人帮助了我，但我知道我是带着一大串账单参加工作的，我必须还上这笔钱。我学校的其他孩子，他们的家长都有钱，根本不需要什么经济援助，也不需要借钱来交学费。因此，他们一开始就把我甩在了身后。

“我觉得我应该说明白，这不仅仅是少数民族的问题。我也应该更正一下，这与每一个家境贫寒却又希望上大学的孩子都有关。我觉得总统应该先解决这个问题。"

"你觉得他会吗?"

"不会，"她说，"我就想说我觉得他应该这么做。"

一个穿着自行车头盔的男孩踩着脚踏车从我们身边快速经过。一群小菠萝认识的小朋友向我们挥手，还停下跟我们打招呼。那天的太阳很毒，水面还反射出阳光。

她问我饿不饿。

"饿了。"我说。

"我也是。"

"散步的时间比我们预期的要长得多。"

"不过很开心，"她说，"我很高兴我们之间能有这样的机会聊天。我们之前从没这样聊过的……告诉我实话，我今天说的事情，是不是让你很吃惊?"

"有点吧，"我回答道，"好吧，实际上，不只是一点点吃惊。我们在一起很愉快，我依旧觉得你还很年轻。"

"我是很年轻啊!"小菠萝说，"跟你比的!"然后她说："哎呀! 我不是这个意思。"

"没事，"我说，"我确实比你年长。"

但她依旧为自己说的话懊恼。"乔纳森，记住，如果你告诉我你需要我的话，我一定会立刻出现在你身边，就算你很老的时候。别忘了。你只需要打一个电话，我就会出现。"

她轻轻拍了拍我的手。我们起身，返回去参加小菠萝家里的派对。

5月30日，小菠萝给我的手机传了一条短信："3周后，我妈妈就跟爸爸一起回危地马拉了。我弟弟也会一起回去。以后详聊。尽快联系。爱你的菠萝。"10天后，孩子们新生活的各项安排落实了下来。在河边的这个房子6月底的时候就得搬出来了。女孩们打算搬到普罗维登斯，她们打算以后都住在那里，这样小菠萝再也不需要交住宿费了。小蚊子在8月底之前都会跟着姐姐一起住，等到学校开学之后，她只能在周末或者假期的时候过来了。

不过，小菠萝的父母离开之前，她的爸爸还与一位不信任他的人吵了一架。

事情发生在小蚊子的毕业典礼上，当时距离劳拉的派对已经有几个星期了。小菠萝说那个妇女不太喜欢她的爸爸，当她的爸爸在毕业典礼舞台前的小路上与小蚊子朋友的家长们聊天时，这位妇女拦住了他。

"我看得出来她想让爸爸生气。我就站在他旁边。她说我爸爸不是一位好父亲，因为他'放弃'了孩子们。但是当爸爸想争辩的时候，我发现他说话结巴，人也开始发抖。我们试着拉着他离开，但她不依不饶，一直跟在我们后面，直到我们上车为止。

"我们一进家门，他就回自己卧室了。他坐在床边，双手遮着眼睛，人还在发抖。我们知道他哭了。他一直重复着那位妇女的话，说自己不是一位好父亲。我们跟他说：'不是这样的，我们爱你。'但他还在哭。"

直到她父母回到危地马拉了，小菠萝才对我讲起这件事。她回忆起这件事的时候，详细地跟我解释为什么她觉得父亲是个自尊心极强的人，他从来不愿意伤害自己的孩子们。"自从他们回去了，爸爸几乎每天晚上都会跟我们聊天。他自己学习如何使用电脑，这样我们就可以视频聊天了。因为现在危地马拉是雨季，下大雨的时候我们就不能聊天了，因为雨太大的话，镇上就断电了。"

小菠萝说即便是他们住在布朗克斯区的那些年，她爸爸也会定期回危地马拉，因为"他需要检查检查我们的房子"。只要家里新生了一个孩子，她说爸爸都会努力凑齐家里所有的钱，在现在住的房子旁边为新出生的孩子买一块地，"这样我们就会知道我们每个人都会有属于自己的东西，我们被联系到了一起……而且，如果我们愿意回去的话，我们也有地方住"。

这可能只是象征性的做法，但让我印象很深刻，他这么做一定是希望自己的孩子牢牢记得自己的出生地。小菠萝说从她们小时候开始，爸爸就跟她们讲他出生的小村庄的一些故事，这样就可以让她们牢牢记住与出生地的联结感。维尔吉利奥和伊莎贝拉返回危地马拉后的那个冬天，小菠萝也回去过圣诞节了。她跟我说感觉那个村庄很亲切。"我不觉得自己是个陌生人"。

这就是那个所谓的不爱自己孩子的爸爸，但他却在一个原本欢快的庆祝场合被当众羞辱，出丑。小菠萝说，那个一路跟着爸爸去停车场、直到他上车才肯离去的妇女也让她和劳拉感觉不舒服。当她们长大以后，每当她们与这位妇女的意见不一致，她就会变得"非常暴躁、不耐烦"。"她根本不是'给我们建议'，你知道吗，更像给我们'指令'。你看，就好像我们不应该用我们自己的小脑袋做决定似的"。

我不是特别清楚她们之间的这些事情，不知道小菠萝这么说是否有失公允，但我猜这位妇女大概不知不觉地将自己阶层和文化的价值观强加在别人之上。罗德岛上有很多人自从这些孩子们到来后，就成为她们的保护者。他们特别开明，不会否认孩子们的自主权，但他们也太不敏感了，他们所说的关于孩子父母的话是孩子们不愿意听到的。总体来说，这些人都特别了解捐助者与受益人之间的动态关系，因此，他们也特别愿意审视我们无法逃避的偏见。

劳拉和小菠萝在从旧房子换到普罗维登斯的新公寓的过程中，展现了她们的足智多谋与务实。为了能攒够房租和家具钱，她们举办了一个庭院旧货出售活动，将不能带走的家具卖掉。教堂的教友也捐助了一些家具帮助她们。最后，她们一下午赚到了3000美金。

"我们以一个相当好的价格租到了公寓，"劳拉告诉我，"我将旧货出售时赚到的2000美金付给了房东，预交了一年的房租，这样算下来，平均一个月大概才500美金。"

新的公寓不大，有厨房、客厅、浴室和卧室，但好在里面有两张床，还有一张折叠床，小菠萝说两张床之间有几个橱柜，这样可以把我们分隔开，而且还可以当床头柜使用。"我们用剩下的钱去买了亚麻布、被子、窗帘，还有厨房需要的东西"。

7月的时候，劳拉开始在白天看护中心打工——"在我得到更多培训之前，每小时会赚10美金。我已经将硕士学位毕业推迟到两年之后，这样我们就可以赚到足够的钱生活了。小菠萝毕业之后，我会重返学校获得硕士学位"。她仍旧想成为一名老师。

与此同时，小蚊子也被她、米格尔还有小菠萝曾经读过的预科学校聘为指导教师。"报酬不错，"小菠萝说，"明年，她就是主任了。"

小菠萝的工作薪水不是很理想，"但这是我能找到的最好的工作了，我等了好久才得到这份工作。"她在当地的一家超市做收银员，"你知道，我们需要一点一点地攒钱。"

7 月和 8 月期间，她给我发来的电子邮件都让人轻松快乐。"嘿嘿，乔纳森！昨天晚上劳拉跟朋友们举办了一场派对，我也跟他们玩到很晚。现在真的得睡觉了，好在今天是星期天。"她说她妈妈的健康状况"还不错"——她不再头疼了，而且关节炎也不像之前那么严重了，大概因为危地马拉气候更温暖的原因吧。她爸爸也"很好"，弟弟也"很好"，她特别想念他们。

小菠萝说，小蚊子的工作到 8 月中旬的时候就要结束了，这之后，她就得去大学了，因为新生要求早一点去报到。"你知道培训吗？她说她想早点去那儿住个单人间，但其实没有太多的房间。我也希望读大学的时候能住单人间"。

9 月的时候，劳拉升职了。"她现在是小孩子的'领队教师'了，"小菠萝说，"因此，她现在赚的钱比以前多了。"小菠萝马上就大三了……

那年的秋季和冬季，她一直与我保持联系。有一次，我回到普罗维登斯参加一个教师集会，我们还见了面。12 月的第一个星期，她还来了趟剑桥。当时，她住在我助理和其他学生实习生居住的房子里。那是一栋老式的房子，房子特别大，以便我可以专心在里面写作，不受外界影响。从二楼开始，还有一条狭窄的走廊通往阁楼，那里有两间多余的卧室，可以供客人居住。

她一走进房子就到处看，看墙上的装饰物和照片，看每一个房间，还看了看贴在冰箱门上的留言（比如"需要起司和布朗宁混合物"）。当她看到我因为没有时间去买家具，从而把一个木头箱子翻过来放到客厅当桌子的时候，她很失望。她说要是哪一天我让她陪我去商店挑选一个舒服的沙发和茶几的话，她会"特别高兴"。

因为小菠萝在休假，她很放松。我的助理莉莉只比她大 3 岁，立即带她去逛。我不知道为什么她们会刚吃完午餐便选择去塔吉特商场转悠。她们一直坚持让我去，但当我们走进商场后，她们两个女孩子便到处看，立马把我忘了。

她们去了卖女装的楼层，小菠萝挑选了几件运动风格的衬衣和运动衫，她以为莉莉会买。"你穿这件会很可爱。"她这么说。莉莉则挑选了几件她以为小菠萝会喜欢的衣服。她们把衣服都放到一边，各拿一件相互比量，然后再把衣服放回去。最后，谁也拿不定主意。

我们一走出女装部，小菠萝便挎住了我的胳膊，拖着我陪她去看厨具、

DVD、桌灯、相框、熏香液体、浴巾和香薰蜡烛等，然后她又转去女装部，看了看运动裤、毛衣和一件亮黄色的大衣。但当我问她："你想买那件吗？"她一直说："不，不是想要的。"最后，她和莉莉一件衣服都没买。上车之后，我问小菠萝没买到东西会不会很失望。她说："一点也不。"她耐心地告诉我来商店的目的并不是想买什么东西，只是想"出来转转"。

第二天，我早上还没起床，她和莉莉又返回那间商店了。小菠萝买了一套放在我家餐桌上的黄绿色的爱尔兰亚麻布餐巾，"跟墙壁的黄色很搭配。"她说。她这么做真的是非常有礼貌，因为她几乎没什么钱，都没给自己买东西。

她来这里的第一天晚上，莉莉带她去阁楼，她已经给小菠萝睡觉的床上铺好了新床单、枕头和被子。一开始的时候，小菠萝看起来很高兴。但只过了五分钟，她就下楼说一个人住那里太"害怕"了。接下来的两天晚上，莉莉都陪着她在阁楼睡。

周日晚上，我们在餐厅吃了晚饭，小菠萝思绪很多，她讲了讲对日后职业的期许。她说当她还在读小学的时候，她一直希望自己能"成为一名婴儿医生"，或者用她现在的话说是做一名"儿科医生"。她说她上寄宿学校之前"一直想着这个职业"，但当她把这个想法告诉自己的指导老师的时候，老师说她的科学课水平恐怕不能胜任日后大学里的医学专业。"但他没有'扼杀'我的想法。如果我愿意的话，他还是建议我试一试的"。

"经过我的深思熟虑之后，我跟我的老师说我真的想从事一份能够改变孩子们生活、对孩子们有所帮助的职业。人们总说我应该做社工，那是很久以前了！住在圣安的时候，大家就这么说，那时候我还很小……"她说她的老师一直很支持她，等到大四的时候，她已经彻底下定了决心。

我说起劳拉毕业那天，我们在河边溜达的时候说过的话。那天她说自己从事这个职业便可以回报那些一直以来帮助过她的人，她说她想的其实更多。

"我现在意识到我不可能回报每一个帮助过我的人。过去发生的事情，你永远无法回报。我现在想做的就是能够日后帮助别人。就像马丁·路德·金还是谁说过的一句话，'将火炬传递下去'。这就是我的原意：为了下一代，那些比我还小的孩子们……

"这就是我的决定，也是我选择现在所学专业的原因。你知道，这个过程并不容易。我得比班级里其他同学更努力。这是真的，但我不觉得难为情，因为一直以来我都需要额外努力才行。我也跟你说过，没有什么能让我停下脚步。"

春天的时候，小菠萝告诉我她弟弟要回普罗维登斯读书了。"我们正在公寓附近地区为他找一所学校读书，还要确保这是一所非常好的学校。你知道吗，他比我要聪明许多。我敢这么说，因为他是我弟弟。我早就告诉他，他以后一定要读大学。"

她还告诉我她最近还会到剑桥去过个周末。"嗨嗨，乔纳森！"她在另外一封邮件中写道："别担心，这次不会强迫你陪我去塔吉特商场了。我想去看看别的地方，比如我最近在读《瓦尔登湖》，书里面所提到的小木屋还在吗？对了，我的成绩好极了！等不及要见到你了！

"太爱你了！小菠萝。"

10　有头脑的生活（杰里米之一）

❶

他喜欢读书。

他写诗歌。

他创作长篇小说。

他喜欢使用老式的语言和颠倒的词组。

"别生气。"当他不认同我的观点的时候，他说了这话。

他跟我认识的小孩子都不一样。

我 1993 年在圣安遇到杰里米的时候，他 12 岁。他径直走到我面前，主动与我握手。"先生，"他说，"我知道你是一位作家，我也是，我是小说家。"他说他那个时候正好在写一本小说。

在那之后不久，他交给我一篇 22 页的复杂的推理小说，不过他说他还没想好怎么设置这篇小说的结局。

他问我："一个故事得写多少页才能称得上是一本小说呢？"

我说现在还没有这方面的规定。

"22 页够长吗？"

"那可能有点短。"

但我不想扫他的兴，所以我补充说："这会是一个相当好的开始。"

听到这话，杰里米似乎松了一口气。

杰里米一家住在一栋相当破旧的 22 层楼的第 16 层，家中还有母亲和哥哥，那里距离圣安大教堂大概有 5 条街。他的母亲条件拮据，又不会说英语，但是她坚强又自立，为孩子们撑起了一个温暖的家。杰里米的父亲跟母亲离婚之后，仍住在附近的街区，他奶奶也住在附近。所以，当杰里米的母亲时不时地回到自己的家乡——波多黎各的时候，有时候会住上一个月，杰里米就会跟奶奶一起住。

牧师告诉我，杰里米比其他跟他年纪相仿的孩子都更信仰宗教。他会阅读圣经，知道祈祷文，了解礼拜仪式。他还信仰上帝。他的宗教信仰感和日常生活中对福音的理解一直贯穿在他的生活中，即使他离开教堂，也没有改变过。

我们认识几周之后的一个下午，他带我去看他居住的那栋大楼。当时他妈妈没在家，我们就没上去。我们去街角的商店，我买了一杯咖啡。我们正往圣安的方向走去的时候，他突然看了看街对面，并指着一位梳着白色短发、盯着一块空地看的男人告诉我说，那是他的叔叔，不过已经患上了艾滋病。男人听到侄子喊他的时候，抬起了头，但看起来很迷茫，也没有任何反应。他站在人行路上，拇指和食指小心翼翼地捏着一个剃须刀，另一只手拿着一支烟。当杰里米向他介绍我的时候，他丢下了剃须刀来跟我握手。经历了一阵尴尬，他朝我点点头，然后离开了。

"你知道《圣经》里面最短的诗篇是什么吗？"杰里米问我。

"不，"我说，"我不知道。"

"是耶稣哭泣那节。"他回答道。

杰里米小学是在第三十小学读的，当时的校长罗莎小姐是一位标新立异的人，她观点激进，管理严格，因此将一支成熟的教职员工队伍成功保留了下来。杰里米读书的中学则是我之前描述过的最为凄惨的地方之一，如果这所学校有中产阶级的孩子的话，那它早就被关闭了。当我去见这所学校的校长，并向他询问杰里米的情况的时候，他显得很烦躁，并告诉我他在自己的记录本上找不到这个学生。当他不情愿地再次翻开档案查看的时候，好像才想起来我说的是谁。

"是长着青春痘的那个小孩吗？"

杰里米性情温和，跟同龄人相处的时候一点也不独断，因此他经常在学校被其他好斗的学生欺负。校长也不是能保护他的那种人。另外，杰里米在班级里显得格格不入的原因也在于他是一个内省的男孩，当他有机会在课堂上发言的时候，他总会问一些老师听不懂的问题，有时老师也会这么跟他说，这又给其他同学一个取笑他的机会。

"他跟你在这附近看到的男孩子都不一样，"他哥哥说，"他走在街上，却埋头看书。他会路过那些贩毒人员和他们的朋友们出没的街角，不过他好像来自不同的世界似的……"那时候，杰里米的哥哥17岁，虽然他不允许自己参与到犯罪活动当中，但他也认识那些贩毒人员。

"我跟他们说这是我弟弟，如果他们敢动他一根手指头，我不会放过他们。"

但一年之后，因为杰里米的妈妈担心大儿子会参与违法行为，便将他送回波多黎各的娘家居住。这以后，杰里米没了哥哥的保护，在学校里被其他同学打了几次。由于老师们和校长都无视他需要被保护的恳请，杰里米便开始连续三四天不上学了。

不过这没有耽误他的课程学习。出于一种高傲的愤怒，也为了弥补不能出勤的损失，他找到一位来圣安教堂、受过良好教育的诗人做他的老师，更重要的是，这位诗人还是一位波多黎各人。他非常欢迎杰里米去他家里做客，也会将墙上的书介绍给杰洛米，跟他聊希腊、罗马的历史，给他读诸如约翰·弥尔顿这类英国著名作家和其他他尊敬的作家的作品。

我认识了这位仪表堂堂的诗人——胡安·巴蒂斯塔·卡斯特罗之后，我与杰里米会经常在晚上去他家。在诗人的请求下，我也开始向杰里米推荐一些我认为他会感兴趣的书，这些书的题目中通常都写着"年轻人读物"，但好像并不能吸引杰里米，或者他会说他在小学就已经看过这些书了。我问他喜欢什么样的书，他提到埃德加·艾伦·坡[①]，他说这是他"最喜欢的作家"，而且他说坡曾经也居住在布朗克斯区，"离这里不太远"。之后不久，他开始读马克·吐温的小说，再然后他说他一直打算"读查理斯·狄更斯"，但还不确定有没有"准备好"读他的书。

"我的一个大麻烦，"他这么跟我说，就是他在家附近找不到书店，"就这个问题，如果要说实话的话，在整个南布朗克斯区就没有书店。"玛莎——他叫玛莎"牧师"——曾经带他去过曼哈顿的一家书店，他说他特别喜欢在书架上寻找他想要的书的那种感觉。

"'寻寻觅觅'，就是我脑海中闪现的词"，每当他不太肯定到底想要哪本书

---

① 埃德加·艾伦·坡（1809—1849），美国作家，诗人和文学评论家。——编者注

的时候，他就会左右看看有没有诗人在聊天时提到的书名。"然后我就会看见那本书了！我意识到这就是我去那里的原因。你看，我喜欢惊喜！"

又过了一两年，我们开始一起去巴诺书店，那里有许多沙发和安静的角落，杰里米可以坐在那里挑选一些他计划阅读的书。我发现他在寻求店员帮忙的时候非常有礼貌。那些年轻的女店员似乎很乐意帮助他一遍遍寻找需要的书。不过他经常会找一些连书名都记错了的书，或者想不起名字的作者，这些女店员不但不会生气，反而还会很高兴地帮他解决这些困惑。

杰里米申请读高中的时候，他妈妈表示很担心，她不知道该怎么做，因为她太知道会遇到什么问题——杰里米的哥哥就读的高中只有不到四分之一的学生可以毕业。他被妈妈送回波多黎各之前差点辍学（如果我没记错的话，他可能已经辍学了）。

1995 年春天的时候，有传言称南布朗克斯区会建立一所新学校，就是那些所谓的"小型学校"，在几年之内，就会解决现有高中的不足之处，并且主要招收那些黑人、棕色人种，以及来自贫困家庭的孩子。

玛莎为杰里米争取到了一个名额，但她没有保留这个名额，因为我们都得到消息说这个学校可能不会像宣传的那样。不过，只要是能让杰里米逃离他哥哥就读的那种大型的、没有人情味又过度拥挤的高中，都让玛莎觉得值得一试。

不过杰里米另类的心智却无法适应这所学校的要求。对于他的早熟与智慧，老师们并不感兴趣。与他为友的那位诗人所启发他的对于历史和诗歌世界的好奇心、能够独立写出较长的文章的能力，以及回答老师提问时不着边际的答案，这些都不讨老师的喜欢，因为他们脑子里被灌输的都是应试教育所需的技巧。

因此，杰里米上课的时候经常会溜号，因为课堂上不需要学生动脑参与，他们只要记住预先设定好的答案就可以了。杰里米经常做白日梦，他的课本里写满了讽刺性的小故事或者一些学校里其他人都不关心的古怪问题。结果，他经常被老师赶出教室，被关在休息室里，杰里米称那里为"隔离屋"，因为屋子里还有其他具有反叛行为或者破坏行为的学生，而且那里也没有老师的教导。但是，一旦有重要客人到学校访问的话，"他们赶紧把我们撵回教室上课"。

当玛莎听到这个消息后，她立即前往学校，要求见见校长。校长告诉玛莎，基于杰里米拒绝配合老师的表现以及糟糕的考试成绩，他以后没有继续读大学的可能。

　　自然，玛莎不相信这个消息。就像她帮助圣安的其他孩子那样，她开始为杰里米寻求其他出路，看看能不能找到其他接收杰里米的学校。我想起来一个短期的干预项目，一所位于马萨诸塞州寄宿学校的夏季项目。虽然这个学校普通学年招收的学生基本都是富裕人家的孩子，但夏季的时候，学校就希望能够招收一些低收入家庭的孩子加入。

　　杰里米听到消息后很兴奋。当她的妈妈在玛莎陪同他们母子俩参加学校的一日游，并且跟几位老师见了面之后，也很赞同这个主意。

　　参加这个夏季项目的两个月里，杰里米很陶醉。这期间，我在7月初和之后几周的一天去拜访过他的老师。他的英语老师说他在看杰里米写的小故事，还告诉我杰里米的叙事能力"远远超过了小学水平"，而且他"如饥似渴地读书"——这点我早就知道了。老师还说杰里米"开始阅读那些我觉得超出他阅读水平的书籍。有的时候他读不懂，但有的时候他真的让我吃惊"。

　　7月底的时候，他开始参与一个话剧的排练，这个话剧将在项目结束的时候上演。我没跟他说我的计划，但我跟玛莎讨论过，这是我们共同商量过的。我在琢磨一个想法，或许让杰里米参加不止一个夏季项目，为他开启更有希望、更美好的未来。

　　不过第二年的计划已经来不及参与了，因此杰里米9月份继续留在布朗克斯区的高中读书。我也督促杰里米更加努力适应现在老师对他的要求，这是为了他好。同时，他还跟诗人卡特罗先生见面。感恩节那一周的一天晚上，正好诗人的孙女也在他家，他便鼓动杰里米和他孙女朗读罗密欧与朱丽叶的对话。这两个年轻人很喜欢伊丽莎白女王时代的词语，在吃晚饭的时候，也使用伊丽莎白女王时代的语言交流。

　　我离开纽约之前，我们又去了一趟巴诺书店，杰里米觉得那里有家一样的亲切感。他让我买了一本布拉姆·斯托克的惊悚小说《德古拉》，而且当他知道我没读过这本书的时候，他觉得"挺震惊的"。我跟他商量，说如果我努力读完了《德古拉》，那么他就买一本《远大前程》，而且不能像以前那样"翻翻而已"，而是应该集中精力读完这本书。后来杰里米让步同意了。

　　书店的环境让人惬意，杰里米看起来也毫无拘束，但他跟我说的一些事和那年冬天发生在他身上的一些事仍让人觉得他某些方面不够自信。就在联合广场的这个书店里，杰里米可以放松地与书中那些性情温厚的成年人交谈，他觉得自己喜欢的书和作者就是自己的保护神，但书中的世界与现实中他脆弱的地位和危险的环境形成了鲜明的对比。他周围的危险在我看来特别可怕，尤其是 12 月的一天晚上他被持刀抢劫了。

我问他这件事发生在哪里，他说："就在我住的公寓大楼。"

"大堂吗？"

"没，在两层楼之间。"

他解释道他当时是走楼梯上楼的，"因为电梯一直不下来"，但就在他登上一层楼的平台准备转弯的时候，他发现自己被 3 个拿着刀子的人包围住了。

"你认识他们吗？"

"不认识，"他说，"他们不是住在我们这栋大楼里的人。"

我问他那些人抢走了什么东西，他回答说："我的中国食品。"

"他们抢你的钱了吗？"

"就 1 美元，我身上就这么多钱。"

"这件事告诉妈妈了吗？"

"说了。"他说。

"那报警了吗？"

"没，"他说，"不然会更危险。"

"那告诉玛莎了吗？"

"是的，"他说，"我问她能不能给我点防身的东西。"

"你想要什么呢？"

"胡椒薄荷喷雾吧。"他答道。

"我可没听说过这个东西。"

他想了一会儿，接着说："我说错了，应该是胡椒粉喷雾剂。"

"她会给你这个吗？"

"还在考虑中。"

"你妈妈怎么说呢？"

"她不太同意。"

我告诉他我跟他妈妈想的一样。

几个月后，他打电话给我，告诉我一个更让人不安的消息。虽然这跟他没有关系，是他的同班同学，但这却是杰里米在学校里为数不多的朋友当中的一位。这位 15 岁的女孩在离家不远处被强奸，然后被勒死。杰里米说，这位女孩"各门功课都非常优秀"，而且"还是一位非常友好的人"，他说，"或许是你认识的最友好的人了"。报纸报道称女孩被谋杀的那栋大楼荒废已久，现在里面全是毒贩子。

由此可见，谋杀与个人袭击在南布朗克斯区特别常见。一两年前，我曾经做过统计，大概有 20 位孩子和青少年死于圣安附近街区的暴力之下。虽然杰里米不认识这些案件的受害者，但这个例子中，受害人是杰里米的朋友。

那一年 4 月底的时候，玛莎问我之前我提起的那个让杰里米返回去年 9 月参加项目的那个学校的想法是否可行。我跟她说我跟学校校长一直保持着联系，还跟他谈过几次，不过现在只是说起杰里米是否有长期在学校读书的可能性。校长一开始不太同意，虽然他知道杰里米在写作和阅读能力很优秀，但他也知道杰里米其他各门功课都达不到同年级学生的水平。校长说他需要再考虑考虑，而且也得跟学校的老师探讨一下杰里米转学过来后可能会遇到的困难。

我当场给校长打电话，跟他说只要有一线希望，就请他马上通知我。我们还约定之后的一周见一次面。约定的那天到来的时候，我走进校长办公室，他说他已经作出决定了。

"事实上，这个男孩现在读书的学校并不能很好地教导他，而我们却发现了男孩身上的闪光点——他对阅读的兴趣如此浓厚。坦率地说，即使是更优秀学校里出来的学生，在招生的时候他们做出了很全面的准备，也不会像这个孩子这样。我认为他能应付这里的事情，不过刚开始的时候会很难，但我向你保证，我们学校不会轻易放弃任何学生。"

但校长说学校里的基金不多，因此校长问我能不能找到一个捐助者为杰里米提供奖学金。在玛莎的帮助下，一位曾在比尔·克林顿的行政机关工作过的慷慨的有钱人同意支付杰里米的学费。跟小菠萝的情况一样，杰里米也是有条件地被接收，校长规定他必须留级一年，因为学校老师认为杰里米需要连续完成三个学年的学业才能够毕业。

夏季到来的时候，杰里米的妈妈和牧师为杰里米准备好了在新英格兰地区过秋天和冬天所需要的衣服。诗人还是用他老式的、学究式英语建议杰里米以后需要更努力"管理"自己急切但"任性的心智"。当他要离开纽约的时候，他把自己喜欢的书和宝贵的作品都带上了，杰里米看上去还是一个一脸稚气的男孩，但最后一刻还是能看出他兴奋的情绪中夹杂着一丝慌乱。

他有 10 天没给我打电话。当他再给我来电的时候，是用别人的电话打来的。他说学校的图书馆管理员允许他使用她的电话。

"她就坐在我旁边，你想跟她说话吗？"接着又说："哎呀，不行！她得上楼去……"

"不管怎么说，我得挂了，要不然去自修课就要迟到了。"

听起来，他还没有过上井井有条的生活。

在寄宿学校学习的前 6 个月里，我的电话里全是他的语音邮件。

"炫耀一下！"那年秋天的一个晚上，他打来电话说，"这个星期我收获颇丰，看了一本书《夜色温柔》（*Tender is the Night*），看第 184 页！还有第 83 页！还有第 101 页……"

第二天晚上："嗨，乔纳森！是我！你在的话就把电话接起来！不在的话就不用接了！我在寝室里，正写一篇文章呢。今晚得熬夜了。"

"实际上，"当我打回去的时候他告诉我，"我得写两篇论文。这是两门课的作业。

"第一篇论文：《人们为什么会把自己所做所为应承担的责任推脱给别人》。我从亚当责备夏娃开始写，而夏娃则认为是那条蛇的错误。然后写埃及法老指责希伯来人，再写希特勒指责犹太人。我也引用了耶稣的故事，不过那时他还不是上帝的儿子。我说不管你相不相信他，他都是一位重要的预言家和哲学家……

"第二篇论文：《关于家乡的生活》。你知道，这得写我爸爸了吧？他是怎么出现然后又消失的？假如他也能看到这篇文章，所以我尽量使用那些不会伤害到他的词语进行描写。

"那天的历史课上，我们一起讨论了 20 世纪 20 年代的事情。我觉得那时候的查尔斯顿舞和声名狼藉、生活堕落的物质女郎都很有意思。不过这与道德败坏还不是一回事，这只是市场崩溃和人们跳楼自杀之前最后的疯狂。

"我问我的老师能不能说这种现象具有讽刺意味。"

11月的时候，他说："今天早上集会的时候，经历了一件新事物：我们听了室内音乐乐队的演奏，我觉得应该是一场'合奏'演出吧。"

"知道是哪个乐队吗？"

"没记住名字。"他答道。

"你爱听吗？"

"想听实话吗？"

"对啊。"我说。

"我觉得可无聊了。"

他转用一种恭敬的语调告诉我说他在英语课上开始阅读莎士比亚的作品了。

"哪幕剧呢？"我问。

"理查德。"他说。

"理查德二世吗？"

"不，三世。"

我告诉他我没读过这部剧作，因此他马上给我总结了一下他读过的那一部分的内容。他认为理查德"是个驼背的人，但非常邪恶，还早产，出生的时候因为长得太丑陋了，连狗都不停地叫唤"。他说理查德"备受折磨"，却又"折磨他人"，因为他是"自己的妄想症的受害者"。杰里米认为这个主题跟他最喜欢的作家的一部作品的主题有异曲同工之妙。"你能想起来《泄密的心》吗？书中有一句话描写的就是主人公强迫性的想法。'很难讲清楚最初这个想法是怎么进入我的脑海的，但它一旦形成，就日日夜夜地跟着我'。"

"老师说能够将两部作品联系起来是件好事……"

1月的时候，他告诉我英语课老师已经要求他们写独立的文章了。他选择写《童谣》，因为英语老师说许多童谣都起源于历史故事。

"《围着罗茜转圈圈》这首歌就是一个历史事件。'灰烬，灰烬，我们掉下来'，这就是16世纪发生在伦敦的那场瘟疫。

"《汉普蒂邓普蒂跌得粉碎》这首歌就是说理查德国王。国王的人都是理查德的人，这位国王弄丢了他的王冠……"

杰里米还认为有一些童谣不应该读给孩子们听。"'有一只小猪去市场，有一只小猪留在家，有一只小猪吃着烤牛肉，有一只小猪什么都没有'，我们为什么反反复复说这些事？为什么要跟孩子们讲这些事？

"《七星瓢虫》，你想想它的词也很不好听。'你家着火了，你的孩子们不见了'，我们真的想把这样的东西在孩子们睡觉前读给他们听吗？

"'起风的时候，摇篮就开始摇晃。孩子和摇篮都摔到地上了……'

"难怪孩子们晚上会做噩梦！

"'一只小蜘蛛，爬上水龙头，下了一场雨，冲走小蜘蛛。太阳出来了，雨水晒干了。一只小蜘蛛，再爬上水龙头……'

"这就像西西弗斯，从来没赢过。最后你会觉得小蜘蛛好可怜。"

我问他为什么会选择写这么与众不同的文章。

"老师一让我动笔，我就停不下来了。我去了图书馆。管理员给了我很大的帮助。我查找到了很多这方面的文章。

"总之，老师很喜欢这篇文章。"

3月，我开车去了杰里米的学校，这样我就可以好好跟他的老师聊聊天。他的英语老师指出杰里米写文章总爱绕圈子。"在他的文章里，很少能看到从'这里'到'那里'的最简短的几行字。他总会把那些让人兴奋的事情排列起来，这会让文章更生动活泼，但我却很难给他的文章评分。"

"试着看看他到底想写些什么，"我评论说，"这就好像一场寻宝游戏。"

"起码宝藏在这里。"这位老师说。

虽然学校邀请我在那里吃晚饭，但杰里米希望我能带他去镇上一家特别受学生欢迎的比萨店。在我们前往比萨店的路上，他问我可不可以去一趟饭店附近的文具店。他说他给妈妈买了一幅画作为礼物，其实是复制伦勃朗①的一幅作品，但他忘了买相框。我们走进了那家文具店。他手里紧紧握着一些钱，挑选了一个比较便宜的木头相框，之后我们去吃了晚餐。

---

① 伦勃朗（1602—1669）欧洲17世纪最伟大的画家之一，也是荷兰历史上最伟大的画家。——编者注

晚餐的时间很短，因为他参加的戏剧团正在排练一部剧——《检查员》。我们进教室的时候，其他学生正代替杰里米出演他的角色，但做出了一些改动。"哦，不！"他说，但马上又安慰他们，说道："没事。"我就看了看开头，因为要返回波士顿，就提前离开了。

春假的时候，他跟我在曼哈顿见面了。出于某种原因，我们没有去联合广场的那家书店，而是换了另外一家。我们离开书店准备乘坐地铁去布朗克斯区，但我们搞错了方向，坐上了第五号列车，而不是第六号列车。我们在第三大街下了车，之后步行几条街回到了布朗克斯区。

路上，杰里米跟我讲了讲他写给学校校报的一个故事。这个故事是关于诗人卡特罗先生的，但杰里米目前还没有上交，因为有几句话"还没写好"。

"你在写一个故事的时候，"他问我，"当你描述一个人物是'高龄的'与'和谐的'，那这个人会认为这是在恭维他吗？"

我说"和谐的"这个词肯定是句恭维话，但我告诉杰里米"高龄的"可不是奉承话。

"'高龄的'是什么意思？"

我很惊讶，他竟然不知道这个词。我告诉他答案后，他说："哎哟！我想我得改改了。"

下雨了。我们俩都淋湿了，但他丝毫不介意，还继续问我问题。他询问道："你听说过有的人会走到大街中间然后挡在车前面吗？"

我告诉杰里米我没听说过哪个人会挡在汽车前面，但我在报纸上倒是看到过有的人在法庭上做假证说是被汽车、火车或者工作的地方弄伤了。

"我想的也是这个。"他说。

"你知道他们为什么这么做吗？"

"嗯，"他说，"我觉得应该是为了'赔偿金'。"

"赔偿金——为什么？"

他缓慢说出了一个词："创伤。"

"你从哪儿听到的这个词？"

"从一个老师那里。"他回答道。

"你问没问过老师这个词是什么意思？"

"他让我自己去查。"

"那这个词是什么意思呢?"

"你身上发生了一件事，"他说，"而且日后也对你产生影响。"

"字典就是这么解释的吗?"

"跟这个类似吧。"他答道。"但现在，"他拍拍头说，"我要告诉你我的想法。"

原来他不打算去他妈妈那里，而是去奶奶家过夜。我们走到大楼的前门，杰里米正想去按门铃的时候，他抬头看了看天空，这时候，雨也越下越大。他让我也一起上楼，烘干衣服，还可以"喝碗热汤"，还可以"见见我奶奶和表兄"。

我跟他说都这么晚了，我没力气再与他的家人聊天了。

"乔纳森，我向你保证'聊天'完全累不到你。"

"为什么呢?"我问。

"因为他们说的话，你一个字都听不懂! 他们都不会说英语。"

我说如果我坐在一群人中间但又不说话的话，会让我觉得很奇怪。杰里米又抬头看了看雨滴，然后按下门铃打开了前门，但他没有进去，他就一直站在那里，看着我消失在布鲁克大街的方向。

那一年，我最后一次驾车前往杰里米的学校，在下午的时候跟校长谈了谈话。他说杰里米的表现"可圈可点"，不过他的数学成绩很差——"只能在边缘徘徊"。但校长发现，只要到了交作业的那天，杰里米总会有"无休无止的"小毛病或者"好奇的小事件"发生。"如果学生不能按时交作业的话，老师就会扣掉一些分数"。校长说杰里米好像不太重视这件事，让我劝劝杰里米。

那天晚上我在学校停留到很晚，这样才能在杰里米去自习室之前跟他聊聊天。我们坐在图书馆前的台阶上，身后是宿舍楼，下面则是操场和土地。利用这个机会，我向杰里米问起自从他来到新学校后我就想问的问题。虽然他讲到自己在这里交到朋友的时候显得很高兴，而且在文学和戏剧课上也很兴奋，但我仍想知道他会不会感觉在这个远离纽约的新英格兰小村庄感到被取代。

他思索了一会儿才回答我，而且在答案之前还加上了常用的限定语，这样就不会让我感到很冒犯："别误会我，我在这里很开心，特别喜欢我的老师们。"他说他格外喜欢英语老师，"但你知道还有一个词……"

他说这话的时候看了我一眼，想知道我能不能理解他这话的用意，之后，他犹豫了。我问："哪个词?"

"这个词就是'家'。家，对我来说，就是我妈妈所在的地方。"

这一刻，他看起来很孤独。

我问他："你哭过吗?"

"我不让自己哭，"他回答我，"如果你看到我在哭，那一定是因为我伤害到了妈妈。"

他对母亲的爱是他生存的核心。他总担心妈妈会觉得自己被他抛弃了。

1998年秋季，是杰里米就读寄宿学校的第二年。他告诉我他们班开始学习欧洲历史。"学习现代史，比如国际联盟、独裁主义的出现、墨索里尼、德国种族屠杀、法国的模棱两可、里宾特洛甫①和莫洛托夫②、张伯伦等等。哎呀，不好意思，我差点忘了还有一个，俄国革命"。

春季的时候，杰里米说他们开始学习美国史，但他说："并不是完全按照年代排列下来的。我是说，并不是按照事件发生顺序来学习的。比如说吧，老师会让我们按照某一主题进行研究学习。这个月，我们研究种族关系，从内战时期开始一直到现在。

"我们还有了一位演说家。你也认识的，他叫罗伯特·科尔斯，我得称呼他科尔斯博士。我在他眼中看到忧伤，我还跟他谈过话。"

我对他的话产生兴趣。

"他忧伤的眼神对你意味着什么?"我问。

"一个从来不掩饰自己的男人，"杰里米回答道，"他从来不掩饰自己的情感。透明? 诚恳? 我用词正确吗?"

也是在这个学期，他的老师向他们介绍埃斯库罗斯③、欧里庇德斯④——

---

① 里宾特洛甫，纳粹德国政治人物，希特勒政府时曾任驻英国大使和外交部长等，对促成德意日三国同盟起了重要作用。——编者注

② 莫洛托夫，曾任苏联人民委员会主席、苏共中央政治局委员等，曾是斯大林的亲信，参与指挥了大清洗。——编者注

③ 埃斯库罗斯（约公元前525—前456)，古希腊戏剧的第一位大师，对整个西方戏剧艺术的发展产生了深远影响，有"悲剧之父"的美誉，他创作的作品已知剧名的有80部，只有7部传世。——编者注

④ 欧里庇德斯（约公元前485—前406年)，希腊著名的悲剧大师，一生创作了90多部作品保留至今的有18部。——编者注

"还有其他希腊悲剧家。之后我们学习现代作家，比如萧、皮兰德罗、斯特林堡、易卜生还有尤金·奥尼尔。"

春季快结束的时候，他告诉我："我们的戏剧老师带我们去伦敦了。我们看了三场戏剧，其中一场就是奥尼尔的——《送冰人来了》。

"我不知道该说什么。有的学生不喜欢这个剧，不过对我来说，这个剧差点让我崩溃……"

他在纽约的时候告诉我说："你知道我的，这一点不会让你惊讶——我又到巴诺书店了！我在找波兰斯基的书。"

我没想起来这位作家，他提醒我这是位电影导演——"相当受争议"。

他说他最后买到书了，离开了书店。"但只过了10分钟，我就返回书店，问店员可不可以把钱退给我，因为我不想要这本书了。收银员问：'为什么？'我告诉她说：'我以为我需要它，但其实不是。'"

我问杰里米那位收银员有没有很吃惊。

"没有，"他说，"她很真诚，她看我的时候眼神里满是理解。"

他说他需要填写一个表格，写上退货的原因。

"你写什么呢？"

"跟我告诉收银员的一样。"

"你就写那个原因？"

"是啊，"他说，"你为什么这么问？"

"没什么。"我没办法跟他解释说我觉得把这么个人的原因作为退货理由有多好玩。

10月的时候，杰里米就高三了。校长说杰里米毕业一点不成问题。他说现在是时候考虑上大学的问题了。

一个月后，家长们都会带着孩子们与负责招生的老师见面，或者参加正式的面试。杰里米认识的一位年长一点的老师则开车带着杰里米在马萨诸塞州和新罕布什尔州的大学里参观。这位指导老师家住在波士顿附近，所以便时不时邀请杰里米在晚上或者长周末的时候住在自己家，这样也方便去附近的大学或者去距离这里车程比较短的大学。

不过，当杰里米最后参观完新英格兰的一些大学之后，他说他决定去离家比较近的大学读书。他选定了一所位于纽约市远郊区的大学，大约乘坐1小时火车即可到达布朗克斯区。他的老师们、校长，还有那次成功的面试对杰里米的录取起到了决定性的作用。尽管他的成绩有好有坏，他也得到了一个经济资助计划，里面含有一笔数目不小的奖学金。

自从确定了读那所大学之后，杰里米很享受在高中的最后几个月的时光。他参与的戏剧小组完成了最后一次表演。他的英语老师及其爱人还带他出去吃过两次晚餐，但他越来越想家。

他毕业后的几周内，他打电话告诉我说他最近"刚得知之前不知道的发生在家里的事情"，或者在毕业之前的几个月"忘了问的事情"。他基本都会说些让人高兴的事情，比如关于他妈妈、奶奶，还有来自佛罗里达的他爸爸的妹妹，不过在他回家之后不久，她就离开了。他不喜欢的一位表弟住在了他的卧室，不过他说他"特别高兴"，"这个讨厌的人已经回波多黎各了"。

不过，还有一些消息就不这么令人兴奋了。夏季的一个晚上，他打电话告诉我他妈妈对他说的一些消息。他的声音很悲痛，用词也很平淡，既无开场白的含糊，也没有语言上的游戏。

"这跟一个患有艾滋病的小男孩有关。从他一出生，我就认识他了。他是我叔叔家的我的侄子的表弟……

"还有一件事，不止是他，他的姐姐也患有艾滋病，但她只吃弟弟也在吃的3种药，只有弟弟才能吃其他更多的药。

"他们的妈妈也患有这个疾病。她住到林肯医院了，所以姐弟俩最近跟着奶奶一起住。只要他们的妈妈可以出院了，她就又会回到街上，你知道，就去亨特点的那个市场。我妈妈说她也会传染其他人。"

杰里米的妈妈还说弟弟的病情比姐姐严重。"医生说小男孩可能还会活一年。乔纳森，我得去看看这个小孩子。你会跟我一起去吗？"

当时是8月初，我告诉杰里米我会在劳动节①的前一周到纽约去，我答应他

---

① 美国的劳动节是9月的第一个星期一。——编者注

会跟他一起前往。

我们在第五十九大街见面，之后搭乘火车前往洋基体育场，那里离小朋友家很近。我们到达的时候，小男孩站在门口，倚在椅子旁边。他穿着短袖衫、运动鞋和一件外套，还玩着悠悠球，不过玩得很不熟练。他7岁了，肤色很浅，接近苍白，而且说话声音小得都快听不到了。他去年就上小学一年级了，但他的老师觉得他学得不够，或者学得不够好，从而不能升入下一年级，因此，他现在还在读一年级。

姐姐今年9岁，她接受治疗后康复得不错，因此看上去已经过上了正常人的生活。她喜欢上学，喜欢老师，喜欢跳舞。她有许多音乐录音带，她说她喜欢的歌手叫马克·安东尼，"他非常可爱！"他的萨尔萨音乐和帅气的外表让他受到女孩子的欢迎，据我观察，成年女性也很喜欢他。她跟我愉快地聊一些琐碎的事，这个时候，他们的奶奶——虽然只有五十来岁，但看起来很苍老——慢慢走过客厅、餐厅和厨房，她看起来严肃、冷酷，有点让人不舒服。

应我的要求，她打开冰箱给我看里面保存的两个孩子的药——齐多定夫和拉米定夫。这两种药我在布朗克斯区其他家庭也见过。之后她便说自己觉得不舒服，需要去躺着休息了。

两个孩子与我和杰里米一起坐在餐厅的桌子旁。姐姐开始说自己喜欢吃的食物，她说她喜欢中国菜、麦乐鸡块和意大利面。她说她喜欢吃炸鸡块，就是"吃的时候太麻烦，手指都被弄得油腻腻的"，这一点，杰里米也同意。而弟弟说他喜欢薄煎饼和法式吐司。

"他会在上面淋上糖浆！"姐姐一边说，一边轻轻摸摸弟弟的胳膊。

姐姐说弟弟喜欢看《芝麻街》，还有《超人集中营》节目（不过当时这个节目已经停播了）。弟弟还在看《罗杰斯先生的邻居们》，姐姐说她也在看这个节目。听到姐姐说到罗杰斯先生的名字时，弟弟显得很兴奋，他用沙哑但喜气洋洋的语气喃喃自语道："《梦幻王国》！"

我告诉姐弟俩我去过匹兹堡的电影制片厂，看了《梦幻王国》，还近距离地看了看小电车。姐姐问我是否看到罗杰斯放衣服和鞋子的壁橱，那里可以找到他的毛衣与运动鞋。我告诉她我没见过这个衣橱，但我那天在场的时候，罗杰斯先生正好穿着他那件毛衣。

杰里米问弟弟知不知道剧中的那首歌，弟弟说他知道。杰里米便趴在桌子上邀请弟弟跟他一起哼唱那首歌。不过弟弟没有力气唱歌，杰里米只好替他唱。男孩笑了，努力唱了最后几句词。

杰里米说他觉得定期去看望姐弟俩是自己的义务，但我们在那里的时候，却不觉得这是在履行义务一般无聊。只要他们的沉默寡言、郁郁寡欢的奶奶回到了自己的屋子，客厅的气氛就会变得轻松许多，这与其他享受开学前这段快乐时光的孩子们一样。

我们离开的时候，决定这次不搭乘火车了，我们走了 15 条街，总算返回了圣安。杰里米很安静，他只问了我几个关于他听说的"治愈艾滋病"的可能性的问题，不过他迅速修正了自己的说法——"并不能治愈"，只能"让你看似痊愈，暂时过着跟正常人一样的生活"。

我告诉他这么说是正确的。现在还没有治愈艾滋病的办法，但据我所知，目前研究出来的药物在治疗艾滋病人群的症状方面有着显著疗效。如果不是提前被告知的话，我都看不出来那么精力充沛的姐姐患有艾滋病，她在药物的帮助下就可以继续活很长时间，但弟弟恐怕就没有这么幸运了，他几乎没有什么力气了。但我对杰里米说一切都还未知呢，或许会有奇迹发生，医学发展更快，研究出一种现在还在检测阶段的新药物，以后能够让弟弟活下来。

杰里米说他想起来当弟弟说他喜欢薄煎饼和法式吐司的时候，姐姐触摸弟弟胳膊的情形。

"'他会在上面淋上糖浆！'为什么我能记住这句话？"

我告诉杰里米我对这句话也印象深刻。"或许对我们来说，这让我们更有慰藉感，因为他现在还有食欲。"

"淋在上面！"杰里米重复说。

11 没有轻而易举就得到的胜利
（杰里米之二）

①

杰里米选择就读的学校是一所小型的私人学校，这让他又获得了老师们的关注。学校的课程设置很传统，学校没有屈服于社会压力开设职业培训课程而荒废了艺术与文字的教育，这也是特别吸引杰里米的地方，不过这给他带来了一定的困难。至少现在看来，他做了一个明智的选择。

第一学期基本都用来学习入门课程（可以用"通识教育"来表述）。唯一的一门选修课，杰里米选择学习现代影视与戏剧。

接下来的几周，杰里米给我打电话的时候都会聊这些内容。"让－吕克戈·达尔、弗朗索瓦·特吕弗……还有导演了《第七封印》（*The Seventh Seal*）的英格玛·伯格曼，他是斯堪的纳维亚人……这周我们学习的是雷纳·克雷蒙，他导演了一部电影《太阳背面》（*Purple Noon*）。我们还看了一部德国电影，讲述的是一个天使降临到人间，一开始只有孩子才能看到，但后来他恋爱了，因此他选择了放弃。"

"他放弃了什么？"

"天使的翅膀。"他答道。

"我老师说这个作品跟布莱希特的作品类似。换句话说，这类作品不会强迫我们放弃我们的疑惑。电影就是电影，戏剧也只是戏剧，仅此而已。你不需要去相信它。"

10月的一天晚上，杰里米打来电话说："有一位叫卡尔·奥尔夫的音乐家，在纳粹时期表演音乐。可悲的是，他是位通敌者。不过我还是对他很感兴趣。他研究古典与中世纪的主题，会找到一些拉丁作家的诗歌作品，然后改编成为音乐戏曲表演。"

"《卡尔米纳·布拉那作品集》——这就是他一系列作品的名字，等一下。"他将话筒放到他的 CD 机旁边，播放《哦，命运女神》给我听，然后给我朗读歌词："哦，命运女神，如月亮般，你总是那么变幻无常，时而满盈，时而缺虚……""我觉得我们不要把这个读给女孩听，恐怕这会让她伤感。

"让我接触到这首作品的是一位来自斯塔顿岛的女孩。我听到她在唱这首歌，我觉得很好听，便去买回来听。如果你将音量放大的话，会特别好听，可是如果我现在这么做的话恐怕会有麻烦。"

12 月的时候，他告诉我他正在写一篇论文。"这应该是很个人的东西。我决定写写我在布朗克斯区上过的那个学校，你也知道，就是那个将我关起来的学校。"

我跟他说我没忘记，我也希望能够读一读这篇文章。假期到来之前，杰里米趁着论文还没有提交，便将文章带给我阅读。

"我就读的这所学校，"他开始写道，"让我觉得自己很孤独，就像有位作家写的那样，就好像跟着不同鼓手的节奏走路似的。有一群像我这样的孩子，让教职员工很头疼，他们为此想出了一个不同寻常的办法来解决这些问题。

"一天，距离放学还有 5 分钟的时候，校长宣布说下周一开始学校会有一些变化。她当众宣布说：'周一开始，有的学生就不允许回到自己的教室上课了。他们会离开去一个单独的教室。我们没必要对他们感到歉疚，因为他们是离经叛道的学生，对大家、对他们自己都漠不关心。'

"周一的时候，我们被赶进了一个门上贴有'禁闭室'的屋子。其他学生在上下课的路上，总会透过门，盯着我们看……

"至于上课时间，他们给我们'试卷'做，但从来不在乎有没有完成。有一天，我睡着了，也没有人叫醒我。教室里根本没有老师，只有一个人看着我们，保证我们不出门。

"最后，我终于想明白他们为什么这么做了。我觉得他们希望我们当中有人能够意识到学校其实不欢迎我们，这样他们就可以摆脱我们了，不过学校是不会承认这点的。不管怎样，校长的这项新命令似乎有了点成效。我们这些学生当中真的有人辍学了，因为他们的家长发现学校已经放弃自己的孩子了。一种错误的想法正在他们脑中形成，或者已经成型了。

"我第二次被关进禁闭室的时候，其他还没有辍学的学生选举我做代表告诉校长他们的不满。我现在觉得当时的自己太过激了。我对校长说：'你和这个大粪池学校以后都会为现在的恶意举动而后悔。学校里唯一一个离经叛道的人就是你。你应该把自己关到那个禁闭室去。'

"这之后不久，我就离开了那所学校，转到了位于马萨诸塞州的一所学校。我常常想我的离开是出于愤怒还是羞愧，我现在知道了，我离开是为了能够澄清自己。之后，我一直特别努力，就是为了证明学校不应该因为一个学生会带来麻烦而放弃他。"

1月临近期末的时候，杰里米说他患上了严重的支气管炎。"学校的护士说我当时发烧有100多度①。因此，我无法完成社会科学的论文了。老师说我可以下一周交给他，但因为已经过了截止日期，我会被扣分的。"

我不想太刻薄，但我提醒杰里米，我记得之前在寄宿学校读书的时候，每当快提交作业或者期末论文的时候，他总会碰巧患上一些小疾病或者碰上突发事件。他兴致勃勃地听我说完这些，然后说："嗯，我知道看起来是这样。"他感到很"后悔"，下学期他会努力不让类似的事情发生。

不出所料，他第一学期的成绩参差不齐。电影与戏剧 A，社会学 B，数学 D，英语 B⁺，社会科学 C⁻，不过杰里米坚持认为，如果他"能够按时提交论文的话"，社会科学肯定会得到 B 的。

第二学期的时候，他在论文截止日期到来之前格外勤奋。"英语课上，"他说，"我读了罗伯特·赫里克、托马斯·怀亚特、约翰·邓恩、克里斯托弗·马洛……还有弥尔顿·埃德蒙·斯宾塞……

"啊，我忘了，还有安德鲁·马维尔。"

他说除了埃德蒙·斯宾塞之外，他很喜欢其他人的作品。"你告诉我实话，会有哪个学生在阅读《仙后》（*The Fairie Queene*）的时候感到周身兴奋吗?"

---

① 指的是华氏温度。——编者注

关于哲学课，杰里米说："我们上课的时候总离题。本来开始讲爱默生，但又会说起柏拉图与阿奎奈、卢梭、笛卡尔、克尔凯郭尔等等。这门课程的第一份作业，我选择写柏拉图的《理想国》。我本来想将这部著作与杰弗逊的《第一次就职演说》相比较，但我只写了6页纸。如果我开始讨论杰弗逊的话，那我恐怕永远都写不完了……"

至于第二学期的社会学课程，他说上课的时候需要辩论："'穷人是否需要对自己的贫穷负责'，我是正方，我就想试试能不能说服自己相信我自己都不相信的事情……对了，我跟没跟你说过我最近在图书馆打工？每周2次，每次4个小时。这是我勤工俭学的工作。"这也是他接收的经济援助计划的一部分。

尽管杰里米做出了许多努力，大学一年级的生活对他来说还是很困难。他的数学与社会科学两门成绩很不理想。暑期的时候，他得留在学校补习这两门功课。好在他通过了这两门考试，带着无限希望开始了大学二年级的生活。

大学二年级开学了，但他直到10月中旬才给我打来电话。

"你好！"他说，"很抱歉很久没联系你了，我最近处在犹豫不决的状态中。"他说他得选择自己的专业了。"我想学欧洲历史，或者社会学，不过这是出于不光彩的原因。校园里的说法是这不会太吃力。但说实话，我真的搞不清楚，这门学科好像没有什么重点或者方向……最后，我终于选择好了。"他选择学习英语，他知道我也希望他这么做。

那个学期，他开始学习18世纪的英国诗人。"浪漫主义时期，济慈与雪莱，布莱克还有华兹华斯。之后是维多利亚时期的罗伯特·布朗宁，哦，还有A·E·豪斯曼，我都没听说过这个人，牛津诗人……他让我想起我自己。"

"你读丁尼生吗？"

"是的。"他说。

"你喜欢他吗？"

"一点也不喜欢。"

"我也不喜欢。"我也承认。

"'他们不能去问为什么，他们只能选择去执行任务或战死！'"

"起码你还知道这些诗句。"我说。

"我知道，但我觉得很遗憾。"

他说这门课没有期中考试，但学生们需要写一篇长论文——"3 周时间，从 11 月开始"。

我问他选择什么题目。

"《被打断的天真》，"他答道，"我们看看吧，要是读过的话，就会发现大多数浪漫主义诗歌描写的其实都是诱惑。"

他也修了一门两学期制的课程："莎士比亚，戏剧与十四行诗。12 篇戏剧，我都数不清有多少首十四行诗。"他还问了我一个关于格罗斯特公爵、博林布鲁克和约翰·冈特的问题，见我回答不上来，他显得有些失望。

"你的哈佛论文写的是莎士比亚，但你不记得约翰·冈特?"

但他立马又表示歉意——"我并不想伤害你"——接着给我讲述他参加戏剧团的一部剧。"街车……"他不经意地说。

杰里米在这一年与下一年的学习我都有些忘记了。我就记得他春季的时候告诉我他计划再一次选修一门现代小说的夏季课程，这样，秋季的时候，课程的压力就不会太大。这一次，他的重心不再"模糊"了，他知道自己以后的任务不会很轻松。

大三那年的冬季，他因为与同班同学闹僵了而不开心，这位同学他之前提过，就是"来自斯塔顿岛的那位女孩"。

"她是我大一的时候交到的第一位朋友。以前，她常替我剪头发。我们也会一起去吃比萨。"大三的时候，杰里米的宿舍正好对着女孩的宿舍，二人因此也养成了睡觉前相互挥手的习惯。

一个周末，她邀请杰里米去斯塔顿岛看电影，然后去她的邻居家参加一个派对。杰里米从大学附近的车站乘坐地铁北线，到曼哈顿之后转成斯塔顿岛的渡轮，最后，按照女生的指导，杰里米在他们约定的地点见到了女生。

那天晚上，很晚了他还给我打电话："我们看电影的时候，一切都还很好，"他的语气既发狂又尴尬，"但我们离开电影院走在马路上的时候，我就搂着她的腰，我觉得这很正常呀，但她立马僵住了，像一根冰柱一样，她推开我，就好像我侵犯了她似的。这让我觉得自己就是一个可怕的怪物。她看我的眼神特别刻薄!"

"她说她要回家了，她也可能是要去参加派对，但她不想告诉我了。她就那么走了，把我留在那里。所以，我现在在渡轮上了。"——我这才知道他在哪里打的这通电话——"我得坐火车回去了，希望能够赶上地铁北线回学校。"

"她看我的眼神让我觉得她很憎恨我，这也让我觉得我挺不招人喜欢的。我必须跟别人说一说。"

杰里米乘渡轮回曼哈顿的路上，一直给我打电话，我的情绪也糟透了。

过了不久，杰里米给我讲述他从斯坦顿岛回来后就一直在构思的故事。"我的题目还没有想好，一开始我想起名叫'痛苦'，但又觉得这有点言过其实了。现在，故事的名字叫'粉碎的梦'"。他的语气中带有一丝幽默感，这让我相信杰里米受到的伤害已经有所缓解，不过我认为他还需要一段时间才能完全恢复。

春假的时候，杰里米在深夜给我打来电话。他说他当天在曼哈顿的一家电影院看了一部电影《再见，孩子们》。这是路易·马勒指导的电影，杰里米问我有没有看过。我回答说我已经看过很多遍了。这部让人难以忘怀的电影讲述的是一群犹太孩子的故事，他们在法国的一所寄宿学校被纳粹党带走，后来得到一位天主教牧师的庇护。

"最后那一幕，"他说，"你知道他们后来会怎么样——但这让我觉得心里空荡荡的……

"我知道这对你来说可能会很奇怪，但每当看到类似的电影，我就会觉得我读过的这些书和学到的这些知识都不能让我们的邪恶行为彻底从这个世界上消失。"

我问他"我们"指的是谁。

他说："全人类。"

4月，我们针对即将到来的综合能力测试进行了一场详细的讨论，这是英语专业的学生在大三的时候必须参加的、涵盖各个领域的考试。当杰里米看到考试说明的时候，他突然意识到还有很多重要的作家的作品他没有阅读过。

虽然我知道他之前总会临阵逃脱，但这一次我欣喜地看到杰里米下定决心留校参加一门关于早期英国作家，即莎士比亚时期之前的作家的集中课程，不然的话，他就需要在秋季开学的时候再学习这门课。好在他很喜欢这门课，"尤其是《特洛伊罗斯》"，他觉得这比《坎特伯雷故事集》有趣得多。他说克里西达对待特洛伊罗斯的残忍行径让他想起"你也认识的某个人……"

大三的时候，他摔断了一根脚趾，起码，他一开始是这么以为的。一周之后，他告诉我："不用再拄手杖啦！大夫们发现脚趾没有折断呢。"

这一次，他没有让这个小意外或者病痛影响到他复习考试的注意力。杰里米需要在 1 月末的时候参加综合能力测试。尽管他已经做出了详细的计划，但还有很多指南上的作家或者作品是他没有复习到的。"约翰逊博士，还有德莱登，还有蒲柏——《夺发记》，还有柯勒律治、济慈以及艾略特——我从来没读过《四个四重奏》。"

当他告诉我这些的时候，已经是 10 月了。我真的不相信他会在这么短的时间内读完这么多作品。我没有事先征求杰里米的同意便给他的大学指导员打了个电话。

"这对他来说确实太多了，"指导员也承认，"遇到类似的情况，我们都建议学生延期一年参加考试。对于杰里米，我只能为他祈祷了。如果有必要的话，他可以考虑我们的建议。"

随着考试时间的推进，杰里米几乎每晚都熬夜，有时会直到黎明时分。他说他甚至会趴在书上睡着了。他征得学校同意，在圣诞假期也留在学校读书，因为他还没读完蒲柏——"还有，你猜是谁，德莱登……哎！"

我告诉他指导员说过的话。

"乔纳森，听我说，我下定决心了，6 月的时候一定要毕业。"

杰里米试着对我解释延期一年毕业会让他很伤心，让他自己失去信心。"我在布朗克斯区住的那栋大楼里，大概一半，我敢说接近三分之二的孩子高中都没毕业。即便有的孩子高中毕业了，他们当中很多人也没读大学。或者就算是读大学了，很多人不久就辍学了，可能之后他们还会接着读……那栋大楼里的孩子们"——那真的是一栋很大的楼，我之前也说过，有 20 层高——"读完整个大学、按期与班级同学一起毕业的孩子都不超过 5 个。"他觉得如果他延期毕业的话，他的妈妈会非常失望，还有大学里一直帮助他补习的那些老师们也会失望。

想到这么多鼓励他的人，杰里米下定决心不让他们失望。事实证明，他真的做到了。他通过了综合能力测试——"不完全是。"他这么说，但杰里米说他的英语老师说他做得"非常好"。

这一刻，我其实应该觉得放心，但我就像一位神经兮兮的家长似的，总担心会有不好的事情发生。我觉得自己应该提醒杰里米要通过最后几门考试。

"我疯了吗?"他答道,"看看,答案是:我没疯。"他安慰我说自己还需要完成一篇论文,还有三四门考试(这时候他还不太确定)。

6月初的一天,我跟杰里米的妈妈、爸爸、奶奶,还有玛莎坐在一起,看着杰里米与他的同学们在主席台前的楼梯上站成一排,那上面坐着大学的理事、教职人员和校长。当他被授予学位的时候,他站在那里的时间比别人稍微长了一点,脸上带着一丝害羞的微笑,他看着观众席,好像能找到他的家人似的。

他的妈妈用手揉了揉眼睛,心中满是骄傲。

由于期末的压力,杰里米暂时没有时间考虑未来以及毕业之后如何生存等问题。但突然之间,他必须做出一些实际的决定。

对于成千上万的毕业生而言,除非他们本身的专业具有较高的技术性,能找到对应的工作,大部分毕业生都会面临杰里米这样的两难抉择。但我觉得,这对于杰里米来说尤其困难,因为自从他喜欢上埃德加·艾伦·坡以及"缠绕"上了查尔斯·狄更斯①之后,这几年来,他痴迷于道德、历史以及激情等问题,当然了,正是由于杰里米这方面的特质,才吸引了我与牧师的注意。他的这份激情直到毕业那天都不曾熄灭。

他的创作没有以前多,但他的阅读量依然庞大。英国的历史总能吸引他的注意。他同时也对波多黎各历史产生了兴趣,不过在这之前,他很少谈论这个话题。他告诉我波多黎各当地的居民被称作泰诺人,波多黎各被西班牙征服后,当地的泰诺人遭到一次大屠杀,这之后,波多黎各又被美国征服。这引发杰里米继续探索不同的美国政权是如何剥削加勒比以及拉丁诸国的。

当然了,杰里米对美国的当代政治也非常感兴趣。这应当源于2000年11月的美国大选,当时,杰里米还在读大学。从那时候开始,杰里米密切关注纽约以及华盛顿的政治新闻。他会时不时地在半夜给我打电话,告诉我一些让他生气、困惑,或者他认为我会感兴趣的新闻。

---

① 查尔斯·狄更斯(1812—1870),英国19世纪最伟大的作家之一。——编者注

与此同时，跟那些幼时在圣安非常活跃的孩子一样，杰里米会在暑假的时候，来圣安帮忙，他参与的是一个非常稳固、集中的教育项目，讲授历史与阅读。夏末的时候，他第一次告诉我他萌发了当老师的念头。

听到这个消息，我很高兴，因为我早就发觉他在于孩子们相处的时候极为放松和愉悦。我也记得当年他起身靠在桌子边轻轻地安慰患有艾滋病的儿童的场景，这让那个孩子也感觉到了一丝能量，眼中闪现一抹微笑。我也认为，杰里米在初中与高中时期经历的动荡会让他竭尽全力帮助那些与他经历类似却没有之后他的机遇的孩子们。不过，杰里米与劳拉——小菠萝的姐姐的情况类似：他们的大学教育不能赋予他们在公立学校教书的资质，因此，他必须考取资格证书。

经过一番调查之后，杰里米发现了一个权宜之计。尽管这是一个比较边缘化的岗位，但他可以在一些公司组织的私人项目中授课，帮助那些孩子通过国家设置的标准化考试，这里的老师不需要有资格证书。

最后，杰里米在一家公司找到了一份工作，不过他觉得"这是天大的讽刺"，因为当他还是布朗克斯区一名高中生的时候，最痛恨的就是这样的考试，而且在去寄宿学校之前，他一直考不及格。他有一次跟我说："每当我答卷的时候，我就觉得我真的完蛋了。2号铅笔，每次都被按断……"

不过，杰里米需要赚到钱。他非常不喜欢这样只关注成绩的授课，因此他告诉我说他会"偷偷讲一些题外话"，比如给他的学生们讲故事、鼓励他们写随笔、帮助他们创作小故事等等。杰里米说，规定的课程都"特别特别无聊"，而且学校没有什么人来监管他们，所以这样做"反正没有人注意到"。

杰里米现在与母亲住在一起，他用自己微薄的薪资维持母子的开销。不过时不时地，杰里米还会带母亲出门奢侈一下（比如去曼哈顿吃一顿晚餐），否则的话，母亲永远不会有这样的经历。

杰里米大学毕业一年之后的一个夏天的晚上，他告诉我他要带母亲去波士顿，因为母亲很喜欢音乐，所以他打算带母亲去欣赏海滨大道河畔举行的波士顿大众管弦乐团的演出。下午的时候，他则计划带母亲去参观历史景点，"比如，"他说，"老北教堂，法尼尔厅。"他在读寄宿学校的时候，就已经去过这里了。

"我们会乘坐中国大巴（往返于波士顿与纽约的学生通常会乘坐中国大巴，因为可以议价），"他出发前的那天晚上，给我打了个电话，"特别便宜，才16

美金。我们中午的时候会到站，希望那时候可以见到你。"

大约下午 5 点，我与杰里米母子在普利广场对面的公立图书馆见面了，这里也是一个历史建筑。让我欣慰的是，虽然杰里米带着母亲去老北教堂参观了朗费罗创作的《保罗·雷维尔策马飞骑》的著名诗歌中提到的点亮灯笼的场景，但他的母亲看上去还没有筋疲力尽。

我们在剑桥附近的一家餐厅吃晚餐，我觉得他的母亲会喜欢这里。在我们就餐之前，杰里米强烈建议母亲喝一杯冰桑格利亚汽酒。我们一直聊天，直到最后，杰里米征求母亲的意见，问她是否可以放弃欣赏音乐会，尽管这才是他们来到波士顿的初衷。杰里米告诉我，他母亲听到这个消息也松了一口气，她说："否则还真吃不消呢。那里的人多得吓人。"

我们决定留在餐厅聊天，一起吃了些甜点，还喝了咖啡。之后，我驾车送他们返回波士顿搭乘晚上 10 点返回纽约的大巴。第二天晚上，杰里米告诉我，他们凌晨 3 点才返回布朗克斯区。"我们不得不坐地铁，你也知道，那个时间段，根本没有什么火车。"他说他母亲一直睡到了当天下午。

"这次旅行真的好极了。你看，我们在波士顿的时候还见了面。我母亲可高兴了，这也是我希望看到的。"

一直以来，杰里米都想成为一名"真正的老师"，而不是某一个培训机构的辅助性的老师。我建议他参加短期学习班，先做一名助教，即公立学校里所谓的辅助人员。但杰里米却坚持自己的想法。"我想做一名教师，而不是'辅助的'教师"，而且他也知道，"我需要资格证书"。

我很欣赏杰里米这样坚持自己最终目标的做法，但说实话，我觉得杰里米没做好考取资格证的集中学习的准备。虽然我没有跟杰里米详细谈过，但我感觉他在学术方面的能量消耗速度比他自己预想的要快得多，这从他毕业前那段没日没夜的补习以及之前在寄宿学校强迫自己学习等事件中就能看出来。

但不论如何，杰里米下定决心要试一试。他成功申请到了一所位于纽约的大学里的教师培训课程，他选择在晚上上课，这样，白天的时候，他还可以从事自己现在的工作，继续赚钱。在刚开始的阶段，他做得还真不错。过了不久，他与我聊天的时候就会提起一些新的词汇与理念。"皮亚杰关于认知发展的阶段。孩子通过模仿学习，婴儿在摇篮时期就开始学习。当妈妈挥手告别的时候，婴儿开始明白这意味着妈妈要离开了，接着婴儿也学会挥手再见……他认为孩子经历四个阶段。埃里克森将其延伸至童年之后……我们现在开始学习维果斯基……"

但经过两个学期，杰里米承认说自己的心理状态不能完全适应项目设置的那些紧凑课程，而且他说培训特别强调度量标准的重要性，即"学生进步的测量"等，这让他很害怕，因为从中学开始，他的数学就不好，而且这个噩梦一直缠绕着他。最后，杰里米承认说自己没法完成培训学习。

这次尝试的草率与失败让杰里米很不安，而且据我所知，他也很尴尬。到现在，他已经做过很多事情，也取得很多成就。尽管经历过这么多困难，他还是发觉自己被固封在一个停滞的状态中，无法完成那个一直跟随着自己的目标。

"我想当一名作家，"某个晚上，杰里米这么告诉我，"但随后我就意识到这不能成为我的职业，我依然热爱戏剧。我还想当一名教师，这些一直在我的脑海中。"

听了这些，我努力不去说什么安慰他的话，这样的话在我们之间的谈话中也很少出现。我告诉他我欣赏的很多人，比如那些很有天分、帮助我写完著作的辅助人员基本都是他这个年龄的孩子，有些会比他大三四岁，这些孩子依旧在寻找机会实现自己的目标与梦想，虽然有的理想才刚开始或者与现实差异很大，但总有一天会出其不意地被实现。

不过话说起来容易做起来难，杰里米需要的也不是言语鼓励，倒是玛莎，"那位牧师"——他依旧这么称呼玛莎——比我更能理解杰里米，她意识到杰里米现在需要一个特定的目标，在他人生的这个阶段他需要被"集中"的感觉，而不是去考虑以后会选择哪个方向。以玛莎的才智与交际能力，可以帮助杰里米完成这个目标。

玛莎总是特别相信杰里米。在杰里米经历那段暗无天日的动荡日子时，教堂就是他安全的港湾。她安排杰里米做教堂课外活动的指导教师，而且在我也不知情的情况下，她还让杰里米担任圣安教堂的办公室经理，这样一来，杰里米就与玛莎的联系更为密切了。

现在，杰里米工作稳定，在岗位上表现很好，不仅能有效处理教堂里的问题，还可以处理好附近社区的问题。教堂的课外辅导与附近的社区会经常出现各类事情，比如医疗急救事件，或者哪个孩子因为来教堂的路上目击了枪击事件而大哭。如果牧师不在教堂的话，杰里米会给她打电话征求她的建议，但如果他也联系不上牧师的话，他就会自己练习做出正确的决定。

逐渐地，玛莎在其他方面也特别信任杰里米。如果教会的哪位成员因为疾病或者其他原因而无法出门，或者他们住院了甚至病危了，玛莎就会一次次地去陪伴这些成员，她会握着他们的手，与他们聊天，并且为他们祈祷，倾听他们的希望与恐惧。一段时间之后，玛莎开始邀请杰里米陪她一起去。

"在安慰人的方面，杰里米很有天赋。这些人中有老年人，"她说，"有时候，杰里米是自愿的，会去与他们聊天，为他们读书，或者与他们一起祷告，或者只是简单地在这些老人去世前带给他们力所能及的平静与友善。杰里米这么做可不是出于敷衍的目的，而是发自肺腑的举动。我知道他们都盼着他的到来。"

他用词精妙，对文学世界和戏剧作品的着迷有增无减，但最近，他迷上了新的事物。不过更确切地说，这件事在他还是孩子的时候就已被他认知，只不过之后经历了很长时间的一段休眠，最近才重新浮现在他的脑海中。

"你知道，"他说，"我还想着当老师这回事，从来没忘记过。除了在学校可以做老师之外，或许还有其他途径呢。"

玛莎之前提到过杰里米做牧师的潜力，而且认为以后他可能会成为神职授任的竞选人之一。"他有这方面的资质，这也不会影响他的戏剧感。不过他需要先到神学院学习……"我不知道这是不是就是杰里米口中的"其他途径"，他没有详细说明，我也没有强迫他进一步解释。

最近的一天傍晚，我在他的办公室等他整理文件。当时已经 6 点多了，牧师已经回家了，孩子们也回去了。他将一些留言与备忘录装进马尼拉纸袋中，放到了牧师的抽屉里。我们在圣安相识多年，就在这样安静的一个时刻，他开始跟我聊天。

"每当我灰心沮丧的时候，"他说，"而且我经常会这样，我都告诉自己想一想还是小孩子的时候，你与玛莎将我'送到外面世界'以后的日子。"

"在寄宿学校的时候，我的经历比你能够想象的还要让人害怕，因为我觉得自己跟其他孩子都不一样。直到我加入了戏剧小组之后又过了一年，我才开始与同学们交朋友。我猜你大概也知道，直到大三那一年，我才特别积极想要争取毕业。不过当我得知我还需要学习很多知识的时候，我意识到这一切对我来说很困难。

"戏剧是我的保护伞，我知道我会做得很好。当你得知自己在某一方面才华横溢的时候会有什么感觉？这就是我的堡垒。大学期间，我导演了三部戏剧，还在社会公映，其中一部还是我自己写的。我的成绩不是最好的，你一定记得最后你怀疑我能不能够按时毕业，连我自己都感到惊喜，我竟然做到了！

"我读培训学校的时候对自己很失望，最后我也意识到这里的要求远远超出我的能力范围——这里能够压垮我……哦，当我决定放弃的时候就意味着我投降了，但后来我总算能够重新找回自己，牧师在这个时候也帮助我更快地找回自己。

"现在，我的工作有机会跟孩子们在一起了。前两年的时候，我与很小的孩子们在一起。当其中一个小朋友上楼问我'你好吗，杰里米先生？'的时候，我心里很高兴。我愿意相信自己能够改变他们的生活，虽然这只是一个小开始。我现在知道还有其他很多方法可以改变这些孩子们，或许不只是孩子们，也会影响到他们的爸爸妈妈或者爷爷奶奶。对于现在的成绩，我很满足。"他接着趴在桌子上说："但我绝不满足于此……

"人们不断跟我说：'你的这个想法、你脑子里的这个念头是绝对不会实现的。你不知道该怎么去做，你还不具备那样的素质，还不够坚定，因此对你来说，绝对不可能！'我便告诉自己：'我一定要这么做！当我准备好了，也足够强大的时候，我一定会去完成它！'

"你还记得我之前与科尔斯博士谈话吗，就是他到我们学校演讲那次？"

"你说他有一双忧郁的眼睛。"

"你记得我问过什么问题吧？"

"这件事发生太久了。"我说。

"我问他曾经描写过的人，就是密西西比那个名叫鲁比·布里奇斯的小女孩，最后有没有实现生命中的目标，她是否觉得满足。博士回答我说，我们不应该把一个目标与人生的旅程分离开来，'重要的不是地点，而是途径；不是目的，而是方式'，我牢牢记住了这句话。

"我依旧相信，路还在前方。"

12　安吉洛的挣扎

❶

一位小男孩。

今年 7 岁。

浅棕色皮肤与深棕色的头发，眼睛里闪耀着微笑，安吉洛是个淘气的小男孩，可学校里的老师都很喜欢他。

一位名叫塔比瑟的小女孩是安吉洛在第三十小学的同班同学，她说她会躲安吉洛远远的，因为"他是个坏孩子"，是班级里的"坏东西"。

"安吉洛说什么了?"

"他说: '鱼儿，鱼儿!'"

"这看起来不坏啊"。我说。

"太坏了! 真的! 他趁老师不注意的时候走到我身后这么叫我!"

"再说一遍?"

"鱼儿，鱼儿!"她一边重复着这令她害怕的词语，一边像米洛鱼似的吐着气泡。接着，她趴在桌面上，将脸埋在胳膊里，发出一阵笑声，不停地摇着头。

安吉洛给圣安教堂里的人制造了不少小麻烦，他似乎就想做一个"坏小孩"，但他做的这些坏事确实无伤大雅，就好比叫塔比瑟"鱼儿鱼儿"似的。玛莎说安吉洛有着强烈的宗教信仰，经常向她询问关于上帝的问题。

有一次，在圣安教堂的餐厅工作的卡特琳小姐说"安吉洛问我上帝是不是威武强大"。她告诉安吉洛上楼去问问牧师。她说玛莎告诉他，"如果我们全心全意信仰上帝的话，他就会创造奇迹"。过了一会儿，卡特琳说安吉洛又回到了餐厅，"他说：'如果他真能够创造奇迹的话，那他怎么从来不帮我挑玩具？'"

"帮帮我吧，乔纳森，"卡特琳说，她一只手放在胸前，"我忍不住笑了！"

虽然年纪尚小，但安吉洛总在思索有关上帝的问题。他从不怀疑上帝可以影响他的生活，但他相信自己也有力量去影响上帝判断自己是不是个好孩子。他有一次对我说，如果小孩子听话的话，上帝就会很高兴——"他很开心！"如果孩子犯错的话，他说："上帝会哭泣的。"

"你怎么知道上帝会哭呢？"我问。

"我能听到他在哭。"他答道。

"你能听到？"

"是的。"他说。

"你是怎么做到的？"

"我去找牧师了。"

"你说什么了？"

"你能传达我的祝福吗？"

"她怎么做的？"

他说牧师在他头上撒了点水，他称这是"到处飞的水"。因为我见过牧师将圣水撒到孩子的头上，所以我知道安吉洛指的是什么。这个仪式没有我预期的那样庄重，因为玛莎将它改为孩子们喜欢的愉悦的方式。但安吉洛真的相信圣水能够帮助他不再犯错误。

安吉洛的母亲性情温厚、友善，她在圣安大街的一个药房上班。安吉洛的父亲则在监狱服刑，那里距离纽约大约有 6 小时的车程。差不多安吉洛一出生，他就进了监狱。安吉洛以前常说父亲"在学校"，他有一次说父亲就快要"毕业了"。

弗雷德·罗杰斯①在 1996 年的秋天为安吉洛照了一张照片。照片上的安吉洛站在圣安教堂的厨房门口，他的头发剪得很短，右胳膊下面夹了一只毛绒兔子，脸上带着友善的微笑，正带着一个小孩来此参观。当时，罗杰斯来到纽约与我一

---

① 美国公共儿童电视创始人，从 1963 到 2001 年，罗杰斯通过他 1000 多集的儿童电视节目《罗杰斯的邻居们》教育并影响了千百万的儿童和家长。——编者注

起做讲座，之后还要接受 PBS 电视台的采访。我们工作结束的时候，他请我带他去圣安教堂，这样他就可以看看那里的课后活动与孩子们。

教堂里挤满了人，安吉洛当时在屋子的最里面，但我们一进门，他就看见我们了。他穿过屋子，张开双臂向我们走过来，眼睛直直地看着罗杰斯先生，双手抱着他的腰，使劲踮着脚想亲他的脸。

牧师代表教堂所有工作人员欢迎罗杰斯先生的到来，并且向孩子们介绍了这位先生，这之后，大部分孩子都去教堂楼上参加辅导活动了。但牧师留下安吉洛、塔比瑟以及其他十来个孩子与罗杰斯先生聊天，卡特琳小姐还为他们准备了一盘曲奇饼干与橙汁。

几周之后，罗杰斯先生送给我一本他的摄影相册，他还用黄色的便签纸标注了自己的感受。"我最喜欢这张。"他在安吉洛的照片下面这样写道。"他的眼睛里闪现出真正的光芒，而并非小孩子的普通友善，"他说，"我是不会忘记他的……"

安吉洛读小学一年级的时候，他犯了错误，经常缺勤，因此春天到来的时候，他的老师说他不能升入 2 年级，那时我们还不认识。6 月的时候，罗莎小姐告诉安吉洛的妈妈他的儿子不能升入 2 年级了。

那一年的 9 月，安吉洛又读了一次一年级，这时，我才在圣安认识了这个小男孩。直到他读 2 年级的时候，我才开始拜访他的学校。

他的老师是一位 50 多岁的非裔妇女，在学校已经工作 15 年了，名叫弗朗西斯·杜克斯。她班级里有 29 个孩子，而且她管理班级的方式非常严格、传统，因此，全班学生被她管理得非常听话，即便犯了错误，老师也不需要大吼大叫。她只需要像家里的奶奶那样抱着双臂皱着眉头，就可以保证孩子们井然有序，有礼貌，守规矩。

"我的孩子们都已经是大人了，"她说，"我一个人住，因此班级的孩子们就是我的家人。"

我能感觉得到她特别想保护安吉洛。"即便他在教室里恶作剧，"她说，"他的个性中的某些东西总会让别人轻易原谅他。我非常想在以后的假期带他去旅行。我觉得带他去南方一定很有意思，我想让他看看我长大的地方。"

当我与她在她办公桌边站着说话的时候，安吉洛走了进来。他双手抱着我的腰，头贴在我身上，抬头看着他的老师。"他今年很努力，"老师一边对我说，一边低头看着安吉洛，"但他总会在班级里说些不恰当的话……我们正在改进呢，不是吗？"安吉洛也赶紧点头表示赞同。

学校放假前的最后一天正好是安吉洛的生日，而其后一天是另外一个小朋友的生日。老师便让这两个孩子站在黑板前，其他学生为他们唱生日歌，之后，老师拿出了前一天晚上做的挂着黄色糖霜的生日蛋糕，全班每个学生都吃到了一小块。

安吉洛的桌子上放着一个网球拍，这是罗莎小姐——他的校长送他的礼物。当安吉洛给杜克斯小姐看这个球拍的时候，杜克斯小姐问他知不知道自己也打网球。

"你也打网球？"他说。

"是的。"

当杜克斯小姐告诉安吉洛她还会直排轮滑的时候，他更吃惊了。孩子们一想到这位可敬可爱的老师在她居住的新泽西的小镇的人行马路上溜滑轮时，禁不住会心地微笑。

在第三十小学读书的时光对安吉洛来说很快乐。他非常幸运，在3、4年级的时候遇到了像杜克斯小姐那样严格又富有经验的老师，他们虽然对安吉洛要求严格，但也极为保护他。5年级的时候，他的老师是我之前提到的非常棒的哈里纳赖恩小姐。

等到小学毕业的时候，他的"坏分子"脾气已经被同化得很好了。但当他在杰里米之前就读的那所混乱、糟糕的中学读书的时候，他又恢复了原样。小学那种温暖、安全的环境，与中学冷漠、没有人情味的氛围形成鲜明对比，而这也让安吉洛养成了好斗的性格特点。他就读的中学经常能看到暴力场景，在那里，只有最强壮的孩子才说了算。他们经常聚成一团站在走廊里，专门威胁那些会害怕他们的孩子们。安吉洛说："我想让他们知道我跟他们一样强壮，这样他们才不会欺负我……"

他学会了打架，虽然他觉得自己这么做是为了自我保护，但他还是在一年里被停课三次。正巧在这个时候，他的妈妈被迫搬到了西班牙哈莱姆区居住，那里虽然不像圣安大街那样混乱，但据安吉洛后来告诉我说那里也有"大麻烦"，其中就包括吸毒。安吉洛的妈妈为他在附近的学校报名上学，然而安吉洛已经养成的只要别的同学对他有不敬言辞便采取极端进攻方式的习惯以及突然发疯的性格让他不久就被驱赶出了学校。

他现在被划分到另外一所学校读书，该校的校长表示自己的学校就是收容"别的学校都不想要的"孩子们的"垃圾场"。这所学校就是那些所谓的"主题学院"其中的一所，在纽约市成立不久，还做作地起了一个只使用首字母缩写的名字。但所谓的学院只不过体现在校名当中罢了。学校里的班级平均有 30 个学生。（我参观的一个班级人数为 31 人，另一个班级人数为 32 人。）全校 15 位教师中的 13 位都没有资格证。学校物资贫乏。"3 个班级都没有教科书，"校长如是说，"我必须去争，绞尽脑汁才能找到学校需要的东西。"

学校距离曼哈顿上东区的白人区仅几条街之隔，可是学校里超过 90% 的学生都是黑人或者拉美人。我在学校停留的几个小时里，只见过一个白人女孩。

我问了该校的一位数学老师是如何来到这里教书的。他说他以前做生意，大概由于事业的原因吧，他急需找到一份新工作。"一个朋友说，拿着你的大学成绩单来吧"，他说自己第二天就开始在这所学校上课了。

"如果我们有钱的话，最理想的班级学生人数是 15～20 人。"另一位老师说。不过，就算学校有钱请来足够多的老师的话，校长说："我们也没有那么多教室。"他打开一间仓库门，我跟随他走了进去。里面堆满了东西，我们连转身的地方几乎都没有。"这个，"校长告诉我，"就是我们的社会科学课程办公室。你喜欢自己的办公室是这样的吗？"

7 个月之前，我在一个教学会议上遇到了这位校长。当时我的演讲主题就是关于市内学校在资金与资源分配上的不平等。我注意到每当我在演讲中提到纽约市的时候，他都会点头以示赞同。在我演讲结束之后，他将我拉到一边对我说如果我能去他的学校参观一下，看看老师和孩子们的话，他会很感激。那时，我还不知道安吉洛已经就读于这所学校。

校长首先带我观摩了一堂英语课和一堂基础数学课，之后，我们来到了一间教室，里面的一面墙壁上贴有社会科学海报（其实只有两张海报而已），而其他的墙壁都是空的。校长还没来得及向我介绍老师，安德鲁便在教室中间站了起来。他径直走向门口，我发现他已经比我上次见到他的时候长高了许多，还是孩子气的表情，而且也像之前在圣安时那样，给我一个大大的拥抱。我向校长解释说在安吉洛小的时候我们便相识了。于是，他便邀请安吉洛一起到走廊里聊天。

就在我们走出教室的时候，外面发生一阵骚动。一个个子高高的拉美裔男孩从走廊那头跑来，他一只眼睛上方的伤口正往外淌着鲜血，将我们三人一把推开，试图去追赶那个让他受伤的男孩。不过那个男孩已经消失在通往楼梯井的大门口，这个时候基本已经跑出大楼了。受伤的男孩特别愤怒，走廊里的一位老师正在尽力安慰他。

校长带我们到他的办公室坐坐，里面有一张沙发和几张坐着很舒服的椅子。他一只手轻拍着安吉洛的胳膊。"有一些孩子还是让我感觉自己辛苦工作是值得的，这就是其中的一个。他学习很努力，也不会给老师制造麻烦。他总是努力与那些惹麻烦的孩子保持一定距离，就比如刚才你看到的那个孩子，我都没办法管教他了。"

校长与安吉洛并肩坐在沙发上。我拉来一把椅子，坐在他们面前。校长问安吉洛能不能说说他是怎么与我认识的。安吉洛告诉校长当我去圣安教堂的时候我们是如何见面的、当他读小学 2 年级的时候我是怎样到学校参观的。他既怀念又欣慰地说起罗莎小姐与杜克斯小姐。他说他希望自己永远不会从罗莎小姐的学校毕业，因为在那里他过得特别开心，可是随后的日子让他觉得很艰难。

校长认真听完了安吉洛讲述的故事。之后，他还对安吉洛说起了自己的成长故事。校长本人是拉美后裔，小时候也在纽约长大。他读中学的经历也让他不愉快，他读高中的时候曾经辍学在家，过了好几年，他才找到重返校园的动力。当他读大学的时候，他决心毕业后要去帮助那些与他遭遇相似的孩子们。他说这就是为什么他决定做一名教师。之后，他还告诉安吉洛自己毕业后取得了当校长的资质。

校长对安吉洛说起这些让我印象深刻。我认为，"他这么做一定有他的理由"，我觉得他这么做的目的就是为了创造二人相互信任的基础，这之后，或许安吉洛会毫不犹豫地将校长视为可以吐露心声的朋友以及可以安全依靠的长辈。

安吉洛回到教室后，校长告诉我他特别希望学校里可以多一些像安吉洛这样的学生。"你一定看得出来我很同情这个孩子，我喜欢他，但他还没有远离危险呢。他很容易受到感情上的伤害，而且他脾气火爆。我感觉他正与自己进行斗争，要将这暴脾气控制住，不让它爆发。"

他也坦率地说起之前他暗示过我的话题，那就是他能找到的教学资源实在太有限了，根本无法为学生们提供他们应当得到的教学与关注、支持。"我能提供给学生们的指导相当贫乏，"他说，"这对于现今社会任何种族、任何阶级的孩子都应受到足够的教育真的是一种嘲弄。"

离开学校的时候，我思绪复杂。校长的话并没有鼓舞人心，相反，只是单纯加深了我对所见所闻的印象。虽然学校存在明显的不足，但校长极力保护安吉洛，不放弃他，并鼓励他重振信心，帮助他养成远离麻烦的自律习惯。

安吉洛还入读过两所中学，一所将他赶回了家，另一所则不断停他的课。似乎现在没有其他学校愿意接收安吉洛，就算接收他的话，也未必会比他现在的情况好，甚至可能会更糟糕。我希望会有好事发生，但我总有一种不祥的预感挥之不去。

跟纽约市其他混乱的街区类似的是，布朗克斯区的中学生活对于大多数孩子来说，在学术、心理以及社交方面都堪称是扼杀性的。生活在其他城市里数以千计的孩子也大抵如此，虽然小学相对来说比较好，但等他们上了高中后才发现自己的基本学习技能在初中的时候就已经被严重损害。不管他们在小学的时候习得了哪些知识，等他们读到 9 年级的时候，这些知识都会化为乌有。

高中生活对安吉洛来说十分痛苦。尽管他很努力，但他在 9 年级和 10 年级的时候就已经赶不上学生应该学习的学科功课了。2006 年 9 月，安吉洛已经 17 岁了，他应该升入 11 年级，但他被告知因为前一年不及格的科目太多而无法顺利升学。

羞辱感与自尊受到的伤害让安吉洛很难专心学习，也很难集中精力再听一次老师讲授的课程。就像其他留级两次以上的 18 岁孩子那样，安吉洛找不到继续学习的动力。10 月初的时候，他辍学了。

当时，我已经有两年时间没有看到安吉洛了，直到又过了两年，我才联系上他，这部分原因是我母亲与父亲在那几年间先后去世，我也很长时间没去过纽约。当我再返回布朗克斯区的时候，我忙着与那里的学生或者以前的学生打交道，他们还在圣安，或者还与圣安保持着联系。

我只知道安吉洛住在哈莱姆区，但我既不知道他的具体地址，也不知道他的电话号码。一直以来，我与那些积极与我保持联系或者当他们电话号码改变的时候尽快通知我的孩子们保持着紧密的联系。但当我问起安吉洛的时候，圣安没有一个人有他的联系方式。阿瑞拉说她在街上看见过安吉洛两三次，但当时他与朋友们在一起，并没有跟她说话。

我再次见到安吉洛的时候已经是 2009 年，那时他妈妈又搬回了布朗克斯区。我从街角的商店走出来的时候，在圣安大街上遇到了安吉洛。他看见我很高兴，跟以往一样，还是在来来往往的人群面前给我一个大大的拥抱，但这一次，他的眼神里多了一份忧虑。我们去教堂后面山坡上的花园里，天色刚刚有些昏暗，我们席地而坐。

他很快告诉我中学毕业之后，他总违反法律，已经几次被拘留了。期间，他7 次被关押在一个名为坟墓的位于曼哈顿的综合性拘留中心，被关押者在那里等待处理自己的案件或者等待被审讯。理论上，他们应当在一天之内被提审或者被释放，但由于法庭的延误，这一过程往往很长。

当我问起安吉洛他为什么会被关押在"坟墓"里的时候，他轻描淡写的回答让我觉得他对我一定有所隐瞒。比如，他说有一次他站在地铁站台等车的时候，一群跟他年纪相仿的不守法的年轻人打架导致被拘留。交通警察显然认为安吉洛也是这群年轻人中的一员，便让他出示身份证，但他说："我今天没带身份证。"他们就把安吉洛一起带走了。第二天一大早，安吉洛没有被指控，而被释放回妈妈那里。

还有一次，他刷地铁卡进入回转门，这是正确、合法的做法，但跟在安吉洛后面的那个男人请求安吉洛为他刷一次卡，安吉洛说他看上去很穷（"我以为他是流浪汉"）。"不过一周前，因为我没有地铁卡，玛莎就替我在布鲁克大街站刷了一次卡。不过玛莎当时是白领打扮，而且她还是位白人，我也穿着从哈佛广场买来的西装和领带"。

安吉洛就没这么幸运了。一位交通警察注意到了他，"摆手让我过去"，并通知他这么做违反法律。"他查看我的记录，发现我有过拘留的前科。我只在很小的时候偷偷溜过回转门一次，这也算我的前科了。"这是他第二次被拘留到"坟墓"里。

还有一次，他站在东哈莱姆的一个街角，这里刚刚发生过一起抢劫案。他说一辆警车突然在路边转弯，下来一位警官，说安吉洛与犯罪分子的"外形相似——肤色很浅的拉美男性，白T恤衫，短发"，不过当时附近很多男人或者少年都与此差不多。

不过，安吉洛又被送往"坟墓"……

当我听到安吉洛告诉我说他"违反法律"的时候，我并没想到他真的会犯法，或者触犯某种法律而像克里斯托弗那样被判监禁7年。但安吉洛不知出于什么原因站在那个街角，或者出于他无法解释的原因，或者也可能他整天与那些犯罪少年在一起，这才引起了警察的怀疑，因此会猜测他是嫌疑犯。

但在另一个事件中，他就不是像上述事件那样无辜、被动了。他自己参与其中，但事后他对我承认说那"很愚蠢"。

"我在中央公园大门附近的第110号街。"他说，当时他参与打群架。他的一个朋友被另外一个男孩打倒在地，还用厚重的足球鞋使劲"踢他、踩他"。安吉洛冲过去，狠狠地用膝盖撞击那个打人的男孩，这一下，差点把那个男孩打晕了。

最后，整群男孩都被带到了法庭上。他说其中两个男孩当时因为身上有武器而被判拘留7个月。因为安吉洛是年龄最小的，他之后还得重返法庭参加一个单独的听证会。当他参与听证的时候，并没有被指控任何罪行，只是因为放纵自己参与打架而被法官教育了一番。

在他辍学的这些年里，他一直想找一份稳定的工作，可是每一份工作都做不长。其中一份工作是在一个建筑公司里"做仓储"，但这份工作极具季节性，4个月后便结束了。还有一份他很喜欢的工作，他跟着老板在哈莱姆区翻新赤褐色砂石建筑。但这也是一份帮他"摆脱困境"的临时工作，很快就结束了。

我们见面更频繁了一些，但每当我们会面的时候，安吉洛都会说他要"重返校园"，而且每次都显得很迫切、很真诚。但我发现他说到"学校"和学校会教授他的东西的时候总是格外天真。

安吉洛总喜欢找一些营利性的公司，这样的公司会为学员提供一定的学历或者其他文件，而且承诺学员们以后会找到一份正规的职业。有一个名为"TCI"的公司，即技术职业学院，在招生广告中说自己提供"联合"学位或者"联合职业学位"，一共4个学期，每个学期收取6000美金作为学费。但安吉洛不知道的是学校的毕业率只有可怕的19%，在TCI学完大部分课程或者长期留在学习项目的学员里，每5个人当中只有不到1个人能够拿到手册中机构颁发的学位，而且手册上模糊地写着"正常概率的150%……"招生简章上不会提及学校里80%的学生在第三年学习结束的时候无法取得两年制的学历，他们可能会学4～5年，甚至更长时间，所以，大家才会觉得学校的升学率很高。

安吉洛当然不知道这些，我也是在后来才了解的。我就知道他总跟我提起这个学校，而且他对学习的课程给予了很高的希望。

还有一次，他对另外"一所学校"很感兴趣，他说学校能够帮他找工作（其实我觉得就是在市政大楼做保安）、颁发毕业证书并安排就业。他在《纽约每日新闻》的报纸上看到的这则广告。

当他告诉我他对这个学校感兴趣的时候，我便让我的助手帮忙找这个学校的具体信息。历经一番大范围的搜索，她只在一个消费者网站上找到了一条信息，这是该公司的前职员写的，这个职员住在布朗克斯或者布鲁克林，目的就是为了警告那些看中这所学校的申请者。

网站上写着："当心，他们就是靠你的绝望赚钱的。培训就是个笑话……你拿了个假文凭，他们就说你可以找工作了……""我试着把钱给要回来"，但学校"不肯""真应该关了这个学校"。

每次跟安吉洛聊天后，我再翻看我们的聊天笔记时，我都会发现安吉洛每次只要一想到学校的项目就像一把能够打开他面前的大门的神奇钥匙的时候，他都无比高兴。他还不满21岁，他说他想报名参加一个获得普通同等学历证书的项目。不过，随后他发现那里的老师没有取得资质，也没有补习的经验或者背景知识，更没有参加过教学法培训，所以不知道该如何给一个小学刚毕业的学生补习知识以便参加考试。这一点，也得到了我的助手的肯定。

我思索的一个问题就是：安吉洛为什么总是浪费时间去找一些骗人的机构，而不是找身边真正能够帮助他的人，比如玛莎就可以。他可以去非营利性的机构真正地学习，并考取他想要的普通同等学历证书。

他 7 岁的时候，有一次在圣安遇到了一个年龄稍大的女孩，斯蒂芬妮，她经常来这里帮小孩子学习，她问安吉洛："你读几年级了？"

"我留级了。"他说。

"留的是哪个年级？"

"1 年级，"他答道，还抬头看着斯蒂芬妮问："你是怎么通过 1 年级考试的？"

"很难。"她回答，当然，这完全是在安慰他。

"是啊，很难，真的，"他说，"这么多功课！我还得再读一遍……"

13 年过去了。虽然他已经长大，并且认为自己很强大，但看起来还是那个困惑的 7 岁小男孩。你是怎么完成的？其他人都是怎么做的？为什么这些事情对我来说很难，但对别人却易如反掌？

有时候，当他向我诉说自己对无法实现目标而困惑不解的时候，我都会想起一个小孩子的玩具，就是一艘没有船桨的小船，随着水流东飘西游。不幸的是，对安吉洛来说，一股很有力的水流则是他不理智地结交了一些堕落的朋友并且极为忠于他们，他或许现在已经知道，这对他没有任何好处。他无力离开这些朋友，以后也让他犯下了悲惨的错误。

2010 年夏季的一天，安吉洛与一位朋友站在哈莱姆的一个街角商店门外，他说那是一个"自由商店"，因为人们可以花 50 美分便可以买到一盒香烟，而且商店老板与贩毒人员也有联系，部分原因是出于利益考虑，但也出于自我保护。

安吉洛的这位朋友就卖毒品，不过安吉洛说他对此不知情，这不能让人信服。安吉洛的朋友与布朗克斯、哈莱姆的其他毒贩子一样，不会随身携带贩卖的毒品，他将毒品藏在这个商店里。

安吉洛说："一个波多黎各男人问我的朋友有没有曼蒂卡。"在他们的俚语中，曼蒂卡的意思就是兴奋剂或者海洛因。安吉洛的那位朋友——他称呼其"傻子"——"脑子不好使。他想卖毒品，便告诉那个男人：'到商店里面买。'"

他说他的朋友在门外站了一会儿，之后对安吉洛说："跟我一起进商店里吧。"这看起来很寻常的一句话，但实际上惹了大麻烦。安吉洛马上就知道这是他人生中最糟糕的决定。

"我跟着他进了商店……"

其实，他的这位朋友早就引起了警察的注意。那位要买曼蒂卡的男人其实就是一位便衣警察。"他给我们都戴上了手铐"，安吉洛被押到法庭，并被指控销售海洛因。等待审判的时候，他被送往里克斯岛。

幸运的是，安吉洛有一位非常优秀的律师。他提醒安吉洛如果坚持声称自己无罪的话，他可能会在被起诉之前被判 12 个月或者更长时间。那时候，安吉洛有钱的话，还可以申请保释，否则就得在监狱中等待审判。如果最后庭审的时候他被判有罪的话，鉴于他的前科，安吉洛可能会面临长达 4～7 年的牢狱生活。

律师劝说安吉洛争取坦白从宽，虽然承认有罪，但争取审判结果不像贩卖海洛因那样严重，并让安吉洛明白这样的话，起诉时就可以减免部分刑罚。看起来，结果真的对他宽大处理了。后来，安吉洛在感恩节前一天从里克斯岛被释放，8 周之后开始真正的判刑。1 月 20 日，安吉洛被判处 6 个月监禁与 5 年的缓刑。

鉴于安吉洛在里克斯岛关押的 4 个月"表现良好"，法庭为了奖励他而减免了 2 个月刑罚，结果就是安吉洛的服刑已经期满结束，但他必须经常与他的缓刑检察官见面。我觉得这下安吉洛会格外警惕与那些吸毒或者贩毒的朋友们在晚上外出了，起码这是我所希望的，或者他也应该更小心地生活，因为这么多年来，他一直在犯罪的边缘徘徊。

不过，里克斯岛的服刑生活对安吉洛来说也有意外收获。监狱提供一系列的学习活动，我也被允许参观部分活动。一些来自纽约市公立学校的优秀教师会来此为那些水平最低的犯人上"成人基础教育"课，这些犯人在读书期间都没有学会读写。而对于水平较高的犯人，监狱也提供普通同等学历证书课程。安吉洛抓住了这次机会，因为这里的人数只有他初中与高中班级人数的一半，所以他学得很好。

在他被释放后的几个月里，安吉洛终于通过了普通同等学历证书中的社会科学与高中英语语言能力测试。现在，他正学习，试图通过数学与科学学科的考试。

与之前那个走进街角商店并因此被警察带走的无知少年相比，安吉洛已经有了很大的变化。其中一个很重要的原因，就是他家庭重组后带给他的快乐与其家庭角色的改变。

7年前，安吉洛的妈妈决定再婚，这之后不久，她就生下一对龙凤胎，男孩名叫蒂莫西，女孩名叫比奥莱塔。这对婴儿出生的时候，安吉洛还因为自己惹的麻烦而在服刑。等他从里克斯岛回到家后，两个孩子已经六岁了，这时，他开始下决心要为这两个孩子树立起健康、有益的形象。

他们的父亲现在快70岁了，他心脏不好，最近需要做手术。可能是出于这个原因，也可能是因为我不知道的原因，他并不经常出现，承担父亲的角色。结果，安吉洛担当了两个弟妹的父亲角色。

他叫他们起床，给他们准备早餐，送他们去学校，在家等他们放学回来。如果妈妈工作到很晚的话，他还会为他们准备晚餐，帮他们换睡衣。他们写作业的时候，他就坐在旁边，还会辅导他们，写完了作业，他规定他们可以看"一个小时"的电视。接着，他会哄他们入睡，给他们读故事书。

今年，我有一天晚上在安吉洛的家里。比奥莱塔说她前一天晚上做了一个梦，梦见安吉洛，"在我上课的教室里，个子跟我差不多高，我们之间还坐了一只棕毛白点的小狗。老师说，'如果这狗会说话的话，安吉洛就可以留下。如果它不会说话的话，安吉洛就得离开'"。

安吉洛双手抱起比奥莱塔，抱着她在屋子里转圈。

蒂莫西说他有两位老师。他说其中一位名叫"起鸡皮小姐"——安吉洛说应该是"奇科皮"，另一位是"桑小姐"。他与安吉洛带我去卧室看他与比奥莱塔的上下铺床。他爬到上铺，像一位体操运动员似的翻身到下铺。"你可以叫我蜘蛛侠。"他说。安吉洛挠了挠他的脚心。比奥莱塔走了进来，她也想被安吉洛挠脚心。

两位弟妹上学的时候就是安吉洛工作的时间，那是一份兼职工作，"在我家拐角附近的饭店"，他说他下午4点去接弟妹回家之前都特别想他们。晚上与弟妹俩独处的甜蜜时光对安吉洛来说，足可以抵消其他像他这样经历这么多困难的年轻人对自己或者对世界产生的愤怒之情。而且，对于小学快乐的时光之后遭遇的教育缺失，安吉洛也不再悲愤，尽管他有权利生气。

❺

9 月的时候，我与安吉洛在布朗克斯区的卡马圭餐厅吃饭，这是一家小型的洪都拉斯风格的餐厅——餐厅一侧是四张桌子，另一侧则是吧台与酒吧高脚凳。我们吃饭的时候，安吉洛突然站了起来，使劲盯着一位坐在吧台喝冰镇啤酒、穿着牛仔短裤的迷人的女性看。

一开始，我以为他这么做是为了吸引她的注意，但他又坐了下来，趴在桌子上问我记不记得她是谁。

我告诉安吉洛我记不得她是谁，但她下巴柔和的轮廓与深棕色眼睛所传达出来的表现力又让我觉得似曾相识，不过我真的记不得了。

"记不记得我读小学 2 年级的时候，我经常戏弄一个同学，为此杜克斯小姐还经常批评我，而且这个女孩躲我躲得特别远？"

我想起来他经常戏弄一个害羞的小女孩，但我告诉安吉洛我记不得她的名字了。

"塔比瑟·布朗。"安吉洛答道。

那个女孩听到有人说她的名字，便侧过身看着我们。她迟疑了一下，大概也不确定她看到的是不是安吉洛。之后，她手中拿着啤酒瓶，起身来到我们桌前与安吉洛热情、友好地打招呼。她从旁边桌子前拽来一把椅子，与我们坐在一起。

安吉洛告诉她我之前经常去学校。她已经不记得了，但仍泰然自若、礼貌地与我握手，对我说话很有礼貌。当我说我特别喜欢杜克斯小姐的时候，她很开心。

"我爱杜克斯小姐。"塔比瑟说。"这位同学"——她朝安吉洛点了下头——"老找杜克斯小姐的麻烦。"

安吉洛没说话。

"他真是个淘气的小男孩，"她说，"他总毫不留情地戏弄我。"

我问塔比瑟还记不记得其他老师，果然不出我所料，她说她还记得哈里纳赖恩小姐。她说她"永远感谢这位老师"，因为"这是第一位告诉我以后能读大学的老师。后来我读高中的时候，还是会征求她的意见。我下课后给她打电话的话，她一定会给我打回来……"

塔比瑟说她很幸运，因为她的父母亲没有让她去读位于布朗克斯区的初中或者高中。从第三十小学毕业后，她去了姨妈和姨夫居住的郊区读中学。高中毕业后，她直接升入大学，但期间休学一年，因为她要打工攒钱交学费。

让我惊奇的是，她不再是那个我印象中害羞的小女孩，已经成长为一位自信、严肃的姑娘。虽然她拿安吉洛的小时候的事开玩笑，但依旧让人觉得友善又成熟，就好像她比安吉洛年长似的。当她离开我们的时候，我觉得安吉洛看她的眼神里带有一丝恐惧。

第二天，他对我说他一直想着塔比瑟。虽然他们一起长大，但她经历了"好多"，已经超出他许多。她读过大学，而不是那种在《每日新闻》上刊登广告的"培训机构"，而且她也努力读到了大学毕业。他不嫉妒塔比瑟，但他已被她征服。

我提醒安吉洛，塔比瑟有着他或者其他附近的孩子都不曾拥有的优势。考虑到他这些年来经历的失落与前进方向的失误，我告诉安吉洛他的成就也很了不起。我说他应当为自己现在平静、稳定的生活感到骄傲。希望他能听进去我的话。

我的一些朋友会对生活在类似地区的孩子们很感兴趣，他们想知道对于这些生活在贫困与种族隔离地区的孩子们，"成功"是个什么概念，像小菠萝或者杰里米他们的具有讽刺意味的故事，或者像塔比瑟这样在学术方面取得不可小觑的成绩的孩子都会吸引他们的注意。"他们很拼命，升入大学，然后毕业，为社会做贡献"。杰里米、小菠萝及其姐妹的故事都是真实的，我现在仍然想知道那三位年轻女性现在在生活中取得了什么成就。

但"成功"充其量只是一个主观的概念，它的形式多种多样，甚至有的成功并非光鲜照人。安吉洛就没有杰里米或者小菠萝的运气。他没有感受过杰里米经历的那种从牧师、诗人以及其他导师那里听到的对历史、书籍、种族问题以及挑战性的观点的讲述。他也没有像小菠萝那样的父母可以去依靠。据我所知，安吉洛的父亲在他一出生的时候便进了监狱。安吉洛的母亲虽然很和蔼，但却没有坚定的性格和决心来监督安吉洛的学习，也不能帮助安吉洛管理好他在青春期爆发出来的愤怒的防御性行为。

不过幸好在"坟墓"的 7 次开庭与里克斯岛 4 个月的监禁并没有毁掉安吉洛

的正直、真挚、持久的纯真——这是罗杰斯先生口中的"眼睛里的光芒"，他给安吉洛拍的照片现在挂在我的墙上。他不够聪明，但他不肤浅，他既不残酷，也不刻薄。他是一个体贴、可爱的孩子，与那些我认识的读大学或者获得很多学历的更聪明的人都不一样。对我来说，他灵魂里最本质的善良才是最重要的。

13 标识每一天

①

这是我教子的故事。我将他的故事留到最后是因为我觉得这是最难写的故事。

本杰明住在比克曼大街上的杰拉德·舒斯特（就是那位恶劣房东与政治资助家）所拥有的迪亚哥－比克曼住宅区内。本杰明小的时候，疯狂牛仔控制着他居住的那条街。他回忆说："可卡因与海洛因随处可见。"

1992 年，本杰明 12 岁的时候，他的妈妈去世了。她生有 5 个孩子，但现在只有 2 个还健在。

本杰明 8 岁的时候，他的大哥被枪杀身亡，他曾是布鲁克林的一名毒贩子。

本杰明的二哥——爱德华，是个可怕的人，我对他有印象，因为他经常在我与杰里米就餐的咖啡店与比萨店附近乞讨。他吸毒成性，经常被逮捕。最后，在被拘留期间，他死于体内积液窒息。

本杰明的三哥在母亲去世后就不知去向，至今未归，用法律术语说已经是"假定死亡"。

本杰明还有一位年长他 12 岁的姐姐。她 17 岁吸毒，已经无数次因为贩卖毒品、吸毒、抢劫或者非法携带枪支而被拘捕。她在监狱的时间比释放出来的时间要长得多。

本杰明在 9 岁的时候被爱德华在妈妈的床上强奸了，就是那个我经常在咖啡店外面见到的贩毒的哥哥。

本杰明 10 岁的时候，开始行窃以便贴补家用。那时候，他的妈妈已经病入膏肓了，她患了癌症，两年之后去世。

本杰明的妈妈去世了，他也不知道父亲在哪里（他不认识自己的爸爸，据说他是个酒鬼），家里只有姐姐能够保护、照顾本杰明，这还得是在她被释放出狱的时候。但她对于本杰明的保护倒让他陷入更大的麻烦。本杰明自己一个人，至少在玛莎认识他的时候就是这样的。

本杰明妈妈生病的时候，玛莎还不是圣安的牧师，但她对他们都很熟悉，因为她做律师的那几年就在附近社区做过无偿服务。之后，她作为神学院学生准备神职考试的时候就在教堂做实地调查。当她被授予神职的时候，她回到圣安做一名助理牧师。将近 1993 年的时候，玛莎被任命为牧师，这之后，她与本杰明熟识起来。

"有一天，"她说，"本杰明来到教堂让我帮他找份工作。当时他 11 岁，我确实没有适合他的工作，但我很喜欢他，也看得出来他需要一个倾诉的人。这之后，他开始每周日都到这里来。本杰明问我他能不能做我的助手，当他真的站在圣坛上的那个周日，我第一次见到了他母亲。她忍受着剧烈疼痛来到教堂，因为她不愿意错过这一切。"

"那个时候，"玛莎说，"本杰明妈妈生活的贫困程度是常人无法想象的。在我们认识的 4 年之前，她都没有钱为本杰明在家中准备一顿感恩节大餐。他们在施粥场排队希望能够通过慈善的恩泽而吃顿饱饭。"她说很多时日，他们根本没有食物可吃——除非卡特琳与玛莎将打包好的食物送到他家。

"本杰明冬天来教堂的时候都不穿袜子，我们怕他冷，就在捐助的衣服箱子里找双袜子给他穿。"有时候，他来教堂"穿着湿漉漉的衣服，因为他将衣服送洗后又没有钱烘干……"

"自从我在教堂里认识了本杰明的妈妈，我就经常去她家里拜访她。她住院后，我每天都跟本杰明去医院陪她。

"在她生命的最后几周里，她几次三番问我能不能收留本杰明，在她去世之后能像妈妈一样对待他。但我犹豫了。他已经 12 岁了，成熟得很快。我的公寓也很小，我不知道自己能不能胜任，所以我没下定决心。

"不过就在她快去世之时，本杰明的父亲来到了医院。他想要本杰明的抚养权，这样他就有权住在本杰明他们的公寓里，不过他在本杰明母子需要他的时候从未露过面，也从未对本杰明表示过一点父爱。他看起来喝醉了。'我不傻，我想要那个公寓。'我也是在这个时候才下定决心的。"

在本杰明的妈妈去世之前，玛莎答应她抚养本杰明。在这个承诺被实现的过程中，本杰明的生活与这位即将成为圣安教堂牧师的生活被彻底改变了。

玛莎住在曼哈顿区的公寓并不昂贵，但非常安全，本杰明外出的时候完全不用担心安全问题，而且也不会像他那两位哥哥（当时爱德华还活着）那样在莫特黑文的街头染上毒瘾。但与一个即将进入青春期的男孩住在一个小公寓里也不是一件容易的事情。

但这样的改变对玛莎比对本杰明更容易一些，因为她很有耐心，也很能适应环境。本杰明之前没在这样的地方居住过，虽然这里的居民并非曼哈顿东区的超级富人，但他们也是谦逊有礼的，这对于一个一直生活在迪亚哥－比克曼附近的孩子来说见所未见。

当我之后与本杰明谈话的时候，他说适应另外一个人的生活习惯———一位牧师，还是一位他尊敬的女性———"真的是极为重大的事情，我得学习如何适应，我也担心这一切会在某一天全部消失。生活美好得都不太真实。为什么会是我呢？为什么不是我姐姐？或者是我那位还在街边徘徊的哥哥？我在转角遇到他的时候，他深陷在自己的那个世界里，似乎都不知道我是他弟弟。从我妈妈去世开始，一直到1998年他去世，他都一直在那里。我在玛莎家很安全，但我却不能保证他的安全。

"玛莎比我先知道他去世的消息。附近那些隔三差五收留他洗澡或者给他提供食物的人告诉玛莎他死在了监狱里。验尸员说他死于肺衰竭，这导致他积液倒流，引起窒息。玛莎与卡特琳小姐带我去了停尸房。我没看到尸体，他们只给我看照片让我辨认。

"我看照片的时候，阳光正好照进来。一缕阳光照在他的脸上。我记得当时我希望他走的时候很平静，但我一想到以后不会在那个转角见到他了，反而很轻松。"

与此同时，他的姐姐也从监狱里打来电话，"让我给她送点东西过去。她会一天之内给我打四五个电话。我妈妈去世的时候，她已经在监狱里服刑了7年。她来为妈妈守夜的时候，是戴着手铐被警察押送着的，但他们最后不允许她参加丧礼……

"出狱后，她变得更糟糕了。她总想有钱，想去买衣服。'飞'衣服——你知道这是什么意思吧？这让她又开始偷窃，有时候贩卖毒品。我还是挺感激她的，因为她在哥哥猥亵我或者其他危险出现的时候尽力保护我。她每次打来电话，我都会双膝跪地祈祷。我害怕她会选择自杀，以前我不给她想要的东西的时候她就这么威胁我。"

当玛莎察觉到本杰明的罪恶感的时候，她为他找了一位心理治疗师，但他告诉我"与治疗师的交流不顺利"，因为用本杰明的话说，"他是商业区的精神病医生，并不能设身处地地为我想"。他又开始偷窃，为了给姐姐钱，他有时也会偷玛莎的一些值钱物件。

但他对我说他是出于其他原因才偷东西的，不过这些理由也并非没有私心。我觉得他告诉我这些是因为他并不想为自己的行为开脱，不想将一种行为模式过分单纯化，就像我们所见的那样，刚开始他偷窃是为了帮助自己的母亲，但后来偷窃本身变成了本杰明的动力。

"我也觉得，"他说，"某种程度上，我也在考验玛莎，看看到底我堕落到什么程度她才会放弃我将我送回家，就好像我想让她生气。我还是不敢相信我是她值得为我做出这一切的人。"

不过这也说明本杰明不够了解玛莎。比起本杰明的挑衅，玛莎有更多的坚持力、不折不挠与忠诚。另外，这个时候，她特别喜欢本杰明，就好像爱自己的孩子那般——"甚至更多，"她说，"如果可能的话。"这就是她对本杰明母亲的承诺。

自从本杰明的母亲去世后，他的生活与玛莎的生活紧紧联系在一起，对于玛莎在圣安教堂需要承担义务与她为了缓解本杰明的怒火并保护他远离危险所做出的一切，我觉得应该在这里多说一些。

在玛莎成为牧师之前，圣安教堂处于不稳定的状态中——财政管理混乱、资金滥用，课余活动毫无生机、管理不善、指导不专业，以及参加率极低。

当时的临时牧师是一位拉美人，他区分对待教会里的会员，这让那些占了教会总人数一半的黑人感觉自己不受圣安的欢迎。虽然他与这些教友住在一个社区内，但对于自己的身份与文化，他会积极地防卫，而对于那些不同种族的人，他就缺乏意愿与能力去沟通。主管教区后来都找不到愿意来接替牧师职位的人，教堂即将被关闭。

当玛莎被任命为圣安的牧师的时候，她的前任还组织了一场抵制运动，因为他自信地认为自己有资格做这里的牧师，至于主管教区撤换他这件事也与自己的能力问题无关。他得到了一小群人的支持，他们当着玛莎的面挥舞着指示牌与海报，他们不相信玛莎的理由仅仅是因为他们觉得玛莎是一位白人女性，她就应当被位于南布朗克斯区中心位置的教区所拒绝。

但附近的人却很支持玛莎，他们的支持并不停留于表面，是真心地出于喜爱与信任。当时就有很多人认识玛莎，因为她作为律师和神学院学生的时候就经常在那里工作。人们能够看到她对社区许多家庭的关怀，这些家庭可能正在经历病痛的折磨，或者正在诸多磨难、不稳定性与贫困中挣扎。当玛莎被任命为圣安的牧师之后，教区的居民对她心存感激，大家也松了一口气，因为玛莎在上任之初就承诺她最优先考虑的事情就是孩子们的教育问题。

玛莎上任之初遭遇的麻烦——一些人对她的种族，更多的是因为她的性别而产生敌意——这些是她在照顾本杰明的时候额外的负担，因为她必须以自己的力量着手解决本杰明遭遇的许多严峻的问题。

本杰明就读于第六十五小学，距离他母亲家仅有两条街之遥。第六十五小学的问题众人皆知，再加上家里不断出现的危机，本杰明就这么从第六十五小学毕业了——应该说是"学校推着我毕业的"，他说——但他不会读写。妈妈去世的时候，本杰明开始读中学了，就是那所"医疗职业学校"。

"玛莎让我去读那个学校，但我很讨厌那里。"他说。与其他被送来的孩子差不多，本杰明在那里什么都没学到。不过其他孩子起码在 5 年级结束的时候还会读书或者写字，可本杰明什么都不会，小学的学习真的是什么都没学到。读中学的时候，他不会读写，两年后离开中学的时候，依旧什么都不会。

玛莎不再让他就读位于南布朗克斯区的学校了，她在位于哈莱姆的一所名为"儿童临街"的学校为本杰明报了名。这所学校声誉很好，是由一位我认识的诗人——奈德·奥戈尔曼经营的。对于培养来自贫民区的学生，尤其是那些学前阶段或者小学初级阶段的孩子们，学校很成功。但本杰明已进入青春期，他与同龄人之间的读写水平的差距对他自己，甚至对他的老师来说都是一个让人生畏的挑战。

他在临街学校读了一年半，但并没有取得玛莎预期的成果。这之后，玛莎送他去了位于曼哈顿西区一所昂贵的私立学校，这里专门教授学术有障碍的孩子。他回忆自己在这个学校学习了"一两年"，但他学习能力上的差距让每一位帮助他通过三年级学习能力的老师都有一种挫败感。

"第六十五小学对我来说就是场灾难，中学也是如此，"他说，"我都害怕了，觉得自己是不是有什么问题。我觉得我都学不会学习了。我真的努力过。玛莎每晚都辅导我学习，但我一进教室就变得很僵硬。就算是我觉得我在学习的时候，这种学习能力都会离我远去，我又回到了原地。"

他提醒我他是从妈妈生病的时候才开始偷窃的，之后还在偷窃，尽管玛莎会给他生活费，但他还是会从玛莎那里偷东西。这对于他就读的学校来说也是个问题。他晚上还会偷偷跑回以前居住的地方找朋友玩，他们当中有人吸毒，有人卖毒品。或早或晚，他会回到玛莎那里，他知道他如果回来的时间比规定的时间晚的话，对玛莎来说是一种折磨。

最后，玛莎下定决心，为了不让本杰明继续这样的生活，最好的办法就是将他送往寄宿学校——不是杰里米与小菠萝就读的那种寄宿学校，而是那种纪律与学习要求都很严格的学校。但没有必要多说这个学校了，因为他在那里停留的时间很短——他因偷窃被开除了。

玛莎很快又联系了一所学校，学校位于伯克郡，在马萨诸塞州的西部，距离纽约很近。学校对付那些叛逆的或者自毁的学生很有一套。学校精神的中心内容就是行为条件治愈体系。虽然本杰明在这里读了两年书，没有被开除，但他告诉我他在那里没学到什么，而且斯金纳①的那套理论对他来说没有什么持久的效果。

"我会逃跑，"他说，"然后我也会回去。我会受到降级的惩罚，"——升一级或者降一级是学校的奖励措施——"不过之后我还会逃跑。"

我问他逃跑的时候会去哪里。

---

① 斯金纳（1904—1990），美国心理学家，新行为主义学习理论的创始人。——编者注

"我会找那些在纽约的熟人。"

我问他那些人都是谁。

"不一定。通常，我都会去朋友家里，他是我最好的朋友……"他犹豫了一下，说话很谨慎，之后他说："他的父母都是毒贩子，他们现在还在卖，不过我的朋友已经不在了……"

"好多人都死去了。"他补充道。

但本杰明还继续将自己置身于危险之中。他很快与一群人打交道，他们都是青少年，或者二十出头的年轻人，这些年轻人会在晚上的时候去一位年纪较长的男人家参加俱乐部活动。据本杰明描述，这位男人"有点像俱乐部的会长"。他说对于大部分年轻人来说，这位男人的年龄足可以做他们的父亲。但本杰明说，就好像查尔斯·迪金斯小说里描写的那一幕似的，这个像艺术家的男人总会怂恿这些年轻人实施犯罪行为。

"其中之一就是毒品，"本杰明说，"我也参与其中。不过大多数时候我都会去偷东西，从奢侈品店里偷衣服或其他什么东西，都是一些时尚的品牌，古驰或者阿玛尼……"

当玛莎了解这一情况后，她就知道自己该怎么做了。她直接来到那位男人的家中与这位"俱乐部会长"对峙。我不知道如果身边没有人陪伴的话，还会不会有人想进那间屋子。但玛莎是一位勇往直前的女性，为了她爱的人，没有什么能够阻止她。

"玛莎将我带回了家，"本杰明说，"上帝保佑，她没有放弃我。"

但他的麻烦还没有结束。他还在偷东西，而且还继续吸毒，这很快就变得很严重。直到最近，本杰明才告诉我他吸食大麻已经上瘾了——他解释说这不是那种普通的大麻。"这里面还混合了其他东西来增加效力，我发现这太容易上瘾了。它让我神魂颠倒，我需要依靠它才能清醒。白天，我都需要经常吸食大麻，晚上也得吸。没它我都不知道该怎么办。"

他说他知道自己需要使用大麻"才能逃离那些情绪"。自从本杰明的那位在街角乞讨多年的哥哥去世后，他为更强烈的内疚感所吞噬。"现在，就剩我姐姐和我了，她的毒瘾那么重。"他完全有理由担心他以后也会走姐姐的老路。

"我又开始看心理治疗师了，但这一次却效果不明显。还是老问题。我已经咨询过三位治疗师了，但没有一个人能了解我。"

他的毒瘾与偷盗终于在某天晚上导致他在曼哈顿被捕，被关押到了"坟墓"。第二天，玛莎替本杰明交了保释金，这样他就可以回家等待审判了。"不过，"她说，"我原本想延缓几天的。"之后她交了保释金——"1000 美金呢"——她将本杰明带回了家。

本杰明同意辩诉交易，这样他就可以像安吉洛那样，在家里等候宣判。量刑的时候，本杰明很幸运，他被判了一年的缓刑。这期间，如果他能够远离毒品，不再惹麻烦的话，他的有罪答辩就会被删除，这样他就不会有犯罪记录了。不过对本杰明来说，远离毒品可不是件容易做到的事情。当时，他说他是身体、心理双方面都需要毒品。他意识到仅仅依靠自己和意志力是无法戒掉毒瘾的。

本杰明得做个选择了：传统精神治疗法采取的门诊治疗——与理疗师聊天一小时后就回到爱惹麻烦的地方——这对本杰明来说不太成功。虽然他知道另一种方法很艰苦，但他知道自己该做什么。玛莎说："他头脑内有一种声音指引他需要这么做。这种内在的品质非常了不起，正是这样的品质最后挽救了他。"

本杰明去了"奥德赛之家"，这是给沾上毒瘾的人治疗的地方。这对本杰明来说很痛苦，虽然刚开始的时候很困难，但他坚持住了，没有尝试着逃跑，他也没有为自己应当付出的责任找任何借口。不管是回想起他 12 岁之前生活在毒品泛滥的世界中，还是妈妈的离开，或者哥哥们和姐姐的生活，这些都帮助不到本杰明。他需要窥视自己的内心，他也勇敢地做到了！

我时常在想：为什么很多青少年和年轻人——比如维姬的儿子、米兰达的哥哥，还有阿瑞拉的大儿子都不能在寻求自我毁灭的途径上像本杰明那样深刻反思自己？在进入康复中心之后，本杰明就深刻地洞悉自己的行为。玛莎的爱与信任当然也起到了一定作用。但我相信更重要的是，本杰明从玛莎做圣安牧师的第一年就见识过她的意志模式。他说当反对分子站在教堂前面的台阶上对着玛莎挥舞着"不欢迎白人妇女"的海报的时候，他就站在她旁边，而且他看到玛莎做了"上帝让她做的事情"。他很多次地告诉我与玛莎住在一起的时候，她的坚持不懈与义无反顾"帮助我找到了我自己都不知道的内在力量"。

长远来看，本杰明正是依靠自己的能力才摆脱了早些年影响他的噩梦并且发现了自己的潜在价值，他能够正视目前的困境并且为未来制定了一系列的目标。

玛莎说："本杰明是一起进入康复所的几个孩子里少数的完成整个过程的孩子之一，整个项目有十二步，他全都通过了。"

在康复项目的最后阶段，本杰明说其中做得非常好的人可以成为其他完成有困难或者快放弃的成员的领导者。正是这种领导感的升华支持本杰明完成了随后的康复项目。直到现在，他还在康复中心或者邻里中心负责帮助吸毒人员，有时他也会开创、监管一个自己的项目。

本杰明相信，在康复中心工作能够提高自己的意志力，因为"'康复的过程'是个不间断的过程，即使康复项目结束了，康复过程也不会结束。当我与那些正在努力戒毒的人在一起的时候，我不会称自己是个'已经康复的瘾君子'，我说我还在康复中"。

与此同时，本杰明又重返学校，参与个人指导课程。他现在既是领导者，又是一位导师，因此，本杰明对于提高自己学术技能的愿望是前所未有的强烈。他现在对语言的使用也越来越精妙。在完成"碎片拼图"的时候，本杰明的分析能力越来越深刻、成熟，这个游戏不仅他很擅长，那些戒毒人员也经常玩。他也经常回教堂与杰里米一起工作，不过是作为免费的志愿者。有时，玛莎外出有事的话，本杰明就会代理她的工作，如果职员发生争执，他的安抚超乎寻常地有效果。现在，为了能够轻松读书并且熟练写作，提升自己的读写能力已经成为本杰明自然而然的前进方向。

但本杰明的姐姐还是麻烦缠身。他说 3 年前，他就带姐姐住进了奥德赛之家。"她在康复中心住了一年，但因为一个男人说了一些她不喜欢的话，她便将一壶热水扔到了他身上，因此被赶了出来……

"为了保护自己免受突然的惊吓，我试图麻痹自己的神经，因为我知道姐姐可能会选择自杀，或者无意激怒别人而被杀害。我觉得这太有可能了……把姐姐拉回现实的无力感一直激励着我。我帮助别人的时候，就感觉这是为她做的，或许还有我哥哥。我知道这不是很明确，但我现在还在努力想弄明白……"

"你知道吗，"他说，"我姐姐头脑清醒的时候，其实是个热心肠。她帮助过很多人，但却帮不了自己。我总想麻痹自己，因为我真的不能带着这么多我不知道如何去改变的愧疚感生活下去，但我不会放弃她，我永远不会。"

❸

"主啊……教会我们如何标识每一天吧，这样我们可以将我们的心付诸智慧。"

这第19首赞美诗的第20节对本杰明和玛莎来说格外重要。本杰明比我们一般人都更坚强，更频繁地强迫自己审视死亡。从他还是个孩子的时候开始，后来经历了青春期，一直到最近几年，他目睹了太多的死亡。现在，他与杰里米都是玛莎的助手。每当有人英年早逝的时候，他都会参加他们的丧礼，这本可能让他产生不健康的预感与病态感，但恰恰相反，这倒教会了本杰明更加心存感激地珍惜生活，因为他已经意识到生命有多脆弱。

与此同时，本杰明感受到的使命感与他能够带给别人还有自己的平和感赋予他一种尊严，这让他脱离那些一直困扰他的烦心事。

今年秋初，我与玛莎坐下来安静地聊天，她反思说："本杰明经历的每一个痛苦、所有的愤怒，还有生死离别——我觉得这些让他更希望自己能够在上帝允许我们生存的年限里做尽可能多的好事。赞美诗的这一句'标识每一天'并不是为了祈祷能够预知死亡，而是指能够明智地利用上帝赋予我们的每一天。"

自从本杰明孩童时期走进圣安教堂、敲开玛莎的门并成为她的助手与她并肩战斗之后，他一直没有忘记自己的宗教信仰。不过，在本杰明戒毒瘾期间，宗教信仰变得愈发强烈，对激发他的希望也愈发重要。"上帝的一项工作就是宽恕了我。我现在所做的每一件事，我都认为是上帝的意图。"

7年前，本杰明住进了自己的公寓，但他说他每天都会与玛莎通三四个电话，"而且每次我路过教堂的时候我都会进去看她，每个周日我都会去做弥撒。她接待我的时候，我们都会去'地狱'转一圈——原谅我的用词哈！刚开始的时候，我总会情不自禁地喊她'妈妈'，因为我觉得'上帝赋予每个人一位母亲，而我已经埋葬了她'，现在，我觉得玛莎就是我的妈妈。直到我完全康复了，我才开始这么称呼她。现在我搬出来自己住了，但我觉得我与她更加亲近了"。

时不时地，他们会在周日下午开车去新英格兰的海边小镇住上几晚。玛莎的工作太忙碌了，她只能偶尔这么放松一下。但他们每次来的时候，我们都会找机会去餐馆一起吃饭，并回忆我在圣安认识的那些非常纯真、有时又非常有趣的小孩子们——小菠萝和安吉洛经常会出现在我们的谈话中——玛莎他们也会告诉我课外活动的最新消息。

每次我们聊天的时候，本杰明的手机都会响好几次。他会说"有人觉得不舒服"，或者"有人有点害怕了……"他会到外面讲电话。当他打完电话进来的时候，他看起来有点焦虑的样子。他的焦虑（我也会这样）会影响到胃口，所以他会先平复几分钟，之后才会享用晚餐。

他的生活很完整。他的朋友圈很广。早上的时候，他会去上课学文化知识，下午的时候会去健身房锻炼或者游泳。与此同时，几乎每天晚上，他都会领导一个康复小组。他每晚都会陪着他们直到10点甚至12点，这就是他真正的工作。

不过让我印象深刻的是，每当我们聊天或者聚会的时候，他都会呈现一种温暖的保护感，这不仅仅体现在他的工作中，还体现在与他亲近的每一个人的生活里。如果他知道我一个人在家的话，他一定会给我打电话。如果我不在家，他就会给我留言。"嗨，教父！想你了！有时间给我回电话。上帝保佑！好好照顾自己……"

本杰明的生日与我的生日是9月的同一天。每到这天晚上之前，我们都会通话。他几乎不会讲自己遇到的问题，只会告诉我最近的工作里有点麻烦。大多数时候，他都会告诉我一些我关心的人的让人愉悦的消息。"卡特琳小姐住院了，但她现在好多了……安吉洛正在摆脱麻烦，他脸上还挂着大笑脸……杰里米在教堂里的工作做得好极了。对了，今年的课外活动完成得很出色"。

他就喜欢告诉我来自布朗克斯区的好消息。

后记　关于小菠萝更多的故事

❶

　　我相信一定会有读者看了书中孩子们的故事——那些孩子的生活非常艰辛，还有些孩子很早就离开了我们——他们也会想知道一些我们无法控制的事情会对这些孩子带来什么样的后果。维姬的儿子、皮特罗的儿子，就像西尔维奥那样，被自己性格中无法控制的力量驱使着从而导致了自我毁灭。现在，安吉洛也会承认，他之前由于判断失误而导致的错误加剧了自己所面对的困难。还有本杰明，家庭带给他的麻烦，也因为他自身的原因而愈发严重。

　　不过，对于孩子们的悲剧，社会也负有一定的责任。这些孩子中，三个男孩在自己成长最易受影响的阶段受到了来自马提尼克病态环境的包围。当犯罪行为在莫特黑文横行的时候，安吉洛刚刚成年。本杰明也是，他亲眼目睹了自己的哥哥迷失在比克满大街泛滥的毒品交易中。一个城市怎么会将一位母亲与她的孩子们置身于这样的环境中让他们成长呢？

　　"责任"这个词只是一个流行词而已。人们总对我们说市中心的孩子应当对自己的成功或者失败富有"一定责任"，但这些孩子却没有责任来选择自己的出生地或者成长环境，他们也不应当因为学校的失误而被指责，当然，社会极高的失业率与孩子们更是一点关系都没有，经济与工业的飞速发展使得越来越多的年轻人无所事事，每天只能在大街上漫无目的地晃来晃去。玛莎在2001年经济萧条期时对我说："游客会问我经济危机会不会影响到附近人民的生活。我告诉他们莫特黑文的居民一直都生活在绝望中，所以很难看出有什么影响。"

　　这么问会合理一些吧：如果这些让人泄气的外在决定因素都没有出现在孩子

们的成长过程中，那他们还会陷入这样混乱、痛苦的生活，并在成年之前丧失自己的生活吗？我们无从知晓答案，但我觉得一定会不一样。对于这些成长于市中心的孩子们来说，不健康与自毁的倾向不是他们的"特殊疾病"。我回想起我父亲60多年治疗精神病的实例，他治疗过很多他认为很"固执"的有钱的年轻人，他们"总是寻找毁掉自己生活的方法"，有一些人还一次次地企图自杀。

对于少数族裔的孩子们来说，因为社会秩序而导致的成长环境的差异则不可能轻易地被肤浅的"家长失职"或者"个人责任"这样的词语一笔勾销，这是某些人最后的手段，他们会为了美国针对这些最贫困的人所犯下的罪过而不遗余力地开脱。

但例外的问题需要在这里被阐释。

正如我所记录的，小菠萝住在迪亚哥－比克曼的居住区内，每天去第六十五小学上学的时候需要通过许多艰难险阻。在那里，她遇到了"骆驼先生"，在她就读小学三四年级的时候轮换的7位老师中的一位。杰里米住在一栋破旧楼房的顶楼，他在那里被人用刀尖顶着抢劫了，而且我们也能看到有时候他说因为电梯"不想下来"而不得不爬楼梯回家。他幸运地就读于第三十小学，但在中学时期却经常被同学殴打、欺负。

不过这些孩子，还有莱奥纳多、小菠萝的姐妹们、塔比瑟以及其他与我在圣安很亲近的孩子们没有被这些问题以及附近的危险打倒。他们以健康的精神状态完成了中小学学习，还读了大学，展望着他们的教育为他们带来的机遇。虽然本杰明没有读过大学，但他也开拓出了属于自己的美好职业。

我需要再次强调的就是这些孩子们都有与众不同的优势。每个案例中，都有某个人介入，并带来了意想不到的结果。以劳拉为例，她就读的中学非常差，但一位敬业的老师没有放弃她，后来她就读的高中也不好，可是又有一位老师"发现"她是一个有天赋的学生并给予她单独的指导，最终她才有机会升入大学。小菠萝、杰里米还有莱奥纳多的故事都是如此，要么是玛莎，或者布朗克斯区以外的人，又或者纽约市以外的人出现，指引着他们逃离在南布朗克斯区学校曾经经历过或者即将经历的苦难。其他来自布朗克斯区或者类似社区的孩子则通过全国范围的"一个更好的机会"（A Better Chance）这样的项目而得到了良好的教育，也可以参加位于纽约的一个"预科预备学习"组织，该组织会挑选部分非常上进的少数民族学生，帮助他们获得一些最优秀的预科学校的读书机会。

只是所有这一切都需要学校的慈善项目以及社会的慈善捐助，但无论从哪个角度来看，慈善活动都不是公共教育系统性的公平与平等的替代品。如果说从小菠萝或者杰里米的学习经历中能得到什么经验的话，那并非是我们应当庆祝他们得到了额外机遇，而是极度贫困地区的公立学校本身也应当有丰富的教学资源、小型班级、合格的授课教师，这样我们就能够给每个孩子提供学习的机会，现在，这样的机会对于贫困地区的学生来说，只能通过仔细的选择或者获得教堂牧师或者他们偶然遇到的成年人的同情心而获得。慈善、机遇和微小的选择性并非教育孩子们什么是真正民主社会的最佳方式。

与本杰明、杰里米和小菠萝小时候的环境相比，圣安周边以及莫特黑文的其他地区都有了很大的变化，不过还有很多地方没有变化。

外在的变化是显而易见的。许多大楼之间的空地已经盖了单户的房屋或者两户一栋的房屋，这些房屋大约修建于 20 世纪 90 年代末，前面是一小片草地、花园或者停车场，周围围着一圈熟铁栅栏。圣玛丽公园的对面，即靠近比克曼大街尽头的圣玛丽街两旁盖起了一排木头房子。这些房屋原本是供附近的家庭居住的（大概他们也是这么被通知的），但现在，这些房子的售价竟然高达 20 万美金，这些房子基本都被收入大概是莫特黑文居民 3 倍的个人或者家庭拥有或者占据。

玛莎·奥弗罗尔认为，这些房屋所代表的，只不过是推广中产阶级化过程的早期阶段而已，这在距离圣安大教堂南部和西部 10 ~ 12 条街，以及通往曼哈顿的大桥附近的街道都很常见。在这里，几十年前生产商或者工业者拥有的仓库结构或者建筑已经成为了艺术家与摄影师的工作室或者住宅。这些街道上也出现了许多新的建筑，上面还挂着写有"出租阁楼"字样的广告，附近也有一些古玩店与看着像小酒馆似的饭店。初秋的时候，我与玛莎在附近散步，一家餐馆的老板告诉我们他现在不指望着开餐馆赚钱，而是"为了未来投资"。

在莫特黑文靠近曼哈顿的其他地区，街道两侧也有一些本应由低收入家庭居住的赤褐色砂石房屋已经被翻新了，目的是为了吸引人来居住。《纽约时报》称这里"富有冒险性，而且相对繁荣一些"。报道称一位新住户认为莫特黑文让人想起之前布鲁克林的黑人居住区，那里现在已经成为"昂贵的居住区了……我觉得这里以后也可能会变成那样"。

这句话可以被理解为很多意思。如果莫特黑文真的变成了"非常昂贵的居住区"的话，那我认识的这些家庭都不会再居住在这里了。而且他们的不断出现恐怕对于新建或者翻新的房屋的价值增长来说也是一种阻碍，那些购买了房屋的人还指望能卖出去呢。

或许乐观主义者愿意相信，城市发展的主张者经常会承诺城中心的居民说种族混合、家庭经济收入不同的住宅区一定会发展，居民会受益于这里的公立教育与其他公立服务，因为随着富裕家庭或者中产阶级家庭的大批涌入，这里的一切都会改善。我特别愿意相信这一切会发生，不过目前据我所知，还没有任何一个城市出现类似的情况。

对于大多数城市来说，"发展"也不幸地意味着"移位"。比如，波士顿南部，我与我许多学生都居住在此。因为这里距离普利广场很近，位置极佳，所以当房地产经纪人与投资商发觉这里的"潜质"以后，他们低价购买了许多砖石房屋和砂石房屋，而之前居住在这些房屋里的黑人及拉美人都被赶到了其他更为隔离的地区。10 年来，当初价值 5 万美金的房屋已经可以被卖到 50 万美金（现在，部分房屋的价格已经高达 200 万美金）。

我怀疑，包括开发商在内，可能都没人相信这件事会发生在莫特黑文，即使真的会出现，恐怕也得等到多年以后。严重经济衰退的后果，加上大量公立住宅塔楼的出现（政府也有自己的投资），恐怕让人数众多的莫特黑文居民立即搬离居住地的事情不会发生。

按照现在的情况来看，尽管莫特黑文有艺术家、摄影师居住，以及新建房屋或者翻新房屋的住户，但它仍是整个南布朗克斯区最为贫困的地区，也是美国 435 个国会区中最贫困的区。据人口调查局称，南布朗克斯区整体的家庭收入中位数还不足 24000 美元。不过据 2011 年纽约市发布的数据称，莫特黑文地区的家庭收入中位数不足 17000 美元。联邦确定的一个五口之家的贫困水平为 26000 美元。在莫特黑文地区，五口之家很常见，一位母亲、孩子们以及祖母经常会挤在一间公寓里居住，而且还经常会有一个成年儿子，虽然已有妻儿，但因为没有房租补贴、找不到工作而住在一起。

布朗克斯区的失业率依旧是居高不下。美国劳工统计局的数据显示，这里的失业率超过 14%。2010 年 9 月，洋基体育场附近新开了一家运动鞋商店，这里有 35 个工作岗位，尽管只提供最低工资，而且没有其他福利，但一家媒体称"不止 300 个应征者过来应征"，因为这些人太绝望了，根本找不到其他工作。

不过，与其他更为贫困的地区相比，布朗克斯行政区这 14% 的数字已经不算什么了。布朗克斯区还包括位于其北部和东北部地区的中产阶级与工人阶级，还有西北部富裕的、半城郊的里弗代尔。其实这里的失业率是被附近地区缓和了，而且我们所谓的"灰心沮丧的工人"——他们不愿意再找工作，但又没有被计算在政府的数据之内——圣安附近的实际失业率就比全区高出许多——而且据可靠人士称，这里的失业率可能是报道数据的两倍之高。

那些找不到正经工作的人并不一定都会通过违法的渠道赚钱，但这个诱惑力极大。毒品交易就是附近最有把握的赚钱方式，据本杰明正式说，这里的吸毒率一直居高不下。在圣安，安吉洛最近发现距离教堂仅有三条街之遥的一栋大楼是海洛因交易的根据地，这原来也是皮特罗的女儿——米兰达居住的地方。当我告诉安吉洛我经常在下午与晚上去那里与米兰达及她的小儿子聊天的时候，他变得很担心。他提醒我天黑了之后不要去那里，不过我很高兴地说米兰达已经搬出了那栋大楼，她找到了更好的住所。

"表面上很平静，"阿瑞拉说，"毒品交易已经不那么明目张胆了，他们已经偷偷摸摸地买卖了。"可卡因"依旧是最便宜的选择，但使用海洛因的人越来越多"。而且她说："吸食海洛因的人不止是一直染有毒瘾的上了年纪的人，越来越年轻的人，大概十八九岁、二十岁出头的年轻人都开始吸食海洛因。这是相对较新的事情……还有镇痛药，他们将它碾碎后吸食或者溶解后注射到体内。"

阿瑞拉说毒品交易不再那么显而易见的一个原因就是警察监管得更加严格了——不过可能交易本身也一定程度地减少了。9 月，她告诉我说："警察在附近盖了个瞭望塔，就在比克曼大街的街角，小菠萝之前居住的大楼前面。这个轻便的建筑顶部装有摄像头，一位警官坐在屋里操控着摄像头。还有一位警官坐在塔楼下面的巡逻车里。我觉得这也帮助事情缓和了下来。"

但瞭望塔不久就被移走了，"搬到了布鲁克大街"，那里总发生枪击事件。"这就是问题。警察真的已经尽力，但交易人员总不停地换地方"。她问我有没有读过关于一伙控制布朗克斯区 30 条街道的毒贩子的故事。"他们最后被摧毁了。这故事很多人都看过，我也是在《每日新闻》上看到的"。故事上写着这伙人每周通过销售可卡因与可卡因粉末可赚取将近 100 万美元。在同一页，《每日新闻》还报道了位于东哈莱姆的一位毒枭的故事，安吉洛读中学的时候就在那里，还惹了不小的麻烦，那里需要乘坐 6 号火车才能到达圣安附近。因为还拥有另一个大型的可卡因交易市场，这位毒枭被拘留。《每日新闻》称在他的床边贴着艾尔·帕西诺饰演的疤面煞星的照片。

西尔维奥心中的英雄。

这都是 20 年之前的事情了。

我与那些居住在布朗克斯区的我最信任的朋友以及认识时间最久的朋友聊天后，对于现在的情形，很难想象出一幅和谐的画面。有的时候，晚上走在那些似曾相识的街道，我都觉得这里的事态已经平缓了许多，这里孩子们的生活也更加安全。但突然之间，残忍事件的再次发生又让居住在圣安的居民心头一紧。就在阿瑞拉满怀乐观地与我通过话之后不到一周，圣安教育项目主任的 16 岁的儿子就在街头被枪击身亡。"没什么理由！"阿瑞拉说。"两个人拦住了他就问了他一个问题。他们不喜欢他的答案，当场朝他开了 15 枪……"

杰里米每天都与这位受害者的母亲在圣安教堂工作，与其他人一样，他也受到了很大的打击。"但也别误会我的话，"杰里米说，"很多事情"——他特意限定了一下："很多其他事情"——"都好了许多。这里的商店越来越多了。他们还在格兰大广场靠近大桥附近修建了一个购物中心。这里已经有塔吉特百货商店、百斯买家电连锁店、史泰博文具店以及家得宝连锁店，但还没有书店，不过可能马上就会有……"

"不过后来又发生了点事情，让我又开始害怕了，"他说，"我还是不愿意去比克曼大街或者赛普拉斯大街。我觉得那里还是让人害怕，如果可能，我一定会绕路走。"

虽然杰里米现在居住的大厦比以前安全多了，但是他说两周前的一天深夜，他就被公寓外面的几声枪响惊醒了。"我早上乘坐电梯下楼去上班的时候，都得当心站着的位置。今天早上，电梯地板上就有鲜血"。他说电梯"还是经常坏，下不去。即便往下走了，也会经常停在两个楼层之间。上次，我就被夹在了 10

楼，也可能没有那么高，电梯就那么停下来了。当时，电梯里还有一位孕妇。最后，是消防队员来将我们营救了出去"。

我告诉他那栋大楼从外面看还是挺新的。

"外面是挺新的。你进去看看，就不新了。"

在过去的 11 年里，迪亚哥－比克曼住宅区也经历了很大的变化。至 1999 年，联邦房屋与城市发展部已经接到了佃户数年之久的抗议，以及政府官员多次的调查与报告，因此，针对舒斯特先生与他的合伙投资人下发了一系列调整要求。不过公司认为如果拒绝政府要求的话会对公司财务有利，因此便放弃了所有住宅的管理权。

此时，房屋与城市发展部已经开始利用公众资金来改善这些住宅，据一位官员称："条件……实在差到可怕。"经历了与佃户代表以及咨询师的谈判之后，政府决定将整个住宅区的拥有权转让给一所非营利性机构的董事会，这里既包括了佃户代表，还应政府的要求，包括其他人，比如玛莎，因为她有一些财务管理的经验。

说起这里的变化，玛莎很谨慎小心。她说那些卖毒品的人总会试图撬锁或者破门进入大楼，但修复工作做得更快。保安也更好了。我于去年冬天与今年秋季重新拜访了一些大楼，看到里面的楼梯与大堂干净了许多。垃圾与生活废品已经不再堆放在地下室了，所以，这里不再滋生老鼠与害虫。而且，住在这些大楼里面的家长、孩子们以及其他上了年纪的女性，在向居住在另一个城市的房东交房租或者住房补贴的时候，再也不会像以前那样尊严尽失了。相反，他们替自己的尊严交了钱。不管从哪个标准来看，这都是不小的胜利。

不过，关于学校的消息就没有那么幸运了。尽管这里许多优秀的老师努力奉献，但如果说他们的学校条件变好的话，这又夸大其实了。

自从我开始拜访第六十五小学至今，这里已经换过了许多位校长。虽然每一位校长都尽力为学校带来改变，但这些极小的胜利不久便会被一抹而去。教学楼的一部分已经被一所政府特许学校占据，因此，为了空间的竞争让公立学校的职员与孩子们的生存更为艰难。然而，对学校里的孩子们来说，还是有一条好消息：哈丽娜莱恩小姐刚刚被任命为这里的校长。她在第三十小学教书的时候，我经常去她的班级拜访，她是莱昂纳多的老师，也是塔比瑟尊敬的老师。如果哈丽娜莱恩小姐都不能在这里创造奇迹的话，恐怕也再无他人。

2002 年，阿依达·罗莎在第三十小学退休了。她离开之后，学校在一年之内连续换了四位校长。2003 年上任的第五位校长工作了很长时间，直到今年年初，又新换了一位校长。近几年来，第三十小学的学术进步非常显著，但家长们都认为这里不再有罗莎小姐所创造的那种亲密、保护的氛围了，许多小朋友与他们的家长都称呼罗莎小姐为"罗莎妈妈"。这里的教学楼也被政府特许学校占据了一部分。

其实，附近地区也有很多别的小学。有一些学校非常好，但也有的学校则相反。去年，在一所距离圣安不远的小学里，60% 的学生都达不到国家要求的最低读写标准。而另一所小学里 77% 的孩子都在辍学边缘徘徊。总而言之，虽然莫特黑文地区的小学水平有了提高，但参差不齐。

与此同时，这里出现了多所政府特许学校，就像占据了第六十五小学和第三十小学部分校舍的那样的学校。据说，有的特许学校里的学生成绩比同社区的其他公立学校的学生成绩要高出许多。不过，不可避免的问题就是，这样的特许学校是否会为学生们提供更高级别的学术指导，还是只是像杰里米就读了两年的小型学校那样，只是针对标准化考试而残酷地操练学生强化几门科目的学习。不过，不管是在布朗克斯区，还是在其他地方，这样的学校的学生人数还是比较少的，很多不符合学校要求的学生都会被学校送回原先就读的公立学校继续读书。

南布朗克斯区的中学情况还是一如既往的糟糕，但也有例外。圣安教堂西北方向的一所中学里，只有 11% 的学生英语考试及格，14% 的学生通过了数学考试。而另外一所距离教堂八条街之遥的中学，尽管我在 20 世纪 90 年代到访这一学校的时候，学校口碑非常好，但不知出于什么原因，昔日风采已不复存在。仅有 21% 的学生通过了英语考试，28% 的学生通过了数学考试。

但一则让人放心的消息就是：杰里米曾经就读的那所充满暴力倾向的中学已于 1999 年被关闭。现在，那所教学楼被两所小一点的中学占有。不过这两所新学校显然也存在不同的问题。一所学校中，只有 14% 的学生达到了年级阅读水平，而另一所学校则更低，仅为 12%。在这里，不管学校大小，都无法为孩子们提供相应的教育。

布朗克斯区的所有高中的中途辍学率以及无法毕业的学生人数依然居高不

下，而黑人学生在这两方面的数据尤其糟糕。根据肖特公众教育基金会 2010 年发布的一份可靠报告显示，全市的黑人男学生中，72% 的人升入 9 年级后在高三之前就辍学了，即便有的学生没有辍学，也没有资质毕业。这里应当重复一下：这是来自整个纽约市的数据，黑人男学生高中辍学率的数据应该会更糟糕。

只要这些极度贫困的黑人学生与拉美学生继续被完全隔离在服务低下、物资缺乏的地区，继任市长与他们指定的校长在纽约为教育而采取的创新努力都将付诸东流。至少，历史上的普莱西诉弗格森案[①]已经给我们上了一课，虽然它被 1954 年的布朗诉教育委员会案推翻，但现在纽约市学校里的执政者依然遵照这一法规行事。

当我听说一些艺术家、摄影师以及其他人员搬入莫特黑文南部边缘地区居住的时候，我的脑海中闪现出一个不切实际的希望。我想知道如果他们有孩子的话，他们会不会把自己的孩子送到附近的学校与黑人、拉美人的孩子一起读书。不过来自纽约市教育委员会的数据显示，我的这种乐观想法真的太不切实际了。去年，第三十小学里没有一位白人学生，第六十五小学亦如此。

"你也回去过第六十五小学吧，"阿瑞拉说，"你看看那些出来的孩子们，哪有白人孩子？"

自从我与小菠萝在剑桥见过面后，我们有大半年不曾碰面了，但她一直与我保持着联系。近几个月来，小菠萝的身体不是很好。她的电话、短信以及电子邮件都让我觉得非常好，因为她总是听起来非常振奋、乐观，不过她也告诉了我一些不太好的消息。

8 月初的时候，她告诉我因为最近总觉得虚弱，还出现一些医生担心的症状，所以接受了医生的一些检查，"结果他发现我是糖尿病前期患者，"不过她告诉我这些的时候，听起来一点都不慌张，"医生告诉我需要做些什么，我也遵照医嘱，这样可以更健康。"

---

① 普莱西诉弗格森案发生于 1892 年，是美国历史上的一个标志性案件，对此案的裁决确定了种族隔离政策的合法性，直到 1954 年布朗诉教育委员会案后，这一政策才失去其合法地位。——编者注

两周后，小菠萝接受了进一步的检查，并且再次检查了之前的诊断。"我确实有糖尿病，今天晚上，我要开始吃新的药了。"

小菠萝的新药不是胰岛素，而是一种吃的药物——"我要吃两种药，每天各一次。医生也教我怎么用胶布与刺针……我每天得采血两次，但每个刺针我都使用两次，所以一天只需要一只刺针。"

如果别的人听到这个消息的话，一定会被打击得头晕转向，但小菠萝听起来有条不紊，也很淡定，似乎对日后的生活规律泰然自若。

我问她有没有医疗保险，我觉得在她读大学的时候或许会有。但她很大方地告诉我她一年前就不入保险了，"因为太贵了"，而且她当时觉得自己这个年龄没有必要投保。她大学里的老师告诉她可以申请医疗补助方案。

一周后，她告诉我社会保障办公室通知她不符合政府援助的条件。"你猜为什么？"她说，"因为我是大学生！除此之外，他们还说像我这样的糖尿病不属于'残疾'范围。"因此，她说："换言之，他们拒绝了我的申请。"

小菠萝特别要强，她不会请我在经济方面帮助她渡过难关。但我马上告诉她我可以负责她每个月的生活费用，直到下一学期她可以重返校园。她为了表示对我的感谢，给我发了七封邮件。我安慰她说这笔钱不是我自己的，而是我的读者的，他们看过我的关于类似小菠萝这样有困难的孩子的书。所以，她得到的就是针对她和其他布朗克斯区的孩子们应得的援助。

对于糖尿病带给自己的饮食及其他方面的改变，小菠萝并非天真无知，但她很乐观坚强。尽管遭遇了这些，小菠萝没有耽误一天的课程，她说她特别喜欢这学期的课程——"除了生物，我总觉得头疼，但我进步得也很快！"

小菠萝告诉我说，小蚊子大一的学习生活结束了，平均成绩是 3.8 分，她还是宿舍助理，而且是学校篮球队的队员，她已经是个明星了。"她几乎每周都会与其他学校打比赛"。

她的弟弟米格尔"从危地马拉回来后交到了许多新朋友。劳拉把他照顾得很好。因为我得学习，所以劳拉付出的比我多"。普罗维登斯的一所学校招收了他，他现在就读 7 年级。

劳拉"做得也非常好"，不过小菠萝没告诉我劳拉现在还是不是在日间护理中心工作，她只告诉我劳拉的薪水足以养活自己与弟弟，而且小菠萝补充说劳拉还会时不时地贴补她。劳拉已经打算"明年重返校园读书，取得教师资格证书"。

不过，让我感知到小菠萝一家一直以来对于任何沮丧事情不为所动的快乐与好性情，并不是通过她发给我的那些长篇、数量巨大的信息，或者关于她家人状态的更新，而是那些她每隔几天匆忙发给我的短信与电子邮件让我找回了旧时的感觉。

"嘿嘿，乔纳森！希望一切都好。新书写得怎么样？学校里其他都好，还是生物课比较困难，但我觉得我一定会通过考试的。希望能尽快见到你。就想跟你打个招呼！"

"早上好啊，乔纳森。你们怎么样？想告诉你我上的英语课太让人兴奋了！还有社会政治学！我还在找第二份工作。很想念你，爱你的小菠萝。"

"嘿嘿，乔纳森！希望一切都很好。昨天给你打电话，不过没人接。我知道你正在写新书呢。希望一切顺利。一定要抽出时间放松一下哈……"

"亲爱的乔纳森，你没有回我的信息，我不生气，就是有点担心。莉莉告诉我你为了新书忙坏了。我能理解，真的，晚上创作……好了！该去找工作了……"

"你好！周末的时候，姐姐过生日，我们都在一起了。没什么大事。我爸爸在危地马拉向你问好。"

小菠萝的乐观情绪也感染了我，当我遇到困难的时候，也会脚踏实地地去思考。与以往一样，当她遇到类似医疗保险这样问题的时候，她也会变得很激动。不过，小菠萝不会让自己像别人那样轻易地陷入可怕、阴郁的情绪。不管遇到什么状况，她都不允许自己长时间抑郁。过不了多久，她就会像长跑运动员那样，虽然会跌倒，但还是会马上站起来继续前进，还挥舞着拳头告诉自己："我不会被打败！"如果她知道我情绪低落的话，她还会恰如其分地批评我几句。

就在上周，我与她通话的时候，小菠萝立刻察觉到我的声音里有一丝倦意，她问我发生了什么事情。

"我挺好的。"我说，我解释道就是觉得书的结尾比较困难。我说我不知道我与她曾经相遇的地方是否发生了许多变化，我来来回回地修改结尾，因为我不想让读者觉得厌烦。

"乔纳森，"她说，"我希望你能乐观积极一些。我与劳拉取得学位之后，我们一定会回去帮助别的人。知道吗，尽可能改变点什么。如果很多人都像我们这样的话，那一定会有翻天覆地的变化。"

我说："我得剽窃你的这些话了。"

"没问题！"她说。她问我记不记得那一次在距离她父母住的地方不远处的河边散步的时候我对她说的那些话。"知道吗，打那些有把握的胜仗，不要为了自己无能为力的事情，或者现在力所不能及的事情而困扰、烦恼。这对每个人都适用。"

我说："我觉得我还得继续剽窃你的这些话。"

"没问题！"她再次强调，"反正这都是你对我说的。我免费让你使用吧。"她笑道："我跟你开个玩笑……"

"哇！知道吗，都这么久了，你一写完书，我就去看你。这次，我要住得比上次的时间更长。我知道这有点强人所难，但我喜欢与你们在厨房一起忙碌着。还有，我们还有很多话要谈，不是吗？"

致谢

在本书的写作过程中，我很幸运地得到了很多孩子的支持，他们生长于布朗克斯区，当我记叙他们的故事时，他们都非常主动、非常配合。小菠萝与姐姐劳拉帮助我做出了非常多的小改动，当然，在写作过程中也做出了重要贡献。还有杰里米，不停地将他亲身经历的故事以及圣安周边发生的变化告诉我。利塞特与米兰达也无私地给予我帮助。安吉洛与我的教子本杰明也给我很大的帮助，他们对于自己曾经居住过的区域的危险状况了如指掌，现在也经常回那里帮助别的孩子。

还有阿瑞拉·帕特森，她特别仔细，经常帮我检查一些难以记住的细节——比如时间、不同事件的发生地等。她也非常积极地引导我斟酌初稿以及终稿中的部分章节的主题重心，尤其是避免使用那些容易诱导年轻人模仿的危险性的描述。

我还要深深感谢所有愿意信任我、对我讲述自己故事的人，不管他们年长还是年幼，也可能我没有在书中提到他们的名字，但没有他们，就没有这本书。

我还要感谢两位聪明活泼的大学生与文学研究者——杰茜·鲁宾斯坦与茉莉亚·巴纳德。他们是我在剑桥工作室的实习生，他们不仅以自己敏锐的目光帮我检查了整本书，还帮助我重新构思了部分章节。杰茜在实习期满后又继续帮助我很久。我还要感谢艾米·恩索尔特，我之前创作的几本书都得到过她无私的帮助，当然，这本也是。

玛莎·奥弗罗尔牧师认真阅读了本书中所有关于孩子们的叙述部分，这么多年来，她一直与这些孩子保持着联系。另外，她还阅读了关于对她的工作的描述。与之前的著作一样，我都要感谢玛莎绝对的正直感与始终如一的坦率，还有她对所负责区域内被剥夺权利的人群与贫困人群长久以来的无私奉献。

每当这些无家可归的人需要法律援助的时候，我都会去求助法律援助律师——史蒂文·班克斯，他帮助我了解更多法律方面的知识以及逮捕、拘留或者等待宣判等法律流程。我也非常感谢他花费时间对安吉洛以及其他孩子陷入的审判体系的耐心解释。

我尤其要感谢皇冠出版社，这本书早在7年之前我就答应要出版了，感谢他们一直以来的友善与宽容。当然，我得特别感谢我的编辑瓦内萨·莫布里，她直觉灵敏，一直很支持我。

当我叙述这些出于信任而对我讲述自己的生活与挣扎的人的故事时，我还得到了一位文雅、有见识的朋友的帮助，她以少见的判断力帮助我做出了很多微妙的决策。我在剑桥准备写这本书的时候，莉莉·琼斯就开始帮助我了。从构思到创作的完成，她不仅仅是一位所有作家都希望寻得的杰出研究员与辛勤编辑，更为重要的是，当我描写那些经历巨大痛苦或者遭受巨大损失的孩子们以及成年人的故事时，莉莉能够不断为我鼓劲，她利用她的天赋帮我看清他们生活中救赎的一面，这样鼓舞人心的能力也让小菠萝深深着迷。

虽然莉莉还很年轻，但她的睿智已经超越了她这个年龄段的人，对于本书的写作，莉莉全程都在帮忙，对于她的热心肠与无私的慷慨，我感激不尽。

图书在版编目（CIP）数据

涅槃还是沉沦：美国贫困儿童教育观察/（美）科佐尔著；田田译 . —上海：华东师范大学
出版社，2015.7
ISBN 978 - 7 - 5675 - 3909 - 9

Ⅰ.①涅… Ⅱ.①科… ②田… Ⅲ. 贫困—家庭—儿童教育—研究—美国 Ⅳ.①G61

中国版本图书馆 CIP 数据核字（2015）第 171037 号

涅槃还是沉沦：美国贫困儿童教育观察

著　　者	乔纳森·科佐尔	
译　　者	田　田	
责任编辑	任红瑚	
封面设计	淡晓库	

出版发行　华东师范大学出版社
社　　址　上海市中山北路 3663 号　邮编 200062
网　　址　www. ecnupress. com. cn
电　　话　021 - 60821666　行政传真 021 - 62572105
客服电话　021 - 62865537
邮购电话　021 - 62869887　地址　上海市中山北路 3663 号华东师范大学校内先锋路口
网　　店　http://hdsdcbs. tmall. com

印 刷 者　北京季蜂印刷有限公司
开　　本　16 开
插　　页　1
印　　张　14
字　　数　165 千字
版　　次　2015 年 9 月第一版
印　　次　2015 年 9 月第一次
印　　数　6 000
书　　号　ISBN 978 - 7 - 5675 - 3909 - 9/G · 8513
定　　价　35.00 元

出 版 人　王 焰

（如发现本版图书有印订质量问题，请寄回本社客服中心调换或电话 021 - 62865537 联系）